tredition

© 2024 tOmi Scheiderbauer
*www.omiotu.com*
*Coverdesign, Satz & Layout, sämtliche Bilder im Innenteil:*
*tOmi Scheiderbauer*
*Fotografie Cover: Angela Lamprecht*
*Herausgeber: tOmi Scheiderbauer*

VA BENEŠ RADICAL BOOKS

*Druck und Distribution im Auftrag des Autors:*
*tredition GmbH, Heinz-Beusen-Stieg 5, 22926 Ahrensburg, Germany*

*Wer das Leben fragte 1000 Jahre lang: »Warum lebst du?« –*
*könnte es antworten, es spräche nichts anderes als:*
*»Ich lebe darum, dass ich lebe«.*
*Das kommt daher, weil das Leben aus seinem eigenen Grund*
*lebt und aus seinem eigenen quillt; darum lebt es ohne*
*Warum eben darin, dass es (für) sich selbst lebt.*

Meister Eckhart

*Man sollte sich immer mit dem Universum selbst identifizieren.*
*Alles, was weniger als das Universum ist, ist Leiden unterworfen.*

Simone Weil

*Freude ist nicht die Ekstase, das Feuer des Augenblicks,*
*sondern die Glut, die dem Sein innewohnt.*

Erich Fromm

*Ich möchte euch nur darauf hinweisen,*
*dass es nicht darauf ankommt,*
*viel zu denken, sondern viel zu lieben.*
*Darum tut das, was am meisten*
*Liebe in euch erweckt.*

Teresa von Avila

*Gar nicht krank ist auch nicht gesund.*

Karl Valentin

## Vorworte

Es tat nicht weh. Es tat aber auch nicht nicht weh. Wenn es weder Schmerz noch seine Umkehrung war, was war es dann? Es fühlte sich widrig an, wie eine innere Reiberei, als flöße etwas wider den Fluss des Blutes. Noch hatte ich keine Ahnung was mir bevor stehen sollte, das heißt eigentlich wollte ich gar nichts ahnen, ich wollte an den Strand. Als wäre es gestern gewesen, erinnere ich vor allem die klarsten Momente, die manchmal zugleich die dunkelsten waren. Aber auch – als die Diagnose endlich klar und ich zu meiner großen Überraschung viel eher froh gestimmt, denn trübsinnig war – dass ich dem Leben versprach, ein Buch darüber zu schreiben, sollte ich es denn überleben. Jetzt liegt es in deiner Hand.

Worte sind Symbole von Symbolen. Sie sind zweifach von der Wirklichkeit entfernt. Die Wahrnehmung folgt dem Urteil. Aber wenn du nicht auf das schaust, was gar nicht da ist, bist du in Frieden.

Und wenn ich im Folgenden viel von meinem Weg erzähle, dann nur deshalb, weil ich meine Freude mit dir teilen, und unsere Trennung, die eigentlich auch nicht da ist, weg erzählen möchte. Ich will mich das getrauen, weil ich im noch jungen Sommer 2019, aus scheinbar heiterem Himmel, plötzlich Besuch von einem Tumor erhielt, der mir zuflüsterte, ich könne viel von ihm lernen.

Befund: Multiples Myelom und Amyloidose AL.

Das war keine schlechte Nachricht. Nicht, weil ich keine Ahnung hatte, was diese Begriffe eigentlich zu bedeuten hatten – dazu empfand ich zu klar, dass ich mitten in etwas sehr Ernstem steckte – aber es fühlte sich einfach nicht als *Wie Bitte?*, viel mehr als ein *Okay, Danke* an.

Dass ich mich darauf einließ, wie man sich auf keine schlechte Nachricht eben einlässt, nämlich wie von selbst, neugierig und hingebungsvoll, erstaunt mich auch heute noch sehr.

Doch das berührt vielleicht genau den springenden Punkt, der das Ganze in einen gelassenen Gang brachte. Wahrscheinlich hatten einige merkwürdige Begebenheiten oder einfache Tatsachen im Laufe meines Weges dafür gesorgt, dass ich die Augen staunend offen behalten konnte, anstatt sie angstvoll zusammenzukneifen.

Warum sollte eine solche Herausforderung nicht staunenswert sein?

Die folgenden kleinen Aufsätze sind somit zeitgeflochtene Jetzigkeiten, Gereiftes kommt mit Frischem, Damaliges mit Gestrigem, und Erlebtes mit Imaginiertem zusammen. Ich versuche dabei zu verstehen, wie es möglich war, dass es war, wie es war: Eine wertvolle Erfahrung, die viel mehr von Neugier und Vertrauen, denn von Urteil und Angst geprägt war. Und ich hoffe, es gelingt zwischen den Zeilen eine Gegenwart herzustellen, die uns eine Gelassenheit gönnt, die nicht davon abhängt, was uns zufällt, sondern wie wir es aufnehmen.

Dabei – es weht ja schon seit dem ersten Wort durch die Hohlräume der Buchstaben – komme ich um einen gewissen Pathos nicht umhin. Aber das soll mich im Sinne der eigentlichen Bedeutung dieses Wortes auch nicht kümmern, versuche ich dir doch von einer feierlichen Ergriffenheit zu erzählen, die vom Leiden nicht getrennt ist. Wer kümmert sich, wenn er feiert? Wer beklagt sich, wenn er weiß, dass das Geschenk von Herzen kommt, auch wenn er sich etwas anderes wünschte.

Tumor und Humor, das können wir im Folgenden hoffentlich immer wieder erkennen, wohnen nicht nur klanglich Tür an Tür. Und obschon es sich hier um eine Art Autobiografie handelt, weil ich aus meinem Erlebten schöpfe, aber auch aus der Gegenwart fische, um die eine oder andere Erinnerungslücke zu schließen oder ein Fantasiefenster aufzustoßen, spielt Chronologie dabei keine große, das *Jetzt* hingegen sämtliche Rollen.

## Eins

Die Eizelle, das Ovum der Frau, ist mit 0,2 Millimeter Durchmesser die größte menschliche Zelle überhaupt. Die Samenzelle des Mannes hingegen ist eine der allerkleinsten Zellen in der menschlichen Biologie. Sie ist nur etwa 60 Mikrometer, also 0,06 Millimeter lang. Dafür landen aber sehr viele von ihnen auf dem Weg zu einem Kind, nämlich rund 300 Millionen, nach dem Samenerguss in der Frau.

Ein süßer Duftstoff, der dem des Maiglöckchens verblüffend ähnlich ist, sorgt dafür, dass wenige Samen, etwa 300 nur, die Richtung auf dem hürdenreichen, nur 15 cm langen Weg, zum in sich ruhenden Ei finden.

Im allerbesten Fall gelingt es dann immer nur einem einzigen Spermium in das Ovum einzudringen und es zu befruchten. 15 cm scheint naheliegend, aber umgerechnet auf einen 180 cm großen Mann, müsste dieser 4,5 Kilometer schwimmen, um anzukommen.

Ich fragte mich, ob in Alberto Giacomettis Skulpturenwerk, auch deshalb alle männlichen Figuren durch den Raum schreiten, während alle weiblichen in ihm nur herumstehen.

Als ich damals in Basel Video- und Audiokunst zu studieren anfing, begann ich auch mystische Literatur zu lesen. Querbeet. Wie kam ich eigentlich darauf? Mir gefiel, dass Mystik, im Gegensatz zur Philosophie, in ihrer Wahrheits- oder Weisheitsliebe nicht im Denkraum bleibt. Weil sie erkannt hat, dass das Denken die Probleme, die es erschaffen hat, nicht lösen kann, geht sie über diesen Raum weit hinaus. Hinein. Deshalb, um das Unsagbare sagen zu können, drückt sie sich oft wort- und bildspielerisch als eine Art »Philopoesie« aus – als die Liebe zur Erschaffung und zur Erkenntnis, in einem weiteren, denn nur Denk- und Wortsinne. So begann ich gleichzeitig, um das darüber Hinausgehen vernunftgemäß auch zu üben, regelmäßig zu meditieren.

Von beidem fühlte ich mich sehr angezogen... vom einfach so still dasitzen und in mich hineinatmen, sowie vom sagenhaft lyrische und paradoxe Texte lesen. Texte, die mich in ihrer befremdlichen Vertrautheit schnell in ihren Bann zogen, berührten sie doch alle die Frage, die mich am meisten Wunder nahm – die Frage nach der Essenz des Seins.

Was ist das, Sein? Gibt es ein Sein oder viele Seine?

Bewusstsein! Warum kam das aller erstaunlichste des Lebendigen – die Voraussetzung, dass ich überhaupt diese Frage erst stellen und Bücher erst lesen konnte – in den Büchern, die ich bisher las, mit fast keinem Wort vor? Wie konnte jemand allen vernünftigen Ernstes annehmen, Bewusstsein sei nichts Essenzielles? Spätestens als ich vom berühmten Theorie-Affen las, der in der verqueren Logik des evolutiven Zufalls irgendwann das Los zieht und wie Shakespeare zu schreiben beginnt, kam es mir nur noch peinlich vor, und ich begann, neugierig, hungrig auf – zumindest philopoetische – Antworten, ebendiese Schriften zu lesen.

Eine ganz frühe Schrift – relativ früh in der Menschheitsgeschichte, sehr früh in meiner persönlichen – war das Tibetische Totenbuch. Oder war es ein anderes? Das Ägyptische? Ich kann es nicht mehr mit Sicherheit sagen.*

Jedenfalls las ich eine Art Reiseführer für Sterbende, und darin auch vom Da-zwischen-Sein im Zwischenreich, zwischen dem Tod sein und dem Dasein – dem Wiedergeboren werden.

Und da gab es diese Szene, die mich als bloße Vorstellung fasziniert, seit ich sie das erste Mal durchspielte: Die Szene, in der wir uns, die wir ein Gefühlsmeer von sich liebenden Paaren überblicken – als, im unendlichen Seelensee Schwebende, spontan entscheiden, in welches Paar wir eintauchen möchten, um via dieses wieder auf die physische Welt zu kommen.

Laut dieser mystischen Überlieferung haben wir uns unsere Eltern ausgesucht! Die alte Ausrede, dass wir dafür nichts können, genau sowenig, ob wir in Kinshasa oder Schoppernau auf die Welt kommen, galt von einem Satz auf den anderen nicht mehr. Zumindest hatte ich fortan eine Erklärungsalternative.

Das Sein, also »Ich«, entschied aus dem Seelensee, via genau diesem Paar, genannt »meine Eltern«, überzuschwappen und ins Leben zu fließen. Und nicht der blinde Zufall. Ich soll meine Eltern buchstäblich beeinflusst haben, noch lange bevor sie mich konditionierten?

Diese Umkehrung, oder diese Art von Infragestellung des vermeintlich Selbstverständlichen, gefiel mir sehr. Einfach, weil mir damals gar nichts selbstverständlich vorkam. Schon gar nicht das, was als felsenfest gesichert galt. Zum Beispiel, dass das Morgen auf das Heute folgt. Also war es – sich die Dinge und Verhältnisse anders zu vergegenwärtigen – doch genauso wahr, unwahr, offen.

Von einem orthodox auf- und abgeklärt-wissenschaftlichen Standpunkt aus betrachtet, ist es natürlich völliger Humbug, zu behaupten, ich hätte mir im zeitlosen Seelenreich meine Eltern ausgesucht. Die verbürgte, offizielle Version meiner Eltern ist ja auch die, dass ich, wie auch meine große Schwester, ein Unfall war, ein diesseitiger Ausrutscher, kein jenseitiger Überschwapper. Aber eben, ist es nicht auch unabhängig von wahr oder unwahr, ein sehr interessanter Gedanke?

Denn so oder so – ob ich nun von zwei sich innig Liebenden, oder von zwei sich nur oberflächlich Benutzenden abstamme – um es schwarz-weiß herunterzubrechen – zu denken, ich hätte da ein Quäntchen mitzureden gehabt, macht mich doch in jedem Fall freier, weil es mir die Verantwortung von Anfang an mitgibt. Das heißt, ich kann mit Ja oder Nein darauf antworten und mir selber zusammenreimen, weshalb ausgerechnet diese beiden meine Eltern geworden sind. Die Szene sagt ja nicht, dass ich das psychologische Resultat meiner Eltern bin, sozusagen deren charakterliches Amalgam, sondern, dass sie für mich nur eine Art kultureller Durchlauferhitzer sein wollten, um mein Leben von ihnen inspiriert, schultern zu können. Was sie, wie wir heute aus der Genetik und Neurologie wissen, ja auch tatsächlich sind. Annehmen muss ich es sowieso, will ich versuchen, die Urverbundenheit dieses gegenseitigen Einfließens verstehen zu lernen.

Wie ganz anders es sich jetzt anfühlte und wie selbsterklärend manche meiner Marotten plötzlich waren, seit ich meine Mutter und meinen Vater „machte", noch ehe ich aus ihnen entstand.

Das setzte allerdings die andere geheimnisvolle Annahme voraus, dass durch früheres Handeln unser gegenwärtiges Schicksal bedingt sei, also die Idee des Karmas, der Seelenwanderung und der Wiedergeburten. Mit Wiedergeburt hatte Giacometti, als wohl einer der Prototypen des

Existentialismus, mit ziemlicher Sicherheit nichts am Hut... wobei mir seine grob-zart modellierten Figuren, in ihrem drahtigen So-Sein oft so vorkamen... wie Wesen auf Übergängen zwischen dem Geistigen und dem Stofflichen, selber erst eben herüber ins Sein getaucht.

In ein solches drahtiges Wesen verwandelte ich mich jetzt selber, nur in die andere Richtung, rasant, kaum war die Diagnose einmal erstellt, und begann ich mit den Therapiezyklen: sechs ungeheure, so aggressive wie effektive, high-tech-pharmazeutische Hammerzyklen vor der Stammzelltransplantation, weitere vier halbe Dosen danach. Ich spürte von Anfang an, ohne es während des gesamten Prozedere je wieder in Frage zu stellen, dass diese Art von Behandlung meine einzige Chance war, da lebend wieder herauszukommen. Ich sagte zum zweiten Mal Ja und ließ es hier in Italien, wo man es auch erkannt und benannt hatte, geschehen.

*In diesem Text gibt es keine Quellangaben, wie es auch nur eine einzige Fußnote gibt: diese.
Alle diese Aufsätze sind Reflexionen, und je nackter sie als solche dastehen, umso besser. Tatsächlich herbeigeschrieben sind sie dann, wenn sie von den letzten drei Jahren erzählen, Älteres und Ferneres mag verschwimmen.
Es geht um Tumor und Kunst, deren Freundschaft untereinander und mit mir. Eine durch und durch subjektive Dreieinigkeit – wie mich beides hatte, teils hat, und wie es Teil meiner Erinnerungen wurde und ist.
Das kann auch bedeuten, dass ich beim Gedächtnisfischen in meiner Vorzeit, gar nicht sicher bin, ob es sich wirklich so zutrug, oder ob es wirklich so in einem Buche stand. Ja, es kann sogar sein, dass ich es komplett erfand oder nur träumte. Ich weiß es oft nicht mit Sicherheit, wie ich, kaum habe ich begonnen darüber nachzudenken, eigentlich überhaupt nichts mit Sicherheit weiß.
Außer: Ich bin. Das kann ich beteuern.

# Und

*Mann, warum hast du so ein riesiges Auto?*,

fragte ich vor Jahren meinen Freund. Wir trafen uns zum Essen, oberhalb in den Hügeln über der Stadt, in einem kleinen Bauerndorf.

*Dass mein dickes Ego besser darin Platz hat!*,

bekam ich, inklusive eines routinierten, aufgesetzten Grinsens, zurück.

Ja, das Ego ist ein dicker Hund im Panzerwagen. Es muss, kaum hat sich seine Idee, ein Selbstzweck zu sein, erst einmal festgesetzt, andauernd umherfahren, um die Welt seiner Guten aufzugabeln und die der anderen platt zu walzen.

Ich spreche vom Ego, dem abgekapselten Chef. Jener, der seine Identität aus konstruierter Überlegenheit bezieht. Er ernährt sich von der Abgrenzung zu, und dem Urteil über Andere. Anders kann er als solches aufgeblasenes Tier gar nicht überleben.

Meinem Freund so etwas, in der Hoffnung, es entstünde ein schöner Streit über der Frage was *Ich* ist, zu sagen, war wenig aussichtsreich. Wir wollten Mittagessen, nicht Perlen an Säue verfüttern. Aber, Moment-Moment, jetzt diese berühmte Perlensaumetapher zu bemühen, ist das nicht auch wieder nur ein typisch *egoisches* sich aufplustern, also ein plumpes Reagieren? Kommt darauf an.

Nun, da mich das Leben zu einem ausgedehnten Tumorurlaub eingeladen hatte, eröffnete sich mir ein Zeitfenster, so sperrangelweit, nur um in einem völlig offengelassenen, zumeist sehr stillen Jetzt zu münden, das vorschlug, mir die Fragen rund um diese eigenartige Ich-und-die-Welt-Welt, näher anzusehen.

*Warum eigenartig, das bin doch einfach nur ich*, bekomme ich postwendend vom Ego zu hören, kaum habe ich diese Worte in die Tastatur getippt. Wer bekommt hier bitte von wem etwas zu hören?

Ich sitze im Wartezimmer des Stadtspitals *Vito Fazzi* in Lecce, fünfter Stock, Hämatologie und Onkologie, heute ist Kontrolltag.

Meine autologe Stammzelltransplantation liegt unterdessen schon viele Monate zurück... *autolog*, weil die Struktur des Myelom erlaubt hatte, sich meiner eigenen Stammzellen zu bedienen, um die gesamte

Blutproduktion und also auch mein Immunsystem von Grund auf zu erneuern.

Ich liebe dieses Wartezimmer. Es hat mir auch geholfen, eher zu sein, denn zu warten. Oder zu werden.

Warten und werden muss man in der Zeit, sein ist nur in der Gegenwart möglich. Warten heißt denken. Wie etwa *ich bin krank, ich will gesund werden.* Dieses Denken kapselt mich ins Ego ab. Ich vergesse dabei völlig, dass ich nie nur das eine oder nur das andere, sondern immer beides und noch viel mehr bin. Das Sein hingegen verbindet mich mit allem und allen.

Dieses Zimmer verbreitet keinen Schrecken, sondern eine Art von Stille, in der sich ein Jetzt aus allen unseren, nur graduell verschiedenen Tumorherausforderungen verwebt. Es müsste eigentlich Daseinszimmer heißen.

Umso erstaunlicher ist es, dass hier ja sehr wohl alle warten – und wie! Kaum sind unsere Blutproben genommen und weitere Werte ermittelt, heißt es abwarten bis die Endresultate aus dem Labor eintreffen. Das kann bis zu fünf Stunden dauern. Irgendwann ertönt dann dein Name über die krächzende Sprechanlage und du wirst von deinem behandelnden Spezialisten zum Gespräch gerufen.

Aber wir erwarten eher, als dass wir nur warten – hoffnungsvolles Erwarten, banges Erwarten, gelassenes Erwarten. Und doch scheint es gerade hier weniger möglich, sich in diesen Erwartungen, also im Strom der Zeit des Egos, zu verlieren, weil der Rahmen – dieser Raum in seinem multionkologischen Kontext – eine Art von zauberhaftem Solidaritätstrost verströmt.

Während ich jetzt schreibe – ich sitze auf einer langen, weinroten Eckbank an der Wand, zwei Sitzinseln in der Raummitte, auf einer ca. dreizehn x sechs Meter großen Fläche – sind genau 30 Personen anwesend. Ich lausche einem bunten, fein gewobenem Netz verschiedenster Stimmen. Erstaunlich ruhige Stimmen. Unaufgeregte, langsame, aufmerksame, mit klaren Pausen zwischen den Klängen. Obwohl es, höre ich nur oberflächlich hin, eine einzige, typisch süditalienische Tratschminestrone ist, kann ich bei genauerem Hineinhören Qualitäten wahrnehmen

– Geduld, Demut, Anteilnahme. Wärmemerkmale.

Später würde ich dann zuhause zu Francesca sagen:

*Wäre nur eine Kunstvernissage, die ich je besucht habe, auch nur annähernd in eine solche Stimmung getaucht gewesen, wie es dieses Wartezimmer ist, ich hätte mich auf jede nächste in der Hoffnung gefreut, sie würde sich so ähnlich wieder ereignen.*

Was die Qualität der Gegenwart dieses Raumes ausmacht, die alle in ihrer seltsam quirligen Stille zu umarmen, und in der es nur um das Wesentliche zu gehen scheint, obgleich die meisten hier doch auch nur plaudern, tratschen, das nenne ich *postegoisch*. Du bist entweder präsent oder du bist Ego.

In diesem Raum muss niemand niemanden mehr klein (krank) machen, um sich groß (gesund) fühlen zu können. Sein ist alles. Und genau dieses Sein mit allen anderen, genau hier zu sein, ist so muterfrischend, weil es uns ins Jetzt hereinzieht: in den einzigen Ort, in dem unser Leben stattfindet. Und es wirkt augenblicklich wider aller Angst und Kummer, welche ja – wie das Ego – auch nur in der Zeit existieren können.

Ja, es schien, als schüfe dieser ganz speziell-existenzielle, gemeinsame Raum selbstredend eine Atmosphäre, in der sich unsere physischen und psychischen Schmerzen in einer verfeinerten Fähigkeit des Mitgefühls begegnen und sich wie von selbst besänftigen können.

So einfach. Ein Ego ist nie einfach, es ist immer, sozusagen zweifach. Ich *und* mein Leben – mein Gestern, mein Heute und mein Morgen – zusammen sind wir wer.

Aber hier sind wir *wir*, nicht wer.


Vor einem Jahr, als ich schon beinahe zwanzig Kilo weniger wog und mich hier noch jede Woche zur Vorbehandlung und Kontrolle blicken lassen musste, sprach mich eines Morgens eine alte Dame an, die ich nie zuvor bewusst wahrgenommen hatte:

*Oh! Du siehst heute schon viel besser aus, das freut mich jetzt aber sehr!*

*Als ich dich das letzte Mal sah, machtest du mir noch richtig Sorgen.*

So etwas hier zu hören, ist pure Medizin. Es tut im Nu gut.

Ich vermisse meine Freundin, die alte Dame mit den sorgfältig gedrehten und gesteckten, weißen Zwiebelturmhaaren. Jedes Mal, wenn ich zurückkehren muss, schaue ich als Erstes in die Runde und suche ihre freundlichen Augen. Nachdem wir uns damals vorgestellt hatten, und uns natürlich auch gleich erzählen mussten, weshalb wir hier sind – sie Brust, ich Blut –, nahmen wir danach sogar gemeinsam das *Tondo-Car*, das Tumortaxi, welches Fällen wie uns für alle therapeutischen Transporte umsonst zur Verfügung gestellt wurde. Wir hatten herausgefunden, dass wir unweit voneinander am südöstlichen Altstadtrand von Lecce wohnen.

Diese Frau, sicher schon irgendwo bei Mitte 80, war so bezaubernd. Sie hatte etwas Weises, Leises, aber auch etwas Schelmisches, Mädchenhaftes – das, was ich eben, sehr technisch, *postegoisch* nannte... dieses Offene, Präsente, Lauschende, welches sein Selbstbild von der Verbindung mit einem und vielem und allem bezieht – wo Selbst- und Weltbild nicht mehr zweierlei sind.

Dieses Ich, sein Selbstverständnis, und diese Kultur, es am Funktionieren zu halten, um es für dich und die anderen glaubwürdig erscheinen zu lassen, macht es zu einem Objekt seiner eigenen Ansprüche.

So kann es nie einfach nur sein. Subjekt. Jetzt.

Aufmerksam. Spontan. Präsent. Weil es immer werden muss. Nach vorne in die Zeit getrieben zu größer, besser, schöner, klüger, reicher, stärker, wird es so psychologisch ständig aufgerieben, und verliert das einzig relevante seiner Existenz: seine einmalige, subjektive Gegenwart. Die ja ohne dem anderen/der anderen überhaupt keinen Sinn macht, ja unmöglich ist.

In meinem Fall der plasmazellulären Verklumpung, die mir jetzt den ganzen Organismus durcheinanderwirbelte, halfen die letzten Jahrzehnte sicher auch kräftig dabei mit, mich in diese Herausforderung, in dieses Wartezimmer zu befördern. Aber sie hatten auch Bilder und Lösungen gespeichert, die mich inspirieren, unterhalten und trösten konnten. Und diese kamen interessanterweise ans Licht der Erinnerung, nicht der Stress. Die *Lösung*, nicht das *Problem*.

Mir kam es seit den ersten Wochen, als ich nur kurz wieder nach Hause kam, um dann zwei Tage später wegen der Biopsien und der anderen Untersuchungen schon wieder ins Krankenhaus zurückzukehren, vor, als würde mir das Gehirn, das Speichermedium meiner Erfahrungen, in Anbetracht des aufgewirbelten Lebens, jetzt immer wieder ganz etwas Bestimmtes vor Augen führen. Eine Lehre oder Einsicht, die einst etwas Wichtiges barg, und die jetzt scheinbar wieder eine Wirkung entfalten sollte.

So kam mir – und weshalb tat es das? – ganz zu Beginn der ganzen Geschichte wieder und wieder ein Erlebnis in den Sinn, das mich als Kind fesselte. Ich weiß nicht genau wann, aber es muss zwischen meinem vierten und zehnten Lebensjahr passiert sein. Sicher irgendwann in diesem Zeitraum, weil es auch mit meinem Lieblingsbaum funktionierte – einer sehr hohen, ganz schlanken Fichte, die damals noch am Rand des Parks in der Villa Grünau in Kennelbach stand, und wir in dieser Zeit dort lebten.

Also, ich betrachtete eine Person, ganz egal, ob sie mir nah stand oder wildfremd, alt oder jung war, und auf einmal kam mir wieder der Gedanke, der in diesem Alter ja viel stärker eine bildgestützte, emotionale Vorstellung ist – im Spanischen oder Italienischen würde ich sagen *una sensación|una sensazione* – dass ich diese|r andere bin. Ich hatte dieses Gefühl einfach deshalb, weil ich ja sehen konnte, dass *ich* es bin. Ich weiß, das tönt etwas absurd, aber versetze dich in die Logik eines Kindes: Ich sah dich, und der Umstand, dass ich das konnte, gab mir zu verstehen, dass du ich bist, oder dass ich du bin. Der einfache Blick hatte uns zu Einem gemacht.

Aber diese – im wahrsten Sinne des Wortes – Einsicht, hielt nur ganz kurz an. Denn sofort trat dann der Gedanke oder die Vorstellung in den Vordergrund, dass ich hier wohne, hier in mir drin, und du dort, dort in dir. Dieser Gedanke ließ es mir warm ums Herz werden, er machte mich wirklich aufgeregt froh. Wenn ich das heute deuten muss, würde ich sagen, dass ich mich spät von einer symbiotischen Beziehung mit der Welt ablöste, langsam, und in diesen Augenblicken auf eine kindliche Weise: bewusst. Aber – und ich glaube, deshalb wollte es mir jetzt immer wieder einfallen – auch in dieser Trennung zwischen dem Ichhier und Du-dort war mir klar, dass das eigentlich und in Wirklichkeit nicht zwei waren.

Ja, aber wie mächtig hatte ich mich doch all die vergangenen Jahre ins Zeug gelegt, und darüber zu oft die Behutsamkeit und die Hingabe an meine Arbeit verraten.

Zu viel Viel, und zu wenig Wenig. Zu viel laut, zu wenig still. Zu viel Sorge, zu wenig Vertrauen. Zu viel Zeit, zu wenig Jetzt. Zu viel Ich, zu wenig Du.

Wenn ich es mir jetzt überlegte, staunte ich, dass alle Sorge, eigentlich immer – schon wieder – umsonst war. Nur eine schlechte Idee, nur eine Kultur der Angst des *Ichs* im Werden – das Vertrauen und Zuversicht derweil, aufrichtig und spontan gefasst, immer zuverlässig waren. Ich denke, Stress kann auch als ein Synonym für die Angst verstanden werden, bedingungslos froh darüber zu sein, dass du am Leben bist.

Erst las ich es nur in Wikipedia, dann wurde es mir von Lecce bis Milano von sämtlichen Ärzten bestätigt, die ich darauf ansprach: dass mein Typ Tumor, also das multiple Myelom höchstwahrscheinlich auch stark von sogenannten Umweltgiften – besser: Industrie- oder Wettbewerbsgifte, Pestizide, etc. – hervorgerufen ist. So gesehen war ich das physiologische Resultat dessen, was unsere Konditionierung und Gesellschaftsordnung von uns einfordert. Nämlich, dass wir als Ego im Profitnessclub funktionieren.

Hast du was, bist du was. Ein Tumor ist in diesem Bild ein Resultat des Trainings in diesem Club, eine Art Muskel. Und sind Ego und Stress im herrschenden Wertesystem nicht auch synonym? Das, was der Gesellschaft ihre vermeintliche Ordnung verleiht? Der Profitnessclub ist das ideale Gewächshaus, um im Wettbewerb mit allen anderen Egos all das zu werden, was uns vom Sein abhält, uns dafür aber umso mehr werden lässt. Wenn alles klappt, reich, muskulös und krank.

Und noch etwas anderes, Diesbezügliches wurde mir sowohl in Lecce, als auch in Milano von Ärzt:innen mit Nachdruck mitgeteilt, bzw. nahegelegt. In beiden Städten ging dem auch dieselbe Frage voraus:

*Sag, hast du Zeit deines Lebens ziemlich viele Joints geraucht?*
*Vor allem Haschisch?*

Diese Frage war Teil des offiziellen Fragebogens, den Ärzt:innen in Forschungskliniken, wie der Humanitas, mit dir zu Beginn durchgehen, oder wie ihn das Stadtkrankenhaus in Lecce auch erhebt, und dann an die Kolleg:innen in den statistischen Büros dieser Kliniken weitergibt.

*Ja, ich habe ein Leben lang Haschisch konsumiert. Vor allem, als ich in Spanienlebte, wo es fast zum guten Ton gehört, aber auch hier in Italien.*

*Und viel weniger Marihuana, richtig?* (Also die Pflanze, aus deren Harz das Haschisch gewonnen wird.)

*Ja genau, das mochte ich lieber.*

*Als du in Spanien gelebt hast, und vermutlich dein Zeugs aus dem marokkanischen Raum kam, fiel dir nicht immer wieder auf, dass es manchmal nach Gummi roch?*

*Oh ja, richtig, es stank immer wieder danach.*

An beiden Orten, in Lecce, wie in Milano, wurde mir dann explizit abgeraten, es je wieder zu tun, da der dringende Verdacht bestünde, dass auch dieses Umweltgift, also mit pulverisiertem Gummi verschnittenes Haschisch, ein Auslöser für Myelome ist.

*Du kannst Gras rauchen, biologisch angebautes, ungespritztes Marihuana.*

*Das wird dir am Ende dieser ganzen Therapiestrapazen sogar guttun, aber auf keinen Fall mit Tabak! Der wird auch mit Pestiziden und anderen Giften behandelt, und er fördert auch unabhängig davon den Lungenkrebs.*

Später sollte mich Doktor Jacobo in der Humanitas auch noch fragen, wo ich lebte, als sich 1986 die Nuklearkatastrophe von Tschernobyl ereignete. Aber da lebte ich schon in Spanien.

*Zu weit davon entfernt, um noch in Betracht zu kommen*, meinte er nur.


Es krächzt meinen Namen, *Schuhmacher, Schuhmacher per favore* (andere nennen mich hier Schopenhauer – Schopenhauer oder Schuhmacher – weil sie sich Scheiderbauer einfach nicht merken können und es so schwer auszusprechen ist...).Ich muss zur Blutwerte-Besprechung! Alles in seinem fragilen Lot.

*Grazie mille, Dottore Giuseppe!*

## Zwei

Ich lebte noch bei meinen Eltern, zwischen der Seekapelle im Osten und dem Hotel Sonne im Westen, in der Rathausstraße in Bregenz. Meine große Schwester und ich mussten sonntags nie in die Kirche. Auch an keinem anderen Tag. Religion spielte zuhause nur die Rolle, dass meine Eltern nicht aus der Kirche austraten und ihre Steuern bezahlten. Auch in einem Hotel waren wir bislang noch nie. Beides kannten wir nur von außen und von gegenüber.

Das Hotel von hinten, die Kirche von vorne.

Irgendwann, ich muss so acht, neun Jahre alt gewesen sein, zog es mich sonntags in die, so hieß es, Heilige Messe. Ich habe keine Ahnung, wie ich damals darauf kam – ich vermute, weil ich immer wieder mit dem Tod oder einem großen Schmerz und Kummer konfrontiert war – aber anstatt die vier Stockwerke hinunter und über die Straße in die Kirche zu gehen, stand ich an ein paar Sonntagen oben im Wohnzimmer am Fester, sah den flackernden Kerzen hinter den bunten Fenstern zu und hörte von weitem und nur dumpf die Gesänge zu dieser seltsamen Orgelmusik, die klang, als würde sie in Zeitlupe unter Wasser gespielt.

Auf der anderen Seite, vom Balkon oder meinem Zimmerfenster aus, konnte ich das Kontrastprogramm beobachten, nämlich die Zimmer- und Klofenster der drei Stockwerke des Hotel Sonne. Wochentags Profan-, sonntags Sakralfenster.

Interessant schien mir, und ich glaube heute, in dieser Art von Ost-West-Dualität sogar eine Yin-Yangsche Qualität zu erblicken, nämlich von zwei Prinzipien, die sich nur scheinbar widersprechen, aber aufeinander bezogen sind, dass mich beides gleichermaßen anzog... das Himmlische|Weltliche. Das Kontemplative, wie das Schaulustige.

Curt, mein Vater, entwickelte damals als grafischer Gestalter auch Logos, deshalb skizzierte er zuhause immer wieder einmal an dem einen oder anderen herum. Logos, so hatte ich verstanden, waren seltsame, einfache Zeichen, die für etwas Kompliziertes, wie etwa eine Firma standen. Vor allem waren sie für mich aber Sinnbilder. Wenn ich als Kind den Sinn darin nicht schnell erfassen konnte, war es ein schlechtes Logo.

Deshalb war für mich das Yin Yang-Zeichen, als ich es das erste Mal sah und dann las, wofür es stand, das allerbeste Logo. Das ist es auch heute noch. Das Kreuz, also eigentlich das Plus, oder der Davidstern, beide mit ihren zwei gegenläufigen Elementen, waren auch gut. Aber das Yin Yang war das Beste. Rein gestalterisch gesprochen. Sie bedeuten ja auch alle drei im Grunde dasselbe.

Im selben Zeitraum – ich weiß nicht, ob es vielleicht sogar mit diesem Ost-, West-Blick zusammenhing, noch was sonst der Auslöser dafür gewesen sein könnte – erlebte ich, über Monate hinweg, eine ganz andere Art des Einen im Anderen. Und zwar erschienen da immer wieder diese beiden lebenden Bilder. Ich schlief schon halb, oder war erst halb aufgewacht, jedenfalls konnte ich diesen Bildern ganz entspannt oder sehr verspannt zusehen… Und immer verwandelte sich das eine Bild in das andere, und wieder in das eine, und wieder in das andere.

Das Erste war das Bild einer wunderschönen, zart vom Wind gezeichneten Sanddüne im unendlichen Kristallmeer einer Wüste. Ein großes, weit geschwungenes, weiches *S*, in einem sanften Licht und in absolut harmonischen Gelb-, Ocker-, Lachs-, Beige- und Hellbrauntönen. Der Anblick dieser Düne erfüllte mich mit einem Gefühl von tiefer Freude und Frieden. Ich muss es wohl in irgendeinem der vielen Bilderbücher meiner Eltern das erste Mal gesehen haben.

Bis sich das Bild in das Zweite verwandelte – richtig metamorph ins andere übertauchte – in den Anblick einer seltsam-vertikalen Ansammlung aus kaltem, schmutzigem, hartem Schrott, voller dunklem Dreck und Öl, widerlichem Glanz, mit lauter scharfen Kanten und Ecken.

Dieses Bild schauderte mich, ich konnte seine Hässlichkeit und seine gefährlichen Details am ganzen Körper spüren. Noch heute, wenn ich die Vorstellung wachrufe, will ich mir fast die Hände vor die Schläfen halten, nur dass ich nicht Gefahr laufe, mit dem Kopf an einer dieser grässlichen Ecken anzuschlagen. Und ebenso wie diese Bilder metamorph ineinander überflossen, tat das auch mein Gefühl – zwischen Freude und Friede | Schauder, Ekel und Angst.

Mit der Zeit aber, jetzt wissend, dass aus dem Schauder-Ekelbild immer wieder das Freude-Friedebild auftauchte, konnte ich es insgesamt und gleichgültig als Eines betrachten. Das heißt, ich konnte wie einen Schritt zurücktreten. Anstatt mich gefühlsmäßig darauf einzulassen, und mich mit der anziehenden Schönheit der Düne zu identifizieren, bzw. mich von der abstoßenden Scheußlichkeit des Schrotts abzuwenden, nahm ich es als ›Ein Bild‹ wahr, als lebendige Einbildung.

Heute, inzwischen waren wir schon gut eingespielt, der komplette Therapieplan war nach zig Untersuchungen auch schon klar, musste ich wieder ins *Day Hospital*. Zu Lucia, der lieben, immer-grantigen Krankenschwester, oder besser gesagt Gesundpflegerin. Ich weiß nicht, wie viele Infusionen mit Albumin und anderen Säften sie mir schon verabreicht hatte, dabei ging es doch erst gerade vor Kurzem los. Erst legte sie mir, vor einer Woche zu Beginn des ersten Therapiezykluses, ganz behutsam die Leitung in die Vene.

Wie immer lag ich auf dem gemütlichen, knallroten Ferrarisessel. Sie befestigte, da der zuständige Haken abgebrochen war, gerade wieder mit Klebstreifen das Albuminfläschchen am Infusionsständer, da sagt sie:

*Weißt du Schuhmacher, ich freue mich, bist du für diese Behandlung nicht nach Österreich gefahren. Ihr habt das Geld, aber wir haben das Herz.*
*Du wirst dich wohl gefragt haben, was gesünder ist.*

In der Tat, der Vergleich hinkte zwar gewaltig, aber da war schon auch was dran. Zu Beginn wurde ich auch immer wieder gefragt, warum ich nicht »nach Hause« ginge, die würden es dort doch sicher besser machen können. Aufschlussreich fand ich dabei, dass das nur Freunde aus Österreich oder der Schweiz sagten. Für mich kam das aber gar nie infrage.

Warum hätte ich zurück ins gemachte Sozialnest flüchten sollen, schätzte ich doch gerade die soziale Dimension dieses Südens so sehr.

Vor Kurzem kam mir dazu noch eine Analogie in den Sinn: Während des ersten Jahres in Lecce, in einer kleinen Großstadt mit rund 100 000 Einwohner:innen, wunderte ich mich immer wieder, dass streunende Katzen, derer es hier sehr viele gibt, in den Straßen einfach liegen oder sitzen blieben, wenn ich an ihnen vorbeispazierte. Dachte ich an die

Jahre in Sevilla, erinnerte ich nur Katzen, die sofort Reißaus nahmen, kaum näherte man sich ihnen an. Was mussten diese Hässliches erlebt haben. Und in Österreichs Städten sehe ich fast nie Katzen.

Außerdem hatte Lucia auch insofern recht, als dass ich auch denke, der empathische Anteil eines Behandlungsprozesses sei mindestens ebenso bedeutsam, wie die evidenzbasierte Medizin.

*Lucia, weißt du etwas darüber, was den Grüntee und seine hemmende Wirkung anbelangt?* Fragte ich.

*Was redest du für einen Blödsinn, Schopenhauer, halluzinierst du? Hemmender Grüntee? Wir sind hier im Hospital, nicht auf dem Gemüsemarkt.*

*Na, ich las von einem deutschen Arzt, dem selber, zu alledem, während er die Amyloidose erforschte, eine solche im Endstadium diagnostiziert wurde. Dann sei er wegen des Tipps eines amerikanischen Kollegen auf den Grüntee gestoßen, weil der würde die einzig bisher bekannte natürliche Substanz enthalten, die das Problem hinausschieben kann.*

*Ah ja, was? Das musst du deinen Hämatologen fragen, ich hab nur harte Sachen im Angebot.*

Heute lag ich das erste Mal im großen Chemo-Raum. Da standen gleich zehn solche Sessel, auf jedem, ausgestreckt und gefasst, Kolleg:innen im Geiste, alle angeschlossen an ihre Infusionsbeutel. Lucia murmelte irgendetwas, während sie mein Schläuchchen mit der Venenleitung verband, und dann zwischen den beiden kleinen Hähnen – dem am Beutel und dem an der Vene – den Aus- und Einfluss der Substanz regulierte.

*Entspann dich, das muss ganz langsam hinein, es wird mindestens eine halbe Stunde dauern.*

Ich war zu müde, und meine Füße und Hände stichelten und brannten zu sehr, als dass ich sie noch fragen konnte, was da gleich in mich hineinträufelte.

Wenn ich die Fingerkuppen untereinander berührte, fühlte es sich oft an, als lägen die Nerven fast blank. Auch die Füße, und immer mehr auch die Kniekehlen, waren jetzt immer irgendwie am Wehtun. Da diese nervigen Schmerzen aber nur langsam zunahmen, konnte ich mich proportional auch an sie gewöhnen.

Jetzt dämmerte ich fast weg, da erinnerte ich ein nächstes, seltsam duales Ereignis, das mir in Basel über die Leber lief. Während meines Studiums verdiente ich mit einem 40%-Job meinen Lebensunterhalt im *Schützen*, der psychiatrischen Klinik in Rheinfelden, einem Städtchen ganz in der Nähe. Eines Nachts begann ich etwas sehr Unangenehmes zu empfinden.

Als wären sich zwei entgegengesetzte Kräfte in meinem Körper am Abrackern, war ich ab dem ersten Moment erschrocken davon. Es fühlte sich an, als würden mich diese beiden Gewalten zerreißen, dann wieder zerreiben wollen. Erst wenn ich mich jäh umdrehte, die Augen öffnete und tief Luft holte, verschwand diese Sensation für eine Weile, nur um, kaum hatte ich die Augen wieder geschlossen und versuchte ich mich zu entspannen, wiederaufzuflammen.

Das ängstigte mich sehr, auch weil ich mir vorstellte, so müsse sich Schizophrenie anfühlen – wie zwei Energien, die nicht in einem Körper leben können. Und je länger das dauerte, umso müder wurde ich, weil ich gleichzeitig die Augen nicht mehr schließen, und mich in Bewegung halten wollte, um diesem grässlichen Gefühl auszuweichen.

Das ging Tage so und zerrte sehr am Sein. Was war denn da los? Was gab es einzusehen oder zu heilen? War ich am Durchdrehen?

Dann hatte ich eine Idee. Ich weiß nicht mehr wie und wann sie mir zufiel, aber sie war gut, und sie half mir da auch bald wieder heraus. Und zwar kam mir der Gedanke, vermutend, dass es diese beiden widerspenstigen Wogen besänftigen könnte, mit beiden Händen gleichzeitig zu zeichnen.

Ich nahm einen großen Zeichenblock, legte mich ins Bett, den Block auf Bauch und Brust, zwei Bleistifte, und begann mit geschlossenen Augen zwei Linien zu ziehen. Von Anfang an zeichnete ich symmetrisch, immer wie von selbst symmetrisch. Beide Hände taten das Gleiche, einfach nur spiegelverkehrt. Ich begann zum Beispiel oben in der Magengegend, ließ die beiden Bleistiftspitzen sich berühren, und davon ausgehend zeichnete ich einen ganzen Menschen, eine Figur vom Scheitel bis zur Sohle.

Abgesehen von der beruhigenden Wirkung dieser Übung, war ich vom ersten Blatt an überrascht, wie einfach das ging. Sonst war die linke

Hand doch viel unbeholfener, aber jetzt im Duett, war sie offensichtlich ebenso fähig, wie die rechte. Wenn ich dann die Augen öffnete und mir diese Zeichnungen ansah, waren sie natürlich nie so in sich geschlossen, wie ich das in meiner Vorstellung sah, aber sie ließen immer erkennen, was beabsichtigt war, und es ließ sich in der Qualität der Striche überhaupt nicht sagen, ob diese Linien ein Rechts- oder ein Linkshänder, geschweige denn Einhänder zog.

Freund:innen, die diese Zeichnungen damals ansahen, waren irritiert, dass sie alle wie gespalten waren, weil sich die beiden Linien und Hälften nie in einem Strich trafen, kamen aber nie auf die Idee, dass sie von zwei gleichzeitigen Händen gezogen waren.

Dann erzählte ich meinem Freund Toni davon. Toni war damals ein Therapeut für Psychosomatik im Schützen. Wir wurden im Nu Freunde, als ich dort zu arbeiten begann. Sein Interesse an moderner Kunst, und meines an moderner Psychologie, brachte uns schnell zusammen.

Er hörte mir aufmerksam zu. Ich schilderte ihm die ganze Geschichte, also ungefähr das, was ich hier gerade aufschrieb. Und als ich ihm dann einige Zeichnungen zeigte – diese waren dann nur mehr postkartengroß, da ich mit der Zeit immer kleinere Formate dafür heranzog – meinte er nur lakonisch, und schloss mit diesen Worten eigentlich diese Erfahrung, wie auch diese anfangs so extrem unangenehmen Empfindungen ab:

*Wenn dir dein Geist nicht nur das Problem, sondern auch die Lösung zeigte, dann musstest du wahrscheinlich einfach deine linke Körperhälfte etwas trainieren.*

Nun, obwohl die populärwissenschaftliche Adaptation des Hemisphärenmodells, das vereinfacht die Funktionsweise der beiden Gehirnhälften erklärt, mittlerweile als überholt gilt, kommt es mir immer noch so vor, als hätte ich mich damals quasi zurück in die Balance gezeichnet. Mit einer extrem emotionalen Schlagseite durchs Leben navigierend, musste ich mich vielleicht wirklich einfach ins Lot zeichnen. Jedenfalls funktionierte es und diese inneren Reibereien verschwanden. Bis sie ganz ähnlich, aber sanfter und weniger beängstigend, zu Beginn des Tumors, und zu Beginn dieses Buches, wieder auftauchten.

Aber Moment, da war ja noch etwas, das mit diesem Hemisphärischen zu tun hatte. Das erste Mal wurde ich mir dessen bewusst, als ich endlich, ziemlich betrunken, im Bett lag. Denn lag ich auf der linken Herzseite, drehte sich mir alles, es wurde je länger, je unschöner, drehte ich mich dann aber auf die rechte Seite, entspannte sich dieses Gefühl sofort. Meinte ich das nur? Ich drehte mich wieder nach links – prompt war es gleich wieder da dieses schwindlig und immer schwindliger werden. Also, nichts wie rüber auf die andere Seite! In den nächsten Wochen sah ich es mir, ohne Alkohol im Kopf, genauer an. Und siehe da – so kam es mir von Nacht zu Nacht immer noch lebhafter vor – das Denken und die Vorstellungskraft haben verschiedene Qualitäten, je nachdem, ob ich auf der linken oder der rechten Seite liege. Links spielen Worte eine größere Rolle, sie werden kaum zu Bildern, und es ist schwieriger einzuschlafen, wohingegen es auf der rechten Seite einfacher ist, weil es hier flüssiger, imaginärer und gelassener zugeht. Links Kopfdenken, rechts Herzdenken. Links Arbeit, rechts Urlaub. Geht dir das auch so?

Ob all diese scheinbar andersartigen Schulstunden zum Dualen wohl zusammenhängen? Historisch betrachtet habe ich keine Ahnung, interessiert es mich aber auch nicht über diese Zeilen hinaus.

Aber jetzt, da meine stille, weite und schwierige, immer wieder sehr schmerzhafte, aber auch sehr interessante Tumorzeit begann, kamen mir diese Erlebnisse wie gerufen in den Sinn. Denn es waren ja auch nicht zwei Probleme, zwei Aufgaben oder Herausforderungen vor denen ich stand – das Leben und der Tumor. Das gute, wertvolle Leben und der böse, zerstörerische Tumor. Nein, das war ein- und dasselbe, das war ja einfach nur ich. Das Leben. Der Tod.

Und umso mehr ich es als solches – doppelt – hinnehmen konnte, einfach *Ja* sagte, keinen Widerstand leistete und mich entspannte, umso mehr wurde wahrscheinlich unwahrscheinlich, dass der Tumor die Oberhand gewann.

*Doppelt*, weil es ja nicht nur den Tumor anzunehmen galt, sondern auch die medizinischen Maßnahmen. In wenigen Tagen sollte der zweite Therapiezyklus beginnen.

## Ton

In einer Wohnung am Meer, in diesem etwas abgelegenen kleinen Touristen-Siedlungsbau, Tomtom und ich lagen in unseren Betten – fünf Küstenstraßenkurven im Süden von Cadaques an der Costa Brava. Stockfinstere Nacht, das Zirpen der Grillen, von weitem wie warmluftgedämpft das Mittelmeerwasser an die Klippen klatschend.

*Wenn du einzig wegen des Klangs des Namens entscheiden musst, an welchen Gott du glauben willst, an welchen Gott glaubst du dann? Glaubst du an Gott? An Amitābha? An Manitu? An Jah? An Allah? An Buddha? An Brahma? An Odin?*

*Hmm, ist Buddha Gott?*

*Ja, teilweise denke ich, also alle sind wir Buddha, und alle Buddhas machen dann zusammen Gott. Wir sind ein Buddhapuzzle.*

Wir lachten.

*Also, Gott, das tönt doch, als klopfe jemand wütend an deine Tür – GottGot Gott – da will ich doch schon allein deshalb nicht daran glauben.*

*So gesehen bin ich mit Manitu! Das klingt mutig und erhaben, und hat auch etwas von Händen und du, etwas Zärtliches, Manituuuu.*

*Ja, Dio hingegen tönt ein bisschen nach Dio Dorant.*

Wieder lachten wir.

*Klar, aber Dio ist ja nur Gott auf Spanisch, kein anderer Name.*

*Ja gut, aber dann ist Gott auch kein Name, sondern nur eine Art Berufsbezeichnung. Schöpferchefin.*

*Manchmal, wenn jemand »Grüßgott« zu mir sagt, will ich ihm mit ‚Danke für das Kompliment, antworten. Meinst du, das war ursprünglich damit gemeint? Ja, aber dann ist das »ich grüße Gott in dir« des Grüßgott, doch eigentlich buddhistisch, denn dann sind ja alle Kinder Gottes, nicht nur Jesus. Das verstand ich nie, und fand ich immer unsympathisch, dass es in der Kirche nur einen einzigen Sohn gibt, und wir noch alle im Schafstadium sein sollen.*

*Das siehst du falsch, Sohn Gottes meint die Menschheit als Ganzes, nein, sogar das ganze Leben, nur sagen das die Hüter der Dogmen nicht dazu, weil ihnen sonst die Schaffelle davonschwimmen.*

*Achso. Ja, ich glaube auch, dass Christus eigentlich Buddhist war.*

Kichern.

*Allah! Oh ja, das ist wirklich ein schöner Klang, als würdest du tief in das Weltall hineinatmen – Allaaaaaaahhhhhhhh Und was atmet heraus?*

*Holaaaaaa.*

*Na, dann ist ja alles in Buddha!*

Wir lachten wie zwei betrunkene Mönche, laut im Leisen.

Seit wir vor dem Einschlafen mit dieser Frage spielten, kommt die Erinnerung daran, immer wieder einmal hoch, und immer wieder gefällt es mir aufs Neue, sie noch einmal durch- und weiterzuspielen. Und jetzt, da das Bett meine Welt war, umso lieber und öfter. Es war, als hätte das Leben gesagt:

*So, jetzt, wo du endlich keine Aurede hast, finde heraus, wie dein Gott heißt!*

Als Kind gab es diese Probleme nicht. Das heißt, es gab sie schon, die Zweifel, die Ängste, die Fragen, aber sie waren mit staunendem Nichtwissen in sich aufgehoben und waren so imstande, spontan Spiele zu erfinden, die mich sofort wieder ins Frohe beförderten. Ein solches Spiel spielten diese alte, schlanke Fichte und ich. Ich und die Fichte waren so dicke Freunde, da gab es nichts mehr dazwischen, wir waren eins. Ich war Herr Fichte und sie Frau Scheiderbauer.

Wenn ich verzweifelt war – nicht verzweifelt im Erwachsenensinne, wo es sich dann in Gedanken und Worten dreht, bis eine Gehirnreibung die gesamte Gegenwart schleudert und man sich abrupt in einer Höhle der Furcht wiederfindet. Nein, ein Verzeifeltsein, das sogleich ein Spiel erfand und mich zurück in die Gegenwart, in den Zustand des Einen brachte.

Und dann kletterte ich auf die Fichte. Deren Äste waren so viele und diese wurden nach oben bis zu ihrer schlanken, schließlich nur mehr ganz dürren Spitze immer dichter, dass ich mich mit der Zeit als kleiner, hagerer Junge, wie nach oben schlängeln konnte. Mit einer Geschwindigkeit, die meiner Mutter den Furchtschweiß in die Sorgenfalten getrieben hätte, hätte ich es sie denn je wissen lassen.

Und dann saß ich ganz oben in der Fichte, und die Fichte saß ganz oben in mir. Zwanzig Meter wird sie schon hoch gewesen sein. Ich konnte über den ganzen Garten sehen. Ich erinnere mich, dass es da oben keinen Unterschied mehr gab – nicht zwischen froh und betrübt, nicht zwischen mutig und ängstlich. Alles war in einem Selben einfach nur egal.

Und wunderschön. Es roch nach ihrem Harz. Meine Finger wollten Minuten brauchen, wenn ich erst Zeigefinger und Daumen zusammenpresste und verklebte, um sie dann ganz langsam wieder voneinander zu lösen.

Ich war, da ganz oben, in unzählig viele, kleine, dürre Ästchen virtuos eingeklemmt – kannte ich mittlerweile doch auch jeden Ast. Und da verweilte ich. Oft. Der Wind brachte uns immer wieder zum Tanzen, sicher bis zu zwei Meter konnten wir so hin und her schwanken. Ich wusste, die Fichte würde mich nie fallen lassen, weil ihre Spitze bräche. Das hätte ich sofort gespürt. Beim geringsten Knacksen hätte ich mich sofort nach unten geschlängelt.


Wenige Jahre nach diesem Gutenachtdialog mit Tomtom in Cadaques – ich lebte jetzt mit Teresa in Kairo und der atmende Weltenallah war als Klang und als Kalligrafie in unendlichen Variationen allgegenwärtig in dieser Riesenstadt – lernten wir einen freundlichen Herren kennen, irgendwo in einem der unzähligen Straßencafés in der Innenstadt. Er wird so um die 70 gewesen sein – wir saßen uns an zwei kleinen runden Tischen gegenüber –, und er kam, verschmitzt lächelnd, in schönem Englisch gleich zur Sache:

*Glaubt ihr, dass Mohammed der Prophet Allahs ist?*

*Also, doch, das glaube ich eigentlich schon,* antworte ich etwas zögernd und unsicher.

*Aha, sehr gut!,* sagte der Herr erfreut:

*Dann bist du ein Muslim! Wer glaubt, dass Mohammed der Prophet Allahs ist, ist ein Muslim!*

*Aha...* Was konnte ich jetzt sagen? Ich sagte gar nichts.

Doch diese Situation war nicht unbehaglich, die Stimmung war sanft, angenehm... Da wandte sich der Herr zu Teresa, öffnete seine beiden Handflächen mit erhobenen Armen, so als wolle er sich ergeben, schmunzelte, als würde er sich auf die Pointe seines Lieblingswitzes jetzt schon freuen, und fragte:

*Siehst du diese Linien in meinen Händen?*,

und zeichnete erst mit der linken Hand die Linien in der rechten, dann mit der rechten Hand die in der linken nach.

*Diese Linien habt ihr auch, die haben alle in ihren Händen.*

Wir sahen nach, tatsächlich, die hatten wir auch, links eine Art großes A ohne Querbalken und ein großes I, und rechts ein großes I und dann das A.

*Wisst ihr, was diese Linien bedeuten?*

Ohne unser Nein abzuwarten, sprach er nahtlos weiter, ja, er musste diese Frage sicher schon oft gestellt haben, aber sie schien ihm immer noch Riesenspaß zu bereiten.

*Das bedeutet links 81 und rechts 18. Seht ihr, da sind arabische Zahlen in unseren Händen, hier die acht und die eins, hier die eins und die acht.*

In der Tat! Alles, was alphanumerisch war, konnten wir schon seit unserer Ankunft in Alexandria lesen, das hatten wir schon in Basel gelernt, was es bedeutete, war uns aber noch völlig schleierhaft. Außer den Zahlen, klar, und die acht ist im Arabischen eben dieses A ohne Balken.

*Und was macht 81 plus 18?*, fragte der Herr,

*99,* kam umgehend Teresas Antwort.

*Genau, 99! Wir tragen alle die 99 Namen Gottes in unseren Händen.*

*Und unser Leben soll der Frage gewidmet sein, was denn der hundertste Name sei! Wenn ihr diesen Namen für euch herausfindet, dann seid ihr von allen Zweifeln, Ängsten und jedem Kummer erlöst!*

Wir staunten nicht schlecht, und sahen den Herren be-, aber wohl auch etwas entgeistert an, denn sofort schob er nach:

*Aber keine Sorge, euer Leben selbst soll dieser Hundertste Name sein!*

Da war schon wieder so eine Frage rund um den Namen Gottes! War sie nicht auch wie ein Kōan – was ist der hundertste Name Gottes? Also, eines jener wortkargen, zenbuddhistischen Rätsel, die du nur jenseits des Verstandes intuitiv lösen kannst, und die dich zur Erkenntnis der Nichtzweiheit bringen und dich von der Illusion befreien wollen, dein Ich hätte eine eigene, vom Rest abgegrenzte Existenz.

Ein Name jenseits eines Wortes. Ein Name als Leben. Ein unaussprechliches Urwort, dass du nur leben kannst, lieben kannst, aber nicht sagen.

Mir fiel die Frage wieder ein, die Moses Gott stellte, als dieser ihm im Dornbusch erschien und ihm auftrug, er solle das Volk Israels aus Ägypten führen:

*Gut, aber was soll ich sagen, wenn sie mich fragen, wer mir empfahl, es zu tun?*

*Sag ihnen »Ich bin, der ich bin.« hat es dir gesagt.*

Brillant! Vor jeder Bezeichnung, jedem Namen, jedem Angelhaken, der dich zu einem individuellen Fisch im Fluss deiner Geschichte macht, bist du erst mal nur Sein. Ich bin. Du bist auch Ich bin. Dass das jede und jeder von sich sagen kann, bedeutet, dass es dasselbe bedeutet.

Da ist nur ein Sein!

Als wäre Gott noch vor dem allerersten je in Gestalt gebrachten Gedanken eine dicke Wolke voller Wasser gewesen, und hätte die Geburt des bewussten Lebens darin bestanden, dass er kleine Schwämme erfand, diesich mit ihm vollsogen, um dann als begnadete Schwammerl auf die Welt zu fallen.


So war ich also einfach nur mehr Sein. Mein Name war der des Seins, und mehr war da nicht zu wollen. Dein Wille geschehe, dein Name sei meiner. Wie sollte es auch anders sein? Es macht doch wirklich unter gar keinen Umständen auch nur den Anschein eines Sinns, dass das Sein eine Vielzahl ist. Selbst sollte es unendlich viele Paralleluniversen geben, und sollte ich in jedem mit einem anderen Namen und Charakter umherwandeln, so ist das, was Wandeln erst ermöglicht, doch immer nur ein Sein.

Das, was niemand niemandem nie in Abrede stellen kann. Das einzige, was sicher ist in diesem Leben: der hundertste unaussprechliche Name Gottes, den du in deinen Händen trägst und von einem Herzen dort hineingeschrieben wurde. Ich bin. Und dort, im Jetzt deines Seins, bleibt es auch bestehen, immerdar.

Während ich jetzt schreibe, höre ich *Music for Airports* von Brian Eno. Das Album, das ich im Jahr seiner Veröffentlichung vor 44 Jahren das erste Mal hörte, gehört zu meinen Schlüsselplatten. Sobald es erklingt und sich der weite Hall der lichtdurchfluteten Abflughalle auftut, tut sich auch meine Gelassenheit auf.

Wie beim Niesen. Das Niesen, so hörte ich einmal einen Lama sagen – oder war es das Gähnen? – ist ein Geschenk des Nirwanas. Der gute Mann mag es anders gesagt haben, aber ich weiß, was er meinte, denn ich niese und gähne gerne, und kann bestätigen, dass sich durch dieses Lösen eine tiefe Erlösung zeigt. Und eben, es klappt auch beim Gähnen. Wie eine auf einen Augenblick verdichtete Meditation – hundert tiefe Atemzüge in einem. Es dauert nur ganz kurz, aber diese Explosion ist pure Freude. Beim Gähnen ist das Jetzt wie etwas gedehnter, der Überraschungseffekt jedoch auch etwas sanfter.

Mein Vater pflegte immer dreimal zu niesen. Und er kommentierte es auch immer wieder:

*Eins: haaaa-tschi! Zwei: haaaaaaaa-tschi! Drei: haaaaa-tschi!!*

Dann konnte er breit und zufrieden grinsen. Wir sprachen nie darüber. Aber jetzt, wenn ich niesen musste oder wenn mich in meiner Bettwelt wieder und wieder das große Gähnen überkam, besprach ich es mit ihm in Gedanken. Wir waren uns einig, dass es diesen befreienden Effekt hatte und, ließ man sich denn wirklich hineinfallen, sogar etwas von der Heiligkeit allen Lebens anklang.

Ich kann mich nicht erinnern, ob Susi und ich das Buch auch gemeinsam lasen, aber es sollte unser Leben verändern. *Der Würfler* (The Diceman) von Luke Rhinehart. In dem Buch wird erzählt, wie ein junger Psychologe beginnt, dem Würfel seine Entscheidungen des alltäglichen Lebens zu überlassen. 1–3, ich nehme das Fahrrad, 4–6, ich rufe ein Taxi.

Das juckte mich sehr. Den Würfel fand ich immer ein großartiges Objekt – dass vorne und hinten immer sieben ergibt, und seine Ecken abgerundet sind, sodass er runder rollen kann, ließ mich schon als Kind oft einen in die Hosentasche stecken. Dann zog ich ihn irgendwann heraus – dachte ganz fest an die drei – eine Zahl, die mir auch deshalb so gefiel, weil ich nicht verstand, weshalb zwei davon nicht acht ergeben – und würfelte: 3!

Das geschah so oft, dass ich es heute noch oft spiele. Jetzt wurde es ernst damit – alles nur Zufall? Würde uns das Schicksal leiten? Spielt beides zusammen? Schauen wir doch mal! 1-3, ich frage um einen Studentenkredit und kaufe mir ein Motorrad, 4-6, das lasse ich aber besser bleiben: 3!

Ich bekam den Kredit tatsächlich und erwarb eine nigelnagelneue Kawasaki 440 ccm. 1-2, wir bleiben in Wien und kurven die ganze Stadt bis ins letzte Grätzl gründlich ab, 3-4, wir machen eine Tour hinunter nach Jugoslawien, 5-6, wir fahren nach Italien: 4!

Wir tranken Wein am helllichten Tag auf einem Platz mitten in Split. Ich hatte einen gelben Bananenirokesen, Susi ein grünes Muster geschoren. Ein junger, hagerer, so verlegen wie bemüht überlegen wirkender Polizist mit einer zerknitterten Uniform und angespannten Schultern, verhaftete uns vom Fleck weg:

*No Estettik! No Estettik!!*

1-3 Das ist eine sehr interessante Erfahrung, wir wollen ganz gelassen bleiben. 4-6 Das ist unerhört, wir wollen sofort unseren Botschafter sprechen: 1! Es dauerte Stunden, bis er alle seine exekutiven Möglichkeiten der Recherche ausgeschöpft hatte, nichts fand, weshalb er uns noch tiefer hätte einbuchten können, uns frei, und mit Händen und staubigen Schuhen wissen ließ, wir sollten sofort seine Stadt verlassen.

Es war Sommer 1982, Fußballweltmeisterschaft:
1-2, ich interessiere mich überhaupt nicht für Fußball. 3-4, nichts cooler als Fußball, ich will alle Spiele sehen! 5-6, ich lass den Tag entscheiden, ob ich hie und da ein Spielchen schau: 3! Ich sah alle Spiele! Italien gewinnt in einem sensationell dramatischen Endspiel 3:1 gegen Deutschland. In Italien will ich irgendwann einmal leben.


Seit zwölf Jahren lebe ich nun wirklich hier. Habe ich mir das damals erwürfelt? Habe ich es geahnt, weil die Zeit in Wirklichkeit ein einziges holistisches Jetzt ist? Mittlerweile – nach elf Mal Umziehen – leben

Francesca und ich in Lecce, der Hauptstadt des Salento. Little Africa, wie wir es wegen unseren vielen afrikanischen Mitbürger:innen und Freund:innen auch oft und gerne nennen.

Als ich ein Knirps war, waren der Absatz des italienischen Stiefels und der zerbeulte Fußball Sizilien meine absoluten Schatzinselfavoriten. Was so weit fort und so seltsam geformt war, war sicher voller ungelüfteter Geheimnisse. Hier ritten sicher die Heiligen Drei Könige durch, wenn sie alljährlich wieder auf ihren Kamelen zur Krippe nach Bethlehem schaukelten.

*Warum heißt es dann nicht Dreinachten, sondern Weihnachten, wenn die die Geschenke bringen?*,

fragte ich Schwester Eda, die Oberschwester in der Volksschule Riedenburg, die so laut klatschen und so trocken schauen konnte, dass es einem kalt den Rücken hinunterschauderte. Aber ich mochte sie dennoch gut leiden, vielleicht weil ihr seltenes Lächeln so lieblich war, und dann ihre kleinen Augen ein klein wenig zu funkeln begannen.

Und wieder fand sie es fehl am Platze, als ich – wir nahmen gerade die Dreifaltigkeit durch – meine Frage wiederholte:

*Warum heißt es dann nicht Dreinachten...?*

Sie musste es als Provokation auffassen, aber der Dreikäsehoch meinte es ganz sachlich – da wimmelt es von Dreien, und dann tun wir weihen. Mir erschien das inkonsequent.

Obwohl ich diese Begriffe nur mit naiven Bildern berühren konnte – in diese Klosterschule gingen wir ja nur, weil sie am einfachsten zu erreichen, nicht weil sie für unsere Eltern die beste Schulbildung war – verließen sie mich nie mehr.

*Der Vater, der Sohn und der heilige Geist.* Und die Mutter?

Meiner Mutter Märle, die eigentlich Dagmar heißt, habe ich es wohl zu verdanken, dass ich Schwester Eda trotzdem mochte. Denn sie förderte in mir ein Talent, für das ich ihr sehr dankbar bin: die Begabung, mitfühlend zu sein. Wie die meisten Talente ist auch dieses einfach nur menschlich. Aber nur potenziell, es braucht sehr wenig – eine dumme Antwort einem Kind gegeben kann schon ausreichen und aus Empathie wird Ignoranz.

Ich erinnere mich, dass ich an Dreinachten, über zwei, drei Jahre, meinen Freunden vom Bahnhof ein Geschenk vorbeibringen wollte. Ich kannte sie vom Vorbeilaufen. Ich staunte, saßen sie immer auf derselben Bank, tranken, rauchten und fragten die Passant:innen, ob sie ein paar Münzen für sie übrig hätten. Mich fragten sie nie, aber oft grüßten sie mich, und ich grüßte natürlich stolz zurück.

Aber ich spürte auch, dass diese Menschen litten. Ihre Augen waren nicht nur vom Alkohol getrübt und von dunklen Sorgenringen gezeichnet. Sie taten mir immer auch leid, und ich empfand dieses Leid und diesen Stolz nicht als zwei Gefühle.

Dass es meine Mutter zuließ und mir sogar das Geld gab, dass ich ihnen an Weihnachten einen Doppelliter Rotwein kaufen und sogar alleine hineinbringen durfte, während sie mit unserem roten Minicooper vor dem alten Bahnhof wartete, lässt meine Freude noch heute nachhallen. Und lässt mich mitleiden. Wie irrig die Annahme, die dieses Mutterglück nicht hatten, zu meinen, Mitgefühl mit Leidenden zöge einen nur hinunter. Das Gegenteil ist wahr.

Ja, und gerade, weil es uns von Zuhause völlig freigestellt wurde, ob wir mit diesen Begriffen etwas anfangen wollten oder nicht, ließ bei mir das Ministrantenglöckchen klingeln. Ich war sogar einmal Ministrant!

Ich weiß, dem widerspricht, dass ich vor wenigen Seiten sagte, ich hätte Kirchen nur von außen gekannt. Aber diese Kirche war in der Schule, das war etwas anderes, etwas, wohin ich musste und Teil des Ganzen war – wie Pausengang oder Jausenhof. Aber in die Seekapelle *konnte* ich gehen, und tat es nicht.

Jedenfalls – ich glaube sogar im ersten Jahr, als jedes Klatschen Edas noch eine Donnerböe Gottes war – bewarb ich mich als Ministrant. Über zwei Klingelsessions kam ich aber nicht hinaus. Abgewürgter Lachkrampf am Altar, das war wie Dreinachten zum dritten Mal.

Im Ernst: Damals reichten die Messdiener noch sämtliche Utensilien bei der Vorbereitung zur Hostienverköstigung, und da geschah es meinem Freund, dass ihm – in seinem Lampenfieber, der arme Kerl – irgendetwas aus der Hand fiel, und ich losprusten musste. Wir wurden beide fristlos entlassen. Aber nur als Ministranten, nicht als Schüler. Noch nicht.

Jesus faszinierte mich. Sich selber so lieben wie seinen Nächsten. Zuerst dachte ich, der Nächste, der kommt, und wenn er dann kam, war es mir peinlich, dass ich versuchte, ihn zu lieben, aber eigentlich gar nicht wusste, wie das geht. Mir gefiel es aber, es nicht zu wissen. Klar, ich wollte dahinterkommen, was damit gemeint war, bei Worten wie:

*Die Gebenedeite. Die Agape. Die Barmherzigkeit.*

*Die Unendlichkeit. Der Tod. Die Auferstehung.*

Aber die Antworten nicht zu wissen, oder vielmehr, zu wissen, dass ich es wissen könnte, mich aber selber schlau machen musste, um es wirklich zu wissen, das fand ich aufregend. Herausfordernd.

Auch wenn es das viele Gähnen jetzt nicht vermuten ließ, drehte sich mein Bettjahr doch im Wesentlichen darum. Und ich sah, der ich vor soundso vielen Jahren in Hard am Bodensee aus der Erde gekrochen kam, dass ich wohl auch deshalb so häufig um- und weiterzog.

Denn das hieß ja, diese Fragen nicht zu verraten. Als verlören sie ihre Kraft, würde ich es mir dort bequem machen, wo meine vermeintlichen Wurzeln wurzeln. Genau die hieß es doch, in Frage zu stellen.

*Geh dorthin, wo du niemand bist.*

Wie es Teresa von Avila zum Ausdruck brachte. Wie ein langer Heimweg zur Antwort. Lernend, nichtwissend bleibend.

Und jetzt, schon wieder im Stadtspital und ich auf meinem Ferraristuhl nicht weiß, wohin die Reise geht, hilft dieses Nichtwissen. Wovon sollte ich Angst haben, wenn es nichts zu wissen gab? Das gilt auch für den Tod.


Wie es mir Teresa, als wir seinerzeit noch fast ein halbes Jahr im Sinai lebten, von Epikur, dem alten, streitbaren Gartenphilosophen, vorlas:

*Wenn der Tod ist, bin ich nicht. Und wenn ich bin, ist der Tod nicht,*
*also geht er mich nichts an.*

Oder, wie es bei so vielen Mystiker:innen heißt – und das konnte ich jetzt fast den Leitsatz meines Lebens nennen:

*Stirb, bevor du stirbst, dann musst du nicht sterben, wenn du stirbst.*

## Dong

*Gut Ding braucht Dong.*

Als ich es das erste Mal dachte und laut und langsam aussprach, kam es mir nicht wie ein Scherz, sondern wie eine elegante Art zu sagen vor, dass der allgemeine Kausalzusammenhang des Lebens, das heißt des Nehmens und des Gebens, des Kommens und Gehens, eine musikalische Flüssigangelegenheit ist. Keine sture Physik, sondern Musik.

Wir spazierten die Pipeline entlang, MCi und ich, Richtung Lochau. Der graugrüne See verschwamm mit dem blaugrauen Himmel. Unsere Stimmen waren leise, so dass wir die noch leisere, winzige Brandung, die neben uns herlief, gerade noch ein Wörtchen mitreden lassen konnten.

MCi erzählte mir von seinem Audio-Tagebuch, einer Sammlung von seinen Best-of-the-Year-Songs, die er seit vielen Jahren in einem Archiv für, wie er es nannte, abrufbare Emotionen zusammenstellt.

*Wenn du diese Lieder hörst, weißt du sofort, wo du warst, was damals los war in dir, alles gespeichert in diesen Liedern, in dir,* sagte er.

Fünfundvierzig Jahre zuvor: Ich lag ganz ruhig im Bett, als würde ich in meinem Atmen schweben. Vor lauter Stille hörte ich fast das Blut rauschen und die Nerven rascheln, da erklang wie aus dem Nichts, mitten aus dem süßen Halbschlafschweigen heraus, dieser sphärisch-dicke, dunkle Glockenklang – mitten in alles hinein. Die Kirchturmglocke der Seekapelle war ja nur circa 20 Luftlinienmeter entfernt.

Dingggggg... Donggggg...

Rund und voll und weich und völlig invasiv, erfüllend. Einen Zelltsunami auslösend, schwappte die Schallwelle durch mich hindurch, durch alles, durch jeden Muskel und jedes Organ, und ich durch sie – wir durchschwappten uns förmlich gegenseitig, bis da gar kein Gegen und keine Seiten mehr waren.

Und schon war sie weitergeklungen, diese Gongwelle, über mich hinaus, als nähme sie ein bisschen mit von mir. Die Zellen pulsierten noch, als pendelten sie sich jetzt wieder in der Stille ein. Zuerst, im allerersten Molekül des Moments war dieser mächtige Schall ein Schrecken, dann aber – augenblicklich – fühlte er sich schon gut an.

Via dem Gong der Seekapelle erfuhr ich das erste Mal unmittelbar, dass die Materie, die wir meinen, dass wir sie sind, zum größten Teil rein gar nichts ist. Leerraum. Und das angeblich Solide und Feste, eigentlich ein einziger wedelnder, superkomplexer Molekularboogiewoogie. Der dann natürlich umso mehr ins Schwingen gerät, wenn ihn eine Schallwelle, die ja gleichzeitig eine luftverdrängende Druckwelle ist, in Erregung versetzt. Solch eine Schwingung der Materie in einem Frequenzbereich, der irgendwo im Zentimeterbereich oszillierend von unserem Ohr wahrgenommen wird, hat, wenn man so will, menschliche Proportionen. Wahrscheinlich kann sie uns deshalb auch so berühren, weil sie so spürbar durch uns hindurchwellt und uns mitnimmt, und wir uns in ihr als ein flüssiges, tanzendes Sein wiedererkennen können. Wohlwollende Wohlwellen.

*The Medium is the Massage,*

wie es ein Schriftsetzer damals falsch setzte und Mcluhan, der Autor, der eigentlich Message meinte, es großartig fand. Richtig falsch.


Curt kam von einem einmonatigen Roadtrip mit zwei Freunden aus Nordamerika zurück. Er brachte mir fünf Langspielschallplatten mit. Eine tolle Mischung von lauter Musik, die ich als 15-Jähriger noch nie gehört hatte:

*Can't Buy a Thrill* von Steely Dan
*Outlaws*, das erste Album von den Outlaws
*Exile on Main Street* von den Rolling Stones
*Absolutely Free* von Frank Zappa and the Mothers of Invention, und
*Harvest* von Neil Young


Ich begriff erst viele Jahre später, wie tief dieses Geschenk war. Es half mir sogar dabei, jeden, je geführten Streit mit meinem Vater zu vergeben. Außen wie innen, ihm wie mir.

Als ich das erste Mal Neil Youngs Schallgewelle in mich hineinließ, verliebte ich mich zweifach. Stereoliebe – Ich hörte, dass man keine Frau sein musste, um vieles von einer zu sein, und ich hörte, dass es ein richtiges Singen im Falschen gibt. Beides verließ mich nie mehr. Mein liebster Flow im Ohr. Wenn ich ihn heute höre, geht es mir gleich – Freiheit weht durch meinen Körper und er verliert jedes Gewicht. Sogar Traurigkeit macht jetzt Freude. Und alle Zellen wellen und sind alles, nur keine Zeit, die sie zerfallen lässt.

*Don't let it bring you down*
*It's only castles burning*
*Find someone who's turning*
*And you will come around*

... Und jetzt, ungefähr fünfundvierzig Jahre später, ertönte wieder eine Kirchenglocke ganz in der Nähe, jeden Morgen um sieben. Diesmal war es aber kein Erweckungsgong, sondern eine Art Sündenprassel.

Ich kannte dieses grauenerregende Hämmern schon, seit wir diese Wohnung am südlichen Altstadtrand Lecces bezogen hatten. Da ich aber immer sehr zeitig auf war, spätestens um sechs, konnte es mich zwar nie aus dem Schlaf, dafür aber auf so scheußlichere Art aus dem Jetzt schlagen, sodass es mich wieder und wieder spontan Pläne schmieden ließ, wie ich diese verdammte Glocke stehlen und einfach verschwinden lassen könnte.

Nur seltsam, dass ich es just am Morgen, als ich nach dem ersten Tag des zweiten Therapiezykluses wieder nach Hause kam, gänzlich anders erlebte. Francesca und Sisa, ihre Mutter, hatten mir vor Tagen schon ein wunderschönes Schattenzimmer vorbereitet, da ich wegen meines immer noch schwächeren Immunsystems fortan alleine schlafen musste, und die drückende Sonnenzeit begonnen hatte. Ein Bett, ein Stuhl, ein Tischchen, leere Wände, eine geschlossene Jalousie.

Da fiel mir am nächsten Morgen auf, zwar mit welcher Härte und seltsamer Heftig- und Schnelligkeit dieses Läuten stattfindet, aber wie es mich jetzt eher interessierte, denn abstieß.

Jeden Morgen, wie immer, unausweichlich, gnadenlos, als wolle es uns Schuld einhämmern – *DINGDONGDINGDONGDINGDONGDING-DONGDINGDONGDINGDONG*, zehnmal, dann zwölfmal, dann vierzehnmal, bis zu zwanzigmal, völlig aus dem Ruder laufend, als zapple da, uns zur Messe herbeifluchend, ein betrunkener Padre am Glockenseil.

An meiner Therapie kann es nicht gelegen haben. Das mittlerweile dritte Fläschchen Kortison hatte mir im Gegenteil die Nerven noch mehr aufgekratzt, die Gedanken verquirlt, und das erste Mal nahm ich jetzt am Morgen auch meine Hände als geschwollen wahr.

Wie konnte der Padre ernsthaft meinen, dass das irgendjemand dazu bewegen könnte, in die Kirche zu kommen? Oder wollte er insgeheim, dass niemand kommt, und so schnell wie möglich zurück ins Bett?

Wie auch immer, jetzt gefiel es mir, genau hin und hinein zu hören. Und schon interessant: Nur weil ich jetzt *Ja* dazu sagte – was zentral natürlich mein generelles Tumor-Ja war – es einfach annahm, weil es ja den Ärger nur vergrößerte, es nicht zu tun – wurde es augenblicklich erträglicher. Es war einfach nur mehr. Nicht dies, nicht das, einfach nur es. Und so plötzlich sie in den Tag hereinschlug, diese Glocke, so schnell war sie auch schon wieder draußen.

Am dritten Tag, es hatte mir gerade wieder eine Gänsehaut über den Rücken gezaubert, und der letzte Rest des Kortisoneffekts war verklungen, zog ich den Laptop ins Bett – das erste und auch das letzte Mal, dass ich im Laufe eines Jahres einen Computer größer als mein Handy bemühte – da ich mich dazu eingeladen fühlte, mit einer E-Mail zu antworten. Konnte ich mit dem Glöckner in direkten Kontakt treten? Oder war es wirklich der Pfarrer selbst, der sich da am Seil abmühte? Konnte ein Dialog stattfinden und vielleicht sogar dazu führen, dass er die Glockenperformance überdenkt und sanfteren Hörerlebnissen zugänglich macht?

Sicherlich, dadurch, dass ich meinen Widerstand aufgab, nahm es weit weniger Gefühlsraum in Anspruch, ich empfand es fast als Nichtigkeit, aber könnte es womöglich harmonisch und lieblich erklingen, dass es sogar Spaß machte, um sieben zu erfahren, wie spät es war? Oder war es der Person, die dieses Hämmern verantwortete, gar nicht bewusst, dass es sich ziemlich brutal in den erwachenden Alltag einmischte?

*Sehr geehrter Herr Pfarrer,*

*ich grüße Sie herzlich aus der unmittelbaren Nachbarschaft – zwischen Ihrer Kirchturmglocke und meinen Ohren mögen es höchstens 150 Meter Luftlinie sein – und ich möchte Sie kurz um Ihre geschätzte Aufmerksamkeit bitten.*

*Sie müssen wissen, dass es mir im Moment alles andere als rosig geht und ich mit einem multiplen Myelom und einer Amyloidose vis-a-vis am Altstadtrand im Bett liege. Die nächsten langen Monate wird das fast immer so sein, außer an den wenigen Tagen, an denen mich ein Auto abholen wird, um mich in das Stadtspital zu den Therapien zu bringen, die mich auf die Stammzelltransplantation in ungefähr einem halben Jahr vorbereiten sollen.*

*Nun wollte ich Sie bitten, zu prüfen, ob es möglich ist, das tägliche Kirchenglockenläuten um sieben Uhr morgens, etwas langsamer, friedlicher und etwas sanfter vonstattengehen zu lassen.*

*Ohne zu übertreiben ist es mir jeden Morgen, als würde mir jemand partout die Ruhe nicht gönnen und mich gewaltsam aus dem Bett und in die Kirche jagen. Das Hündchen unserer Nachbarin unterstreicht diese Sensation jeden Tag mit seinem aufgeschreckten Bellen, kaum ist das Geläut wieder dahin.*

*Auch möchte ich Sie bitten, zu bedenken, dass Sie mit diesem vehementen Glockenstil doch eigentlich eine einzige Antiwerbung betreiben – wer will sich davon angezogen oder eingeladen fühlen, zu Ihnen in die Messe zu kommen?*

*So hätte, glaube ich, eine entschiedene Abschwächung des Glockenschlags und -rhythmuses, neben positiven gesundheitlichen Effekten, vermutlich auch spirituelle Zuläufe zur Folge.*

*Vielen Dank, dass Sie das erwägen und, so Gott es will, wohlwollend an die Umstände Ihrer Nächsten anpassen. Hochachtungsvoll,*

*tOmi Scheiderbauer*

Nichts geschah, es blieb sich um Sieben alles gleich. Nach etwa zehn Tagen schickte ich dasselbe Schreiben noch einmal hinüber, aber es blieb wieder, vielleicht nicht unerhört, aber doch unbeantwortet.

*Don't let it bring you down*
*It's only castles burning*
*Find someone who's turning*
*And you will come around*

Mittlerweile, nach fast zwei Jahren, leben wir am östlichen Altstadtrand und somit mindestens einen Kilometer von diesem Glockenturm entfernt. Das Brüllen der Bronze hören wir jetzt nur mehr gedämpft.

## So

*Inshallah*, sagte Adel, als Teresa ihn fragte, wo genau in Kairo wir uns treffen sollen. Wir waren erst seit vorgestern in Ägypten, seit heute in Kairo. Alles war noch zu schön, um auch wahr sein zu können. Oder war es wirklich so schön? Was ist das, die Wirklichkeit, eine Tatsache oder ein Spiegel? Eine psychologische Luftspiegelung?

*Machst du Witze, Adel? Kairo hat zehn Millionen Einwohner:nnen, und wir sollen dich treffen, wo Gott will?*

*Nein, so Gott will, nicht wo.,*

entgegnete Adel, lächelte sanft, meinte noch,

*Wo, ergibt sich dann von selbst.*

Und fuhr kurz darauf in seinem alten Fiat 124 die Shaqqara Road Richtung Gizeh auf und davon.

Wir hatten nur wenig Gepäck dabei, alles, was wir noch besaßen. Die letzten Wochen in Basel hatten wir das meiste verkauft, verramscht, verschenkt. Und nur wenige Tage vor unserer Abreise lernten wir Adel Hozayin kennen, einen Maler, Cellisten und Lehmziegel-Kuppelbauer aus Kairo. So waren wir schon von unserer ersten und, bis wir aus Shabramant wieder abfuhren, auch letzten Begegnung, im Bilde, dass Adel das mit Allah sehr ernst – lächelnd ernst – meint.

Wir stellten uns einander vor und tauschten uns nur kurz aus. Adel würde übermorgen schon zurück an den Nil reisen. Wir erfuhren über glückliche Umwege von ihm, und unser Wunsch, ein Jahr oder länger in den arabischen Raum nach Nordafrika zu ziehen, hätte vielleicht in einer Zusammenarbeit mit ihm eine Zukunft. Es hieß, er würde ein großes Studiohaus in der Nähe von Kairo bauen – vielleicht könnte er ja Hilfe gebrauchen?

Eigentlich hatte ich von der *Merian-Stiftung* ein Stipendium zugesprochen bekommen, aber dann gab es kurz vor unserer Abreise irgendein diplomatisches Zerwürfnis und alles fiel in den Nil.

*Sie können stattdessen aber gerne im selben Zeitraum in das Atelier nach Montreal gehen, ließ mich eine besorgte Sekretärin wissen,*

*Wohin? Nach Montreal? Ich habe mich nicht um irgendein Atelier irgendwo, sondern um einen ganzen Kontext beworben, ich bitte Sie!,* entgegnete ich genervt.

Und dann saßen wir da, auf der Terrasse des Kunsthallencafés, hinter uns zischte, ruderte, schöpfte, keuchte und rülpste der Tinguely-Brunnen, und Adel lächelte. Tags zuvor hatten Teresa und ich noch ein Bett gebaut. Eine ganz einfache Struktur, ein nur ein Tritt hohes Podest aus Holz, durch welches ihr Zimmer in der Frauen-WG, das jetzt bald frei werden sollte, sicher einfacher eine neue Mieterin finden würde.

Adel lächelte und sagte:

*Könnt ihr denn Betten bauen?*

*Betten bauen? So ein schöner Zufall, wir bauten erst gestern ein Bett!*

Und wir erzählten begeistert, wie wir es planten und dann mit allereinfachsten Mitteln umsetzten.

Und Adel lächelte, fügte noch *Zufälle gibt es aber keine* an, nickte, als würde er sich selber zustimmen, und sprach dann kein Wort für unendlich-ganze dreißig Minuten. Nach einer Weile, als er ein paar belanglose Fragen nur mit langsamen Schließen und Öffnen der Augenlider bejahte, oder vielleicht auch damit abwinkte, und klar wurde, dass diese Stille Thema war, hielten auch wir inne. Manchmal querten sich unsere Blicke, was uns verlegen schmunzeln und ihn noch amüsierter lächeln ließ.

Schweigen inmitten von hundert Stimmen, das Klingeln der Löffelchen in den Kaffeetassen, die frohen Kinderschreie am Brunnen. Gedrehte Zigaretten.

Dann, nach einem tiefen Aufatmen, als wäre er nach einem gefassten Entschluss erleichtert, nahm er seine Baskenmütze ab und wischte sich den Schweiß von der Stirn. Dann zog er einen Bleistift aus der Brusttasche seines blauen Mechaniker-Overalls, schrieb seine Kontaktdaten auf eine Serviette, schob sie uns über das Tischchen und sagte:

*Ihr seid gute Menschen, fühlt euch herzlich willkommen in meinem Haus in Kairo. Ihr könnt die Schreinerarbeiten machen. Alles wird gut sein. Inshallah.*

Erst am späten Nachmittag – die Sonne begann hinter Adels Haus im

Maisfeld zu versinken, dahinter leuchtete die Spitze der großen Pyramide von Gizeh, die, weil ihr Putz über die Jahrtausende abfiel, wie gepixelt aussah – nahmen wir unseren ersten Minibus in das Zentrum Kairos. Al-Qāhira, die hupende, ampellose Stadt!

Die vollen Minibusse! Kaum ausgestiegen, die El-Tahrir-Street hinunterwundernd, sahen wir Adel schon von Weitem in einem der unzähligen Straßencafés sitzen, spitzbübisch lächelnd.

*Ahh, soooo sieht man sich, Alhamdulillah! Na, was denkt ihr, war das*
*wieder einer eurer Zufälle?*

Ganz in Weiß, in einer bis knapp an den Boden reichenden Galabija, und einem ebenso weißen, sauber gewickeltem Turban, wurde ich von einem sehr alten, sehr aufrechten, großen, eleganten Herren, herzlich begrüßt, kaum hatte ich die Toilette im Kellergeschoss des berühmten Café Groppi in Kairo betreten.

*Salemaleikum, God bless you. How are you Sir?,*
*Fine, thank you Sir, i hope you can tell the same.*, antwortete ich, in der
Annahme, wir gäben uns gerade die Klinke in die Hand.
*Oooo yes, I have a such wonderful day Sir. Today is my last day of work, after*
*taking care of this important toilet for more than 50 years!*
*You have been down here working for more than 50 years, Sir?*
*Yesss!* sagte er mit praller Stimme, während er mir, die ganze Zeit
schon mitten in die Augen sah.
*Und ich lernte sie alle kennen, Sir. Ich begrüßte mehrmals Picasso, auch*
*Rilke, ich traf Le Corbusier, ich reichte Duchamp ein Handtuch, Man Ray*
*machte sogar ein Foto von mir... Und Eleen Gray traf ich auch immer wieder*
*im Vorzimmer der Toiletten... und so viele andere...*
*Sie machen Witze Sir! Die waren hier alle auf dem Klo?*
*Gott ist mein Zeuge Sir. Alle waren sie da, und alle bestärkten mich in dem*
*Gefühl, eine ebenso wichtige Arbeit, wie sie selbst, zu leisten.*
*Kompliment. Sir Ich bin wirklich beeindruckt. Aber wie meinen Sie das? Wie*
*wurden sie von diesen Personen bestärkt?*
*Einfach durch deren freundliche, meistens frohe Präsenz. Selbst wenn sie be-*
*trunken waren, hatte ich immer dieses Gefühl von aufrichtigem Respekt.*

*Wie jetzt auch mit Ihnen, Sir.*
*Danke. Aber Sir, Sie sind doch der Sir, ich könnte ihr Enkel sein...*
Er lachte laut und herzlich und ließ nie ab, mir in die Augen zu sehen.
*Oh ja, vielleicht sogar mein Urenkel Sir, aber das tut nichts zur Sache,*
*in Gott sind wir alle gleich.*
*Fürwahr*, sagte ich etwas verlegen.

Jetzt, im blauen Schatten meiner neuen, stillen Welt, in diesem Zimmer in der Via Duca degli Abruzzi, parallel zur Viale Gallipoli mit ihren kleinen, meckernden Hupen und dem klapprigen Stöhnen der Dieselbusse, war es mir, als würde ich eigentlich in Kairo im Bett liegen. Dort, wo es keine Zufälle gibt und man dem begegnet, dem man begegnen muss.

Tatsächlich. Es fühlte sich weder willkürlich noch sinnlos an, dass ich jetzt vor diese Herausforderung gestellt war. Jetzt ist das also so, wie es ist. Nicht gut, nicht schlecht, nicht erwünscht, nicht unerwünscht, einfach nur genau so, wie es ist. Wahr. Wie einfach die Wahrheit plötzlich war, jetzt, wo sie nichts anderes mehr sein musste als sie selbst – nicht mehr, nicht weniger – nur mehr das Hüllenlose So-ist-es.

Aber heute, nachdem ich nach zwei Stunden nie zuvor empfundener Qualen von der Toilette in mein Bett zurückkehrte, war gar nichts mehr wahr, es war einfach nur beschissen.

Gott sei Dank war es jetzt wenigstens beschissen, vor zwei Stunden hätte ich noch gesagt, es sei ein einziger hundserbärmlicher Krampf. Dazwischen saß ich, stand ich, zappelte und verzweifelte ich auf der Kloschüssel – pressend, wiegend, stampfend, flehend, fluchend und schreiend. Als hätte ich Sand gefressen und müsste Beton scheißen.

*Nein, verdammt! Nicht Ja!*
Das vierte Kortisonfläschchen, dessen Einnahme jetzt schon zwei Tage zurücklag und erfreulich undramatisch vorüberzog, sorgte, wohl im Mischverhältnis mit allen anderen Medikamenten, für ein hormonelles Tohuwabohu. Derzeit war ich bei sechzehn bis siebzehn verschiedenen Tabletten am Tag. Der Magen blieb dabei erstaunlich entspannt, dafür rebellierte der Darm umso mehr. Angestrengt tief, schnell atmend, sah

ich auf einmal ein Stockwerk höher, genau an der Ecke des schräg gegenüberliegenden Hauses, eine auf der Stelle tänzelnde, beschwingt mit dem Kopf wippende, weiße Taube.

Seltsam, dachte ich. Die wippen doch sonst nur, wenn sie spazieren gehen, nicht wenn sie stehen, und wenn sie stehen, tänzeln die doch sonst nicht. Das sah so lustig aus. Und schön.

Und dieser Moment der Ablenkung, oder besser gesagt dieses Mehr an Sein als nur mein elender Krampf, ließ es endlich zu und löste das Problem schlagartig. Wie wenn es einem endlich einfällt, weil man nicht mehr danach sucht im Kopf, brach es jetzt aus mir heraus! Es fühlte sich an, als erleichterte ich mich um zwei Kilo in zwei Sekunden nach zwei Stunden. Es überkam mich ein so unglaubliches Gefühl der Erlösung und Freude, dass ich mich an die gerade noch erlittene Pein gar nicht mehr oder fast schon gerne erinnerte.

*Danke, liebe Taube. Dass du auch noch weiß warst, hat mich deine Assistenz noch mehr fühlen lassen.*

Und ich schlich todmüde zurück in mein Bett.


Sicher, ich läge jetzt viel lieber am Strand, denn als total erschöpfter und splitternackter Ist-Zustand im sommerlichen Schattenbett

Ja, wirklich? Wozu sollte dieses Vergleichen denn gut sein, wenn es mir doch nur die Gegenwart mit Gedanken verstellte, die überhaupt nichts mit ihr zu tun hatten.

War das nicht genauso unsinnig, wie einem regnenden Tag vorzuwerfen, dass er nicht sonnig ist? Vielleicht blies dir ja an der Adria gerade ein heftiger, flacher Wind den Sand dermaßen um die Ohren, dass dir nur mehr zum Fluchen zu Mute war. Und derselbe Wind würde dich vielleicht gleichzeitig einen falschen Trost von Frische empfinden lassen, derweil du dir aber in Wirklichkeit übel die Haut verbrennst, trotz dick aufgetragener, sündteurer Faktor-70-Sonnencreme.

In der Tat sind solche Vergleiche sinnlos. Bar jeder Realität, letztlich nur ungesund, weil sie Groll kultivieren, wie es doch fast alles Vergleichen und Beurteilen tut – nur um nicht Teil davon sein zu müssen, dessen man Teil ist.

War dieser Raum nicht auch ein Strand? Ein poetischer, kubischer Still-strand mit einer feinen Lichtbrandung, die durch die Jalousien brach und dort glitzernde Interferenzsternchen funkeln ließ, um dann in zauberhaften Linien über die raue Wand zu wandern.

Was machte denn einen Strand aus, wenn nicht genau diese Leichtigkeit und feine Brise, die durch den Raum zog und manchmal das Leintuch hob, als würde das Bett einen sanften Seufzer tun.

Nein, das war schon alles gut so, genau so, und nicht anders. Wie auch? Alles so überraschend ausgedehnt und nach vorne völlig offen.

*Inshallah.*

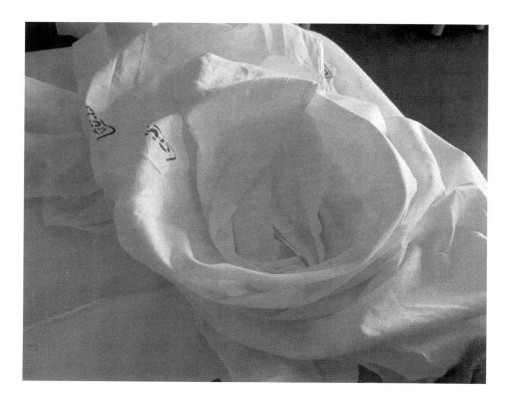

## Tod

Das alte Haus wurde schon vor vielen Jahren, wenige Jahre nach dem Tod meiner Großmutter, verkauft. Und heute, im Spätsommer 2021, wurde es zu unserer großen Überraschung, als Märle und ich daran vorbeifuhren, abgerissen. Wir hielten spontan an.

Da stand nur noch die Hälfte des Hauses. Was für ein seltsamer, surrealer Anblick. Als hätte Gordon Matta Clark gerade zufrieden innegehalten, um ein paar erste Fotos aufzunehmen. Das Fenster, an dem der dicke, dunkelbunt-geblumte Polstersessel und die große Stehlampe standen, wo ich meine Großmutter schon von der Straße aus unzählige Male sitzen und lesen sah und dann schon von unten den Duft der Apfelschalen, die sie sicher wieder in die Kachelofenluke gelegt hatte, riechen konnte, war jetzt nur mehr ein karger Rahmen vor einem leeren, im Verschwinden begriffenen Raum.

*Oh, das rührt mich jetzt aber sehr.*,

sagte meine Mutter, die in diesem Haus aufwuchs. Für 25 Jahre war es ihr Zuhause. Meine ersten vier Jahre war es das auch.

Hedi war seit Märles Geburt taub. Diese Geschichte, dass ihre Geburt mit schweren Komplikationen verbunden war, und Hedi deshalb das Gehör, ja, das erste Jahr sogar auch das Augenlicht dabei verloren hatte, erzählte mir Märle schon früh, und sie berührte mich sehr. Beinahe so tief, wie ich meine Großmutter liebte. Dieses eine Jahr, das vergehen musste, bis sie wieder zu sehen begann, hätten sie sich gegenseitig mit einem Finger in die Hände geschrieben, um sich verständlich zu machen.

So etwas Dummes konnte ich gar nicht anstellen. So daneben konnte ich mich gar nicht benehmen, als dass Hedi nicht bedingungslos zu mir gestanden wäre. Wir konnten auch gut in Streit geraten, das heißt, heftig und respektvoll. Und erstaunlich leise. Laut werden hatte bei Hedi ja keinen Sinn.

Höchstens wies sie mich manchmal zurecht. Ich solle langsamer streiten, weil sie dem Lesen meiner Lippen nicht mehr nachkäme.

Einmal, ich weiß gar nicht, ob wir es irgendwo sahen und dann ausprobierten, oder ob es uns selber einfiel, legte ich eines dieser kleinen

Taschenörgelchen auf die Innenseite ihres Handgelenks, drehte an der kleinen Kurbel, und ließ leise *Für Elise* erklingen.

Ganz konzentriert, mit geschlossenen Augen, begann sie nach ein, zwei Minuten die Melodie nachzusummen. Da war er wieder, der Klang, der die Zellen in Schwingung versetzen, und den man sogar ohne Gehör hören konnte.

Aber heute erzählte mir Märle wieder einmal die Geschichte meines Teddybären. Dass dieser dermaßen zerfleddert und verdreckt gewesen sei, dass sie mit Curt entschieden hätte, ihn zu entsorgen. Um mir die Trennung einfacher zu machen, hätten sie mir einen identischen, neuen Teddy in Aussicht gestellt, und eine richtige, kleine Beerdigung unter dem alten Apfelbaum organisiert. Meine erste Beerdigung. Ich war damals knapp drei Jahre alt.

Ich hätte akzeptiert, dass der alte Bär unter die Erde muss, dass er sich dort dann selber in Erde verwandeln würde, dass aus ihm Neues erwachsen konnte, hätte ich staunend und etwas skeptisch zur Kenntnis genommen. Doch dann hätte ich einen so dramatischen Trennungsschmerz durchlebt, dass meine Eltern mein ständiges Wehklagen am Teddybärgrab nicht mehr ertragen konnten, und ihn heimlich wieder ausgruben, um ihn mir, frisch gewaschen und aufs Notwendigste restauriert, kurz danach an Weihnachten wieder zu schenken.

Mein Teddy war auferstanden! Ich hätte mich so leidenschaftlich gefreut, dass ich ihn tagelang nicht mehr aus meiner Umarmung entlassen wollte.

Jetzt, als Märle diese Geschichte wieder einmal zum Besten gab, entsinnte ich mich, dass sie mir auch einfiel, als ich einem Freund eine Sprachnachricht beantwortete. Damals lag ich schon seit knapp einem halben Jahr im Schattenbett.

Kurt sagte mir, dass er meine *positive Einstellung* im Tumorverhältnis und meine *Lebensbejahung* im Angesicht der dramatischen Tatsachen bewundere. Das zu hören war mir irgendwie peinlich. Ich merkte, dass ich etwas daran korrigieren musste, und antwortete ihm, dass es viel eher zuträfe zu sagen, ich sei todesbejahend, eine Lebensbejahung ohne gleichzeitige Todesbejahung mache ja keinen Sinn, und dass es sich für mich eher andersherum, vom Tod her darstellt.

Es würde sich ja nicht um zwei Belange handeln: dass mir dieses Ja eine gewisse Gelassenheit schenke, nicht aber das unbedingte Festhalten, oder die positive Beschwörung und der Kampf um das Hierbleiben.

Als ich es fast reflexhaft ausgesprochen hatte, war ich selber kurz erschrocken, aber das traf es doch: Die Chancen, dass ich das nicht überleben würde, waren ebenso wahrscheinlich wie die andere Perspektive einer teilweisen Heilung.

Die ganze Zeit schon, eigentlich seit dem Tag, an dem Francesca und ich die komplette Diagnose kommuniziert bekamen, fasste ich diesen Gedanken. Oder fasste der Gedanke mich? Jedenfalls schien es mir nur stimmig, logisch, und letztlich auch Vertrauen einflößend, das einfache Annehmen meiner Situation, nicht an eine Option zu binden, was ja ein falsches, Schicksal-feilschendes Ja gewesen wäre, sondern den Ausgang so offen zu lassen, wie er eben war. Und wie er es doch eigentlich auch immer für alle ist – wer kann dir versprechen, dass du morgen noch lebst?

Dass ich bei all dem keine Angst empfand, ja sogar überhaupt nicht in die Nähe von Gedanken kam, die diese hätten erzeugen und kultivieren können, wunderte mich immer wieder. Es wunderte mich auch, dass es mich wundern konnte, und ich mich über diesem Wundern nicht in Gedanken verstrickte, die eine Angst förderten.

Vielleicht erklärt es sich selbstredend, wenn ich meine lebenslange Beziehung und mein Interesse zum und am Tod Revue passieren lasse. Er war in meinem Leben einfach immer wieder sehr nah da. Ich lernte früh, dass ich ihn nicht fürchten, sondern betrachten und hinterfragen sollte. Wie betrachtet man den Tod? Indem man nicht wegschaut, wenn er dich betrachtet.

Ich war erst ein Jahr alt, als die Wahrscheinlichkeit sehr groß war, dass meine um fast drei Jahre ältere Schwester Cary stirbt. Sie erlitt einen schweren Blinddarmdurchbruch, was damals noch uneingeschränkt lebensbedrohend war. Und obschon ich keinerlei bewusste Erinnerung daran habe, weiß ich, wie sehr mich die Tränen und der Schmerz – und als Einjähriger ist der eigene Schmerz und der deiner Lieben nicht zweierlei – berührt, bewegt und beeinflusst hatten.

Der Tod meines alten Teddybären und seine Auferstehung würden sich bestimmt gänzlich anders angefühlt haben, hätte ich nicht schon Jahre davor so mitgelitten, als meine Schwester ums Haar starb. Und dann das Erlebnis erst, als es sich nach Monaten des Bangens im Spital in reine Freude verwandelte, als Cary wieder nach Hause kam – in das Haus, das jetzt nur mehr ein halbes war.

Und dann erlitt mein Vater einen schweren Lungenriss. Es hieß, es stünde an der Kippe für ihn, als er nur noch knapp 40 Kilo wog, mit diesen drei transparenten Schläuchen in der Brust in diesem metallenen, zahnfarbenen Bett liegend.

Und kaum war das Wunder geschehen, der Kummer wieder verflogen und er auch wieder halbwegs auf dem Damm, hatte meine Mutter einen schweren Wasserskiunfall. Sie und ihre Partnerin fuhren je auf einem Ski parallel Slalom. Da stürzte diese und ließ, als Märle darunter durchzischte, das Seil los, welches im selben Moment zurückschnellte und ihr das ganze Gesicht aufschlitzte.

Sie verlor sehr viel Blut, ums Haar zu viel. Ich sah es als Knirps, hinten im Boot stehend. Und wieder erlebte ich, wie irgendwann eine große Freude den Schmerz wettmachte und der Schmerz in die Freude hinübertauchte.

Und dann rannten da zwei Kinder, die ihrem Ball nachsprangen, vor das Auto, das vor uns fuhr. Ein Kind verlor sein Leben dabei – beide etwa im selben Alter wie ich, so um die acht Jahre.

Und dann traf meinen Großvater der Schlag, als er mit meiner kleinen Cousine spielte. Alexandra saß noch auf seinem dicken Bauch, als Hedi nach Hause kam und ihn leblos vorfand.

Und dann verunglückte auch noch mein Urgroßvater, der Alte Waghals. Mittlerweile waren die ersten zwölf Jahre meines Lebens vergangen.

Tod, wer bist du? Wenn der Teddy zu Erde werden und dann etwas daraus erwachsen konnte, wachse ich dann auch irgendwie weiter? Wenn ich vielleicht einmal ein Apfelbaum sein werde, weiß ich dann davon?

Ich war knapp elf, wir zogen erst vor kurzem von Kennelbach in die Rathausstraße nach Bregenz, da simulierte ich meinen Tod:
Ich legte mich, während ich alleine zuhause war, längs an den Rand des großen, sicher zwei Meter breiten und drei Meter langen, türkisgrünen Teppichs mit seiner fröhlichen Borte aus Pflanzen und Tieren, ergriff die Fransen und begann mich in den Teppich einzurollen, bis ich am anderen Ende ankam, und zur Gänze inmitten eines langen, nach Staub stinkenden Rohres zum Ruhen kam.
*So muss sich das anfühlen unter der Erde*, dachte ich, schloss die Augen und verharrte in dieser Lage für ungefähr fünf Minuten. Dann entwickelte ich mich wieder und blieb noch eine Weile auf dem Teppich liegen.
*Ja wirklich, so ungefähr wird das wohl sein, wenn man tot ist.*

Immer wieder, wenn mich diese Frage beschäftigte, und es so befremdend unvorstellbar war, nicht mehr lebendig zu sein, begab ich mich wieder in das Staubrohr und versteckte mich in der Frage.
Ein paar Jahre später, als mir bewusst wurde, dass beides nicht geht, Tod sein und atmen, fand diese Versuchsanordnung ihr Ende.

Was mir Teresa dann fast 20 Jahre später am roten Meer von Epikur vorlas – ich erwähnte es an einer anderen Stelle schon –
*Wenn der Tod ist, bin ich nicht, und wenn ich bin, ist der Tod nicht, also geht er mich nichts an.* –
kam mir schon am Ende meines Teppichexperiments in den Sinn, allerdings mit der respektablen Diskrepanz, dass ich Epikurs Schlussfolgerung noch nicht verstand, und er mich sehr wohl noch etwas anging: der Tod. Er stand mir ja noch bevor.

Dass Teresa nach Ägypten mitkam, ergab sich erst während meiner Reisevorbereitungen, und war auch dem Tod zu verdanken.

Wenige Wochen bevor das Schiff von Kreta nach Alexandria ablegen würde, erhielt Teresa eines Abends die Nachricht, dass Michael, ein enger Freund, ganz in der Nähe von Barcelona, in einen tragischen Autounfall geriet, und jetzt in Lebensgefahr schwebe.

Gleich am nächsten Morgen nahm sie den Zug von Basel nach Barcelona, um ihm schnellstmöglich in der schweren Hoffnung, ihn vielleicht auch auf dem Weg der Genesung ein Stück weit begleiten zu dürfen, beizustehen. Das konnte leider nicht geschehen, er wachte nie wieder auf.

So fragte ich sie, ob sie nicht mit nach Kairo kommen wolle. Vielleicht wäre ihre Trauerarbeit in einem ganz neuen Licht nicht leichter, aber möglicherweise etwas einfacher, würde alles rundherum ungewohnt und unbekannt sein.


Diesen Satz von Epikur lasen wir dann erst viele Monate später. Teresa stieß auf dieses Buch, als sie die berühmte deutsche Buchhandlung Lehnert und Landrock im Zentrum Kairos das erste Mal betrat:

*Ich steige hinab in die Barke des Todes. Meditationen zu Tod und Auferstehung*, von Eugen Drewermann. Von ihm hatten wir auch seine zweibändige, tiefenpsychologische Deutung des Markus-Evangeliums dabei, Bücher, die wir uns jeden Abend abwechselnd langsam vorlasen, und dann darüber sprachen. Oder aber schwiegen, weil da keine Worte mehr waren.

Diese Barke des Todes kam uns sehr gelegen. Für beide taten sich über diesen alten Texten und Vorstellungen, und Drewermanns Reflexionen und Deutungen, Türen des Vertrauens und der Zuversicht auf: Auch wenn diese immer wieder von Zweifeln, Fragen und langen Gesprächen darüber geschlossen werden mussten, ließ uns das *Mysterium der Unendlichkeit* und das, was es in uns anklingen ließ, nicht mehr los. Dass der leibliche Tod nicht die totale Abwesenheit von Leben bedeutete, sondern eine Auflösung, Rückkehr oder ein Gestaltwandel in das eine, unmanifestierte Sein hinein, aus dem alles Leben erst entsteht, das begann uns jetzt, hier im Morgenland, zu dämmern.

Unendlichkeit! Das meint ja genau nicht unendlich viel, sondern gar keine Zeit – das reine, pure Jetzt!

Dieses geheimnisvolle *Nun*. Der einzige Ort, in dem Leben ist!

Immer, von je her, nur. Kann das Jetzt sterben? Kann etwas, das die Zeitlichkeit im Grunde gar nicht berührt, enden? Wo auch? Wie auch?

War Zeit nur ein abstraktes Konstrukt eines sich selbst beschränkenden Geistes, der darauf beharrte, dass sie eine essenzielle Größe sein musste, weil er sonst fürchtete, er verlöre seine Geschichte und somit seine Identität, und müsse an der Gegenwart verzweifeln?

Und ja, Epikur, gäbe es dann doch den Tod, nur das totale Gar nichts mehr, ginge es uns nichts an, weil es da ja nichts mehr gäbe, was sich kümmern könnte.

Schauten wir in unserem Zimmer in Adels Studiohaus bei Shabramant aus dem Fenster, blickten wir, nur durch ein großes Maisfeld getrennt, direkt auf eines der größten gebauten Rätsel und Grabmale aller Zeiten – auf die Cheops-Pyramide von Gizeh, die vor etwa 4500 Jahren erbaut wurde. Also nicht jetzt, sondern vor circa 4500 Jahren. Ja, aber nein. Denn auch damals war es nicht die Zeit, in der das Leben stattfand, sondern nur wieder das alles enthaltende, immer andere, ewige und eine Jetzt.

War der Tod – der grausame, sinnlose, der alles nur jäh zerstören und ad absurdum zu führen schien – nur ein riesengroßes Missverständnis, eben weil wir die Zeit zu Ernst nahmen? War es möglich, wirkliche Erkenntnis zu solchen Fragen zu gewinnen?

Wenn ich mir dieses Duo – die Welt und dieses Grabmal – rein formal und auf dem Kopf vorstellte, war es wie Piero Manzonis berühmter *Sockel der Welt*. Nur, dass der Sockel jetzt pyramidal anstatt rechtwinklig war, und so gesehen das Bild eines riesigen Golfballes auf seinem Abschlaghütchen darstellte – *Abschlaghütchen der Welt*.

Da fiel mir ein, dass ich vor Jahren eine Designstudie über die Aerodynamik von Autos las – da fanden Physiker:innen heraus, dass die ideale Oberfläche, um die Luftreibung so gering wie möglich zu halten, wie die eines Golfballes beschaffen sein müsste, also mit diesem regelmäßig, rastermusterhaft zerdellten Look, wie sie diese Hardgummibälle aufweisen.

Alle Autos müssten demnach eigentlich total zerbeult herumfahren, wollten sie das Maximum an Energie sparen.

Interessant dabei schien mir, wie es die *alten* Golfer:innen wohl herausgefunden oder erahnt hatten, dass eine zerdellte Sphäre besser, also weiter fliegt, als eine glatte Oberfläche.

Intuition. Dasselbe, was überall aus der Barke herausklang, und was sie in uns anklingen ließ. Die Welt ist zerbeult und rund, weil sie so besser fliegen kann.

## Mut

Wie kam es, dass ich mich an einem Tag so voller funkender Energie und unbekümmerter Gestaltungslust fühlte, voller Freude Freunde traf, und am nächsten Tag so niedergeschlagen und einsam war?

Dazwischen passierte doch gar nichts, außer, dass ich ins Bett ging und aus diesem wieder herausstieg. Ich schlief doch auch gelassen ein, an einen Albtraum kann ich mich auch nicht erinnern, und das Thema, die Frage, der Zweifel oder die Idee waren auch dieselben geblieben. Nur ich nicht mehr. Was war da los?

Es geschah auch immer wieder in der anderen Richtung, von Verzweiflung nach Frohsinn. Was passierte wie und wo, dass die innere Stimmung so mir nichts|dir nichts kippen konnte? Immer wieder, als wäre darin ein verschlüsselter Mechanismus oder Rhythmus verborgen, der dafür sorgte. Auf und nieder, und schon wieder.

Ich begann mich den ganzen Tag bis tief in das Einschlafen hinein zu beobachten. Mir fiel auf, dass bestimmte Gedanken die prompte negative Kraft hatten, mich ängstlich und unsicher zu machen. Ein Gefühl, das sich dann auch schnurstracks auf den Darm auswirken konnte, und ich mich grummelnd von mir selbst entfernte.

*Ja, aber wer entfernt sich da bitte von wem? Bin ich denn zwei?*

Dann las ich in einem Buch von Rudolf Steiner – damals, dazu noch in Basel, verschlang ich alles, was mit Beuys zu tun hatte, und da kam man an Steiner unmöglich vorbei – dass man sich nicht mit seiner Freude identifizieren, sondern sie aus einem Abstand betrachten und sie fragen solle:

*Freude, was willst du mir sagen?*

Es dauerte einige Jahre und noch mehr kleine Experimente, bis ich verstehen konnte, dass das eine gute Frage war.

Freude macht Freude. Klar, aber die Identifikation mit ihr, ist ein sich festsaugen an der Idee, sie zu besitzen, anstatt sie einfach zu sein. Als würde man sie ersticken im Moment, in dem man sie festzuhalten versucht. Eben deshalb konnte ich freudig einschlafen und bedrückt erwachen. Beim Einschlafen hatte ich mich unbewusst darin überzeugt, die Freude mit dem Löffel gefressen zu haben.

Wir sind kulturell geschleuderte Kinder und wollen die Freude haben, anstatt sie zu sein. Je länger, je weiter vom Leben entfernt, darauf konditioniert, dass die gute Freude es wert ist, gelebt zu werden, das schlechte Leiden hingegen so schnell wie möglich wieder weggefreut gehört.

Und so landen wir unweigerlich in der Muttrommel – Hochmut, Missmut, Übermut, Sanftmut, Schwermut, Gleichmut. Demut. Und hoffentlich, schließlich Mut, einfach nur im Sein zu sein. Einerlei, ob es freut oder schmerzt.

Da kam mein Freund Karel, ein aus der ehemaligen Tschechoslowakei geflohener Dichter und Wanderer, den ich kennenlernte, als ich in Cadaques ein Jahr lang eigentlich nur in der Frage herumstocherte, was wohl meine Kunst sei, und nicht begriff, dass es ja die Frage selber war..., da kam Karel vorbei.

Wochen davor, es war Winter geworden, und Dienstag, hatte ich, wie jede Woche, einen Telefontermin mit meinen Eltern im *Casino*, der großen Dorfbar, wo die Alten gerne Karten und Schach spielten. Eine Art kollektives Wohnzimmer, in dem man sich aufwärmen konnte, ohne unbedingt etwas konsumieren zu müssen.

Heute, wenige Wochen vor meinem Geburtstag, rief Curt an.
*Hör zu, brauchst du irgendwas dringend? Weißt, du, ein Freund, der weiter in den Süden bei euch an die Costa Dorada will, ist bald dorthin unterwegs, und könnte dir es mitbringen.*
*Hmm, ja eigentlich schon, es kann nachts sehr kalt werden in meiner Bude, ein kleiner Radiator oder sowas wäre echt nicht schlecht.*
*Okay, so was können wir dir gerne besorgen zu deinem Geburtstag.*
*Cool, aber warte, wenn ich jetzt so darüber nachdenke, ein kleiner Kassetten rekorder wäre schon auch toll. Mir geht die Musik oft ab, wenn ich am Zeichnen bin.*
*Ja, auch das können wir dir gerne schicken, entscheide dich.*
*Ach, mach du das doch bitte, einfach, was dir einfacher geht, oder halt preiswerter ist.*

Wochen später, Curts Freund kam tatsächlich, und was war im Karton? Richtig, ein Kassettenrekorder. Ein kleiner, feiner Ghettoblaster!

Karel liebte, wie ich auch, Dub und Reggae. Wir schlenderten, den aufgedrehten Blaster umgehängt, zum herzschrittmachenden Bass von Robbie Shakespeare und dann dem wogenden Kosmosound von Lee Scratch Perry, den kleinen, verschlungenen Weg hinaus an die *Punta di San Conca*, den südlichsten Punkt der Bucht von Cadaques.

Irgendwann, ich erzählte Karel von meinem oft frustrierenden inneren Wortstreit mit der leidigen *Kunstfrage*, sagte der einfach nur, so trocken wie leise:

*Don't push the river Bro, it flows by itself.*

Diese einfache Feststellung, das glasklare Bild und der feine Reggaesound, der alles begleitete, nahmen mich sofort mit.

Genau, ich floss doch einfach nur, ging aber prompt wieder der »Freude« auf den Leim, und deshalb stockte und schmerzte es, nicht weil irgendetwas, das Realität gehabt hätte, ein wirkliches Problem darstellen musste.

Anstatt einfach nicht zu wissen, zu plätschern, mich treiben und überraschen zu lassen, Experimente anzustellen, herumzuspielen, wollte ich die Idee, es sehr wohl zu wissen – und wie, und zwar sofort – festhalten. Da war er wieder, der »Steiner-Effekt«.

Das gab damals, glaube ich, den Ausschlag, dass sich mir ein Grundproblem des Individuums langsam zu klären begann: Es meint immer, es müsse etwas wollen und sollen, anstatt einfach zu sehen und zu sein, was ist.

Wollen und Sollen sind meistens stark isolierte Ich-Projekte in der Zeit. Sein, was ist, ist jetzt und immer in Beziehung mit. Wollen und Sollen sind ja immer erst dann. Dann irgendwann, wenn dann alles endlich gut und so sein wird, wie ich das will, und es ja auch sein soll. Derweil, das was ist – das Leben, das unendlich Verwobene, in dem ich genau genommen gar nicht und nie sagen kann, wo mein *Ich* anfängt und wo es aufhört – an einem vorbeizieht. Und dann nur mehr war, aber nie einfach nur da und jetzt und wahr war. War es im Grunde wirklich so einfach?

Eines war immerhin jetzt schon klar – inzwischen spazierten Karel und ich durch den Frühling – ein Kassettenrekorder war langfristig eindeutig der bessere Heizkörper. Musik, das heißt informierte Wärme, heizt den Körper besser als bloße, abgestrahlte Energie. Überdies konnte man dazu ja auch noch tanzen, es wurde einem also nicht nur warm ums Herz, sondern um alle Organe. Und Muskeln wuchsen dabei obendrein auch noch ein klein bisschen.

Es lächelte tief in mich hinein, als ich das erste Mal in der Klinik *Humanitas* in Milano eincheckte, und ich den Mut genoss, den ich meinte, in jeder Zelle spüren zu können.

Da war keine Angst. Da waren Lust und Mut.

Neugier und Offenheit. Gleichzeitig zog so viel Leben vorbei! Aber nicht das beklagenswerte, vergangene, nein, das lebendige, innen-gegenwärtige. Eindeutig. Sonst hätte ich mich doch nicht gefreut darüber.

War das vielleicht sogar das berühmte ganze Leben, von dem ich immer wieder hörte, das dann vorbeirauschen würde, wenn es dem Tod in die Arme läuft? Nein, dazu zog es zu langsam und zu undramatisch, es torkelte eigentlich eher vergnügt herum. Wie ein Schluckauf des Bewusstseins, der mich bei Heilungslaune hielt.

Ich dachte wieder an Hedis Tod. Bettina, eine weitere Cousine, oder Bettybooh, wie ich sie wegen ihrer fast-immer guten Laune auch gerne nenne, und ich saßen am Krankenbett von Hedi, die im Landeskrankenhaus Feldkirch im Sterben lag. Kehlkopftumor.

Ich war – wir lebten schon seit ein paar Jahren in Las Aceñas – von Spanien gekommen, und war jetzt jeden Tag hier, um meine Großmutter zu begleiten. Heute Morgens rief uns schon früh morgens die Stationsschwester an,

*Kommt, kommt gleich, ich denke, dass Hedi bald sterben wird.*

Je eine Hand von ihr haltend, saßen Bettina und ich links und rechts vom Bett. Sie atmete schwer. Doch auch tief, sie schien zu schlafen. An der Stirnseite standen ihre beiden Söhne, meine Onkel, Jochen und

Knut, Bettinas Vater. Da meinten die beiden – wir teilten schon eine ganze Weile diese gefasste Stille – sie gingen nur kurz nach unten, einen Kaffee trinken, sie seien gleich zurück.

Erst jetzt fiel mir auf, dass Jochen und Knut die ganze Zeit über leise miteinander sprachen, denn jetzt war es völlig still geworden. Hedis Ausdruck war so voller Kummer, aber auch Wut, so als wolle sie sagen: *Ich hab es so verdammt satt! Was soll das noch?*

Von Gesprächen mit ihr wusste ich, dass sie überzeugte Atheistin war, keinerlei transzendenten Halt hatte und an gar nichts glaubte, was über das einache Hiersein hinausging. Ja, es auch nichtwissend, nicht einmal offen lassen wollte, um sich eventuell überraschen zu lassen.

Wir sprachen oft darüber. So sehr sie respektierte, dass mich diese offenen Fragen sehr wohl umtrieben, und sie es auch wundern konnte, dass dem so ist für mich, so sehr mochte ich ihr gerades *Nein* ihnen gegenüber. Jetzt wünschte ich, sie hätte einen inneren Trost, der es ihr einfacher machen würde, loszulassen. Plötzlich drückte sie ganz sanft, aber bestimmt, meine Hand.

Augenblicklich war ich wie in die volle Aufmerksamkeit versetzt und sah sie an. Dann sah ich Bettina an und Bettina sah mich an.

Beide wussten wir, ohne ein Wort zu wechseln, dass sie uns gerufen hatte. Plötzlich entspannte sich Hedis Gesicht und, als würde ihr ganzes Wesen etwas lichter, begann sie friedlich zu lächeln. Und sie starb. Ganz langsam verstummte ihr Atem.

Unserer stockte kurz, und wir hatten beide begriffen, dass sie uns, ihren geliebten Enkeln, diesen Abschied geschenkt hatte.

Dieser Moment hatte eine so unglaubliche Stille, ich kann ihn nicht anders als wunderschön bezeichnen. Und jetzt, inmitten meines eigenen Tumors, wurde mir klar, wie viel Mut mir meine Großmutter mit diesem sanften Tod geschenkt hatte.


Francesca war schockiert bei unserem ersten Besuch in der *Humanitas*. Sie fand es deprimierend, so viele glatzköpfige Menschen zu sehen. Sogar Kinder. Blass, mit von dunklen Rändern gerahmten Augen. Schwer schlurfende, hagere Gestalten mit Infusionsständer. Man konnte kaum sagen, wer hier wen schiebt.

Ich nannte es immer den Tumor-Flughafen, weil es hier für jede Zellwucherung, links und rechts des lang gezogenen, breiten Ganges einen Check-in-Schalter gibt. Ich bekam sogar Lust, die Architekten zu kontaktieren, um sie zu fragen, ob es denn wirklich eine Grundidee ihres Raumkonzeptes war, es an die Architektur von Abflugterminals anzulehnen. Hier das Lungen-Check-in, da das Magen-Darm-Check-in. Und vor den schicken Reihen mit Wartebänken, große Monitore, die deine Nummer zeigen, wenn es auf die Reise geht.

Wir saßen das erste Mal beim Blut-Knochen-Schalter, als für uns Südländer völlig überraschend auf die Minute pünktlich Dottore Jacobo persönlich aus dem Gate trat, und meinen Namen rief –

*Signore Skaiderbawer, signore Skaiderbawer per favore.*

Ich kam zur ersten Voruntersuchung, und war gleich bei einem Thema, das mich die letzten Tage sehr beunruhigte.

*Herr Doktor, ist das normal, gehört das dazu? Ich habe seit ein paar Tagen so geschwollene Hoden.*

Jacobo saß vor seinem Bildschirm, um sich ein Bild davon zu machen, was bisher pharmazeutisch von seinen Kolleg:innen in Lecce mit mir angestellt wurde, und sagte nur:

*Jaja, keine Sorge, das muss nichts Schlimmes bedeuten. Mach dich bitte untenrum frei, ich will es mir gleich ansehen.*

Während ich das tat, bemerkte er Francescas trübseliges Gesicht.

*Nana – Nur Mut, wir sind doch erst ganz am Anfang! Keine Angst!*

Mit beiden Händen tastete er behutsam meine überdimensionalen Testikel ab.

*Ja klar, Danke, aber weißt du*, erwiderte Francesca.

*Mich bedrückt es hier drin. Sehr. Alle leichenblass, die meisten ohne Haare. Mir macht das ziemlich zu schaffen.*

*Das kann ich verstehen*, gab Jacobo zurück, und ich hatte das Gefühl, er sagte das nicht zum ersten Mal,

*aber bitte bedenke, dass sie alle am Leben sind, und es die Allermeisten auch bleiben werden. Vor nur zehn, fünfzehn Jahren hättest du gar niemanden auf dem Gang gesehen, da sie alle schon gestorben* wären.

## Ja

Ich wollte nur kurz in die Notaufnahme.

Damals, mitten im frischen Frühling 2019. Das heißt, Nein, ich wollte nicht. Eigentlich hätte ich es gerne zum dritten Mal verdrängt, doch Francesca, die in solchen Leidensangelegenheiten viel hellhöriger und besonnener ist, trug es mir schon fast wütend auf.

Ich staunte gerade noch über die Meldung, dass es das erste Mal gelungen sei, ein Bild eines schwarzen Loches aufzunehmen, und das auch noch im Zentrum unserer eigenen Galaxie in 27 000 Lichtjahren Entfernung. Ein galaktischer Donut zum Frühstück, der Tag begann vielversprechend. Gut, aber danach – der Lenz war ja erst vor Kurzem in seiner ganzen salentinischen Lichtpracht durchgebrochen – sollte es gleich an unseren geliebten Strand gehen. Sein Ruf war doch so laut heute Morgen, wir konnten sogar des Algenduftes gewahr werden.

Ich wollte nur rasch abklären lassen, weshalb meine Füße so geschwollen waren. Schon wieder. Auch die ersten beiden Male fiel es mir morgens auf. Jedes Mal, bevor es in die Kung-Fu- und Tai-Chi-Schule ging. Wie zwei Baobabs mit Champignonästen, wirklich seltsam aufgeschwemmt.

Ich ahnte etwas, aber das war mir zu leise, als dass ich ihm das Ohr schenkte, wie es Frankie tat. Ich rechnete mit ein, zwei Stunden, dann hatten die doch sicher herausgefunden, was da los war. Vielleicht würden sie mir auch einfach nur raten, das intensive Training eine Weile sein zu lassen. Aber wie immer, wenn Hoffnung Rechnungen anstellt, sollte ich mich täuschen. Mein bewusstes Übersehen sämtlicher Vorzeichen – ich verspürte seit Wochen, wie gesagt, auch dieses seltsame, unangenehm gegen-den-Fluss-zerrende Energiefeld in den Beinen – würde bald als umso größere Herausforderung ans Licht kommen.

Innerhalb von zwölf Stunden – so lange hatte es inklusive Wartezeit gedauert, bis der ambitionierte, junge Nierenfacharzt einen konkreten Verdacht schöpfte – hatte sich alles radikal neu arrangiert. Das ganze Leben. Zwischen zwei Untersuchungen, ich wurde zum Warten auf die Plastikstühle geschickt, fiel mir wieder einmal das *Symmspiel* ein – das Synchron-Symmetrie-Spiel, das ich vor vielen Jahren in Basel erfand, als mich die beiden inneren widerstrebenden Kräfte zerreiben wollten, und ich mich mit beiden Händen aus dem Problem hinaus gezeichnet hatte.

Vor dem Einschlafen stellte ich mir mit geschlossenen Augen auf dem Rücken liegend vor, wie diese – die Augen – kleine Flugzeuge sind und synchron und symmetrisch zu fliegen beginnen. Wahrscheinlich hatte es mit den vielen Sychronzeichnungen zu tun, die ich die letzten Tage und Wochen anfertigte. Auf alle Fälle war es sehr einfach, mir das vorzustellen, und es machte großen Spaß. Auch jetzt auf dem Wartesaalstuhl.

Ich schloss die Augen und schon flogen sie los, sehr schnell und flink. Zum Beispiel zuerst in einer sanften Kurve nach vorne und nach außen, dann in einem großen Looping weit nach hinten und über mich, unter mir wieder vor mir auftauchend, wo sie sich direkt vor meinem Kopf kreuzten und in einer Doppelhelix flugs gegenläufig nach oben zwirbelten und sich plötzlich wieder in einer weiten Kurve nach unten voneinander weg bewegten. Immer perfekt symmetrisch, Kurven, Loops und Spiralen zeichnend. Das dauerte keine zwei Sekunden in der Vorstellung. Es sollte sich später als Ahnung herausstellen, ließ ich ausgerechnet jetzt die Düsenjägeraugen steigen.

Noch wusste ich nichts davon, aber am liebsten hätte er mich gleich hier behalten. Ein kurzes Telefonat nach oben, sagte der Notfallarzt:

*Du hast Glück, wir hätten ein Bett frei. Wenn ich du wäre, würde ich gleich hier bleiben, so können wir morgen zeitig mit den Untersuchungen fortfahren.*

Fortfahren? Ja, aber nach Hause! Ich soll hier einchecken, noch ehe wir wissen, was Sache ist? Ich war derart frühlingsfroh und meertrunken, dass mir die hohe Wahrscheinlichkeit, etwas Dringliches und Kompliziertes stünde an, nie ernsthaft in den Sinn kam. Fast den ganzen Tag auf orangen, klebrigen Plastikschalensitzen. Nein, jetzt nur raus hier! Außerdem wollte ich doch morgen an *Leccebilità*, dem alternativen Stadtplan von Lecce weiterarbeiten.

*Einverstanden? Ich schau dann übermorgen um acht wieder rein.*
*Deine Entscheidung.*

Was diese sture Leichtsinnigkeit sicher förderte, war eine riesige, sogar doppelte Freude: Innerhalb der letzten paar Wochen hatte ich zuerst einen großen Wettbewerb für *die künstlerische Bodengestaltung des neuen Eingangbereichs im Landeskrankenhaus Feldkirch* gewonnen, dann erhielt ich einen Anruf, mit der wirklich sehr überraschenden Mitteilung, mir würde der *internationale Kunstpreis Vorarlbergs* verliehen.

Wunderbar, vielen Dank. Wir mussten uns für mindestens drei Jahre wirklich überhaupt keine Sorgen mehr wegen der anstehenden Rechnungen machen. Und ich konnte mich in aller Ruhe auf den Stadtplan und seine feierliche Präsentation, und die Überreichung an meine senegalesisch-salentinischen Freunde konzentrieren.

Zwei Tage später – heute musste ich mich direkt auf der nephrologischen Station melden – wurde mir gleich ein Bett zugewiesen. Die anstehenden Untersuchungen würden ihre Zeit brauchen, hieß es. Ich solle mit mindestens zehn Tagen rechnen. Jetzt, da ich eine Weile hatte, mich darauf vorzubereiten, nahm ich es gelassen und neugierig an, war ich doch auch noch gar nie über Nacht in einem Spital gewesen. Alles so seltsam glatt und schön sauber hier.

*Guten Tag und willkommen, ich bin Giovanni,*
sagte mein Bettnachbar, ein sehr liebenswürdiger, alter Herr, mit wachen, lachenden Augen.

*Ciao Giovanni, ich bin tOmi. Ich freue mich, dich kennenzulernen.*
Einen so starken Geruch von Linoleum, der vom graublauen Boden abstrahlte, nahm ich das letzte Mal in der Volksschule wahr, dachte ich. Fiel mir das vielleicht nur deshalb ein, weil es hier so viel zu lernen gab?

Volle drei Wochen, zig Untersuchungen und eine Nieren- und Rückenmark-Punktion später, erhielten Francesca und ich dann die endgültige Diagnose.

Die Nierenbiopsie ging ja noch, das war ein kleiner Pikser, den ich noch stolz in meine Abenteuersammlung aufnahm. Aber die Knochenmarkbiopsie, die gleich am übernächsten Tag stattfand, weil die Nierenpunktion einen Verdacht bestätigt hatte, sollte abenteuerlich-grässlich verlaufen.

Immer noch in einer gewissen Entdeckerfreude, verging mir diese schlagartig, als ich das Werkzeug sah, mit dem sich Alessandra, eine der beiden Ärztinnen, die die Biopsie vornahmen, anschickte, in meinen Beckenknochen einzudringen: Ein alter, T-förmiger Handbohrer! *Alt*, weil der kleine, hölzerne Balken für die Drehhand so speckig-abgewetzt war, als hätte er schon unzählige Beckenbohrungen hinter sich. Wie ein extrem langer, ganz schlanker Korkenzieher!

*Bitte entspanne dich. Es wird ein bisschen wehtun, aber je weniger du dich verkrampfst, umso schneller und schmerzloser wird es auch schon wieder vorüber sein.*

Es dauerte unsäglich, das Ganze – keine Ahnung, aber ich schätze – drei, vier Minuten, die mir wie eine verdammte Ewigkeit vorkamen.

Ein bisschen? Erst durch die Haut, dann durch das Fleisch und schließlich in den Beckenknochen – langsam, händisch mit steten Drehbewegungen, fehlte nur noch, dass es quiekte, wie im Hartholz. Dafür quiekte ich selber, wie ein angestochenes Schwein, so tat das trotz einer Lokalanästhesie weh.

Aber ich wusste, was sie meinte mit *Entspannung*. Tief atmen! Im Luftraum, nicht im Denkraum sein! Und die überschwängliche, riesengroße Freude zulassen, wenn es endlich geschafft ist.

Und die Frauen verschwanden auch schon wieder – im feinen Gewinde des Knochenziehers einen Zentimeter meines Beckenmarkes.

*Bleib noch mindestens 15 Minuten liegen, es könnte dir schwindlig werden, wenn du zu schnell aufstehst.*

Ein bisschen wie meine Hämorrhoiden-Entfernungsaktion, die ich als 19-jähriger Zivildienstverweigerer in Wien über mich ergehen lassen musste. Na ja, ich hatte sie mir schon selber eingebrockt. Eigentlich hätte ich gerne bei *Amnesty International* ausgeholfen, aber weil ich sehr spät dran war, gab es nur noch Jobs im Wiener Stadtpark. Okay, auch gut, da kann ich etwas über Bäume und kleinere Pflanzen lernen. Aber es sollte ganz anders kommen – die Herrn Kollegen vom Gartenbauamt, scheinbar alles überzeugte Anhänger des Militarismus, ließen mich tagein tagaus nur Hundescheiße aufsammeln!

Als ich nichts anderes mehr denken konnte, als, dass ich für die Hundescheiße zuständig bin, wenn dann der Dritte Weltkrieg kommt, erfand ich justament Hämorrhoiden, um mich vor diesem Scheißjob zu drücken. Und obwohl der Arzt, von dem ich ein Attest erbat, dann meinte, meine Hämorrhoiden seien vernachlässigbar winzig (eigentlich könne er sie als schier inexistent bezeichnen, was sie ja auch tatsächlich waren), wollte er sie dennoch vorsichtshalber mit einer Art chromstählernen Elektroschockdildo entfernen.

Als ich nach dieser extrem unangenehmen Grundlosbehandlung nach Hause schlich, drehte ich mich immer wieder nach hinten, nur um sicher zu stellen, dass mir nicht wieder einer an den Arsch will. Ich war davon wirklich für Tage paranoisiert, hatte dafür aber auch das notwendige Attest in der Tasche und betrat den Park nur mehr das eine Mal, um es abzugeben.

Ganz ähnlich schlich ich mich jetzt nach der Knochenmarkbiopsie schon nach wenigen Minuten wieder zurück in mein Zimmer. Nur, dass sie nicht grundlos stattfand. In den Zivildienst kehrte ich bis zur Verjährung meiner Pflicht nicht mehr zurück. Noch bevor ich wieder hätte einrücken sollen, war ich schon nach Spanien gezogen.

Ganz langsam hatte sich Tag für Tag die Erkennung und Benennung meines Krankheitsbildes durch ein weiteres Laborergebnis konkretisiert und dramatisiert. So fielen wir nicht aus allen Wolken, als dann schließlich alles klar war: *Multiples Myelom plus Amyloidose.* Das heißt ein seltener, bislang nicht heilbarer, höchstens zurückdrängbarer Knochenmarktumor plus abnorm veränderten Proteinen im Zwischenzellraum, die es darauf abgesehen hatten, meine Organe zu verhärten – ebenfalls noch unheilbar, doch im besten Fall im Zaum haltbar.

*Noch*, weil die pharmazeutische Forschung seit COVID, bzw. deren Rechenleistungen, extrem Fahrt aufnahm. Wer weiß. Es hieß, ich sei viel zu jung für eine Amyloidose, das bekämen sonst nur sehr alte Menschen, meistens Männer, und es könne als medizinische Meisterleistung bezeichnet werden, dass es Antonio, der Nephrologe, so früh erkannt hätte. Es würde in Fachkreisen gerade bis nach Milano hinauf applaudiert werden. Früher hätte man immer wieder verstorbene Greise obduziert, um dem berühmten er-ist-einfach-nicht-mehr-aufgewacht-Tod hinterher zu spüren, da seien sie oft auf diese absonderlich verhärteten Organe gestoßen. Versteinerte Nieren, versteinerte Herzen. Erst langsam sei man dann der Amyloidose auf die Schliche gekommen, und hätte diese Proteintowirrnis zu verstehen begonnen. Deshalb sei sie auch noch unheilbar – warum sollte man weiß Gott wie forschen und investieren, wenn es eh fast immer nur die Steinalten trifft?

Als jetzt-plötzlich-Nichtraucher, -Nichttrinker und -Nichtstuer durfte ich wieder nach Hause. Kurz, nur wenige Tage, um auszuruhen, und um mich, auch medikamentös auf die bevorstehenden Monate und Behandlungszyklen vorzubereiten. Diese würden Teil des gesamten Therapieplanes darstellen, dessen operative Mitte dann die Stammzelltransplantation sein würde und erst Monate danach hoffentlich sein Ende fände.

Für das Geschenk des erzwungenen Nichtrauchens freue ich mich heute noch. Das war doch immer so schwierig. Jetzt hörte es sich einfach von selber auf, nur weil es natürlich strikt verboten war, im Krankenhaus zu rauchen.

Zu Beginn dieser drei Wochen, gleich in der ersten Nacht, hatte ich einen sonderbaren Traum. Da sah ich mich malend an einer dreidimensionalen, pentagrammförmigen Leinwand, die auf einem dreibeinigen, ganz normalen Stativ befestigt war. Im Traum war dieser Pentagrammkörper völlig klar und faszinierend schön. Wach war er mir unerklärlich, ja unvorstellbar.

Das Pentagramm, also der regelmäßige fünfzackige Stern, mit seiner wundersamen Geometrie, wie wir sie alle aus so vielen Erscheinungen in der Natur, aus unzähligen Kulturkontexten, und einem schier unendlichen symbolischen Bedeutungsspektrum von Abraxas bis Zollstock kennen, begleitete mich schon seit vielen Jahren.

Als ich Anfang meiner 20er das Studio in Cadaques bezog, fiel mir beim Spiel mit einem zwei Meter langen Klappmeter auf, dass man mit jeweils zwei Holzgliedern als einer Linie, ein perfektes Pentagramm zurechtwinkeln konnte. Seit dann, wann immer ich einen neuen Arbeitsraum bezog, hing darin auch bald schon irgendwo das Zollstockpentagramm.

Dieser Traum der fünfzackigen, räumlichen Leinwand, ließ eine große Freude in mir aufsteigen. Ich fühlte mich so mitten im Leben, in der Kunst, in diesem Traum, in diesem Tun an dieser räumlichen Leinwand. Erwacht merkte ich, dass es mir Vertrauen schenkte, ganz so, als wolle es sagen:

*Sorge dich nicht, es steht jetzt einfach ein wichtiges Projekt an.*

Auf der Überfahrt nach Alexandria ereignete sich etwas Ganz Ähnliches. Als Teresa und ich in Kreta in diese immense, ägyptische Fähre einschifften, wurden uns, nach islamischen Regeln, zwei getrennte Schlafbereiche zugewiesen. Teresa schlief mit einigen Damen, Steuerbord im Frauentrakt, ich mit fünf anderen Herren, Backbord im Männertrakt.

Früh morgens, es war erst gegen vier Uhr – der metallene Geruch der Kajüte, von Zwiebeln und anderen ungeselligen Gasen, und der Umstand, dass wir drei Stockwerke unter der unruhigen Meeresoberfläche schliefen, tat sein Übriges für ein klaustroklammes Unwohlsein – wollte ich an Deck, um einen Traum aufzuzeichnen, sodass ich sicher nicht vergessen würde, ihn Teresa zu erzählen. Kaum hatte ich die Zeichnung fertig – das Bild eines Hauses mit einem imposanten gläsernen Vorbau im ersten Stock, welches direkt in einer Kurve stand, sodass man den besten Überblick hatte – kam Teresa.

*Was machst du denn schon so früh hier oben?*

*Oh, mir war unwohl da unten in diesem Eisenzimmer, aber ich kam mit der Absicht, einen Traum zu notieren.*

*Ach ja, du auch?*

Teresa begann das Bild eines Hauses in einer Kurve zu beschreiben, mit einem großen Fenster im ersten Stock.

*Du meinst das hier?* fragte ich.

Sie betrachtete kurz meine Zeichnung, dann mich. Wir strahlten, und im selben Augenblick hatten sich, dessen wurden wir dann auf unserer Zugfahrt von Alexandria nach Kairo bewusst, alle Ängste oder Befürchtungen vor der Fremde in eine zuversichtliche Neugier verwandelt.

Ja, das war Adels Haus! Alles würde gut sein, Inshallah.

*Weißt du noch, vor ein paar Wochen, als ich im Hotelzimmer in Soglio*

*das Licht anknipste, als wir unser Zimmer betraten?,*
fragte Teresa, immer noch im Zug nach Kairo sitzend.
Wir waren für ein paar Tage in das Schweizer Bergell gefahren, in das
kleine Berghotel, wo einst Rainer Maria Rilke und später dann auch Alberto Giacometti abstiegen.
*Ja klar, wir erschraken sehr!*
Das Licht ging nur kurz an, um dann in einem lauten Knall, nicht nur
die Glühbirne, sondern die große Milchglas-Sphäre in 1000 Stücke implodieren zu lassen.
Erst als Teresa wieder aus Barcelona zurückkam, wurde uns klar,
dass Michaels Unfall und dieses Lichtzerberstens ungefähr gleichzeitig
geschahen. Auf die Minute genau konnten wir das nicht wissen, aber
sicher geschah es in derselben Stunde.
*Wenn ich es heute betrachte, schenkte mir auch diese Synchronizität*
*letztlich Vertrauen,* sagte Teresa noch.


Am vorletzten Tag meines ersten Spitalaufenthaltes – Frankie war gerade wieder zu Besuch – plauderten wir mit Giovanni. Inzwischen wussten wir, dass er schwer leberkrank war, und nur mehr kurze Zeit zu leben hatte.
*Was, du bist schon 87 Jahre? Kompliment, ich hätte dich 15 Jahre jünger*
*geschätzt. Sag, warst du Volksschullehrer?*
*Wie kommst du auf diese Frage?*
*Ich kann mir sehr gut vorstellen, wie Kinder gerne von dir lernen wollten.*
Er strahlte, jetzt noch mehr. Und erzählte uns, dass er immer alle
mit allergrößtem Respekt bedient hätte, die zu ihm ins Postamt kamen,
welches er in einem Vorort von Lecce sein ganzes Berufsleben lang geleitet hätte.
*Kinder waren meine Lieblingsbesucher, für sie hatte ich auch immer*
*etwas Kleines zum Schlecken in der Schublade.*
Da kam plötzlich Antonio ins Zimmer gerannt.
*Komm gleich mit in mein Büro, ich habe die endgültigen Befunde!*
Gleich danach auf dem Gang drehte er sich allen Ernstes im Gehen kurz
um und sagte, fast als wäre er zornig mit uns:

*Wenn ihr an Gott glaubt, krallt euch jetzt an ihm fest!*
Francesca und mir stockte gleichzeitig der Atem. Hatte er das gerade wirklich gesagt? Ich sah ihr an, wie wütend sie diese Aussage machte. Was wollte er uns damit sagen? Dass ich voraussichtlich auch nur noch wenig Zeit zu leben hatte? Wie auch immer, jedenfalls war klar, dass er es sich selbst und dem unmittelbar bevorstehenden Gespräch, etwas einfacher machen wollte, weil das enthaltene Drama schon raus war.

Noch während er sprach und uns in seinem spärlich ausgestatteten Büro hastig die sehr verzwickte Lage erklärte, musste ich wieder an Alberto Giacometti denken – der da einst in schon hohem Alter zu seinem Freund Jean Paul Satre sagte – ich war ganz sicher, es in der Autobiografie von Man Ray gelesen zu haben –

*Schade, das wird sich leider nicht mehr ausgehen, einen Krebs hätte ich schon noch gerne bekommen.*
Ich war schockiert! Ich dachte mein Leben lang immer wieder daran. Warum nur? Wollte der Bildhauer einfach noch seinen Verfall mitbekommen, um formal alles abhaken zu können? Aber das konnte einem ins Leben geschmissenen Existentialisten doch egal sein. Oder hegte Giacometti gar noch eine gewisse Karma-Hoffnung? Wir wurde immer wieder Angst und Bange, wenn ich nur daran dachte, ich würde dasselbe aussprechen. Und immer, wenn mich die Angst beschlich, es könnte mich die Krebskeule selber treffen, war da wieder Alberto mit seinem blöden Spruch. Doch, als sie mich dann wirklich traf, war sein Sagen plötzlich Segen! Es beschlich mich sogar ein leises *Ätsch*, und ich schmunzelte innerlich.

Antonios Erläuterungen zum Untersuchungsergebnis gaben nicht den geringsten Anlass zur Heiterkeit. Noch viel weniger gab es seine hektische Art und die schwer verständliche Fachsprache, in die er diese verzwickte Lage hüllte, aber trotzdem fiel es mir schwer, einfach nur im Drama zu sitzen, zuzuhören und zu verzweifeln.

Im Ernst, jetzt verstand ich auch plötzlich! Denn ja, ich war, wie Giacometti auch, vielmehr offen und interessiert, denn ängstlich und abgewandt. Warum nur? Wegen dieser Aussage? Hatte mich dieses immer wieder ängstliche Reflektieren darüber, langsam vorbereitet? Oder war es nur ein raffinierter unbewusster, psychologischer Selbstschutz, der mir Gelassenheit vorgaukelte, derweil es hinter den Pforten der Wahrnehmung rumorte und tumorte?

*Nur Mut, nehmt es als das an, was es ist.,*

sagte Antonio, und schien erleichtert, war die Sache jetzt fürs Erste als komplexe, aber machbare Baustelle ausgesprochen.

*Lasst uns keine Zeit verlieren und gleich den Heilplan in Angriff nehmen.*

Frankie und ich umarmten uns. Überrascht von diesem Fazit war hier niemand. Wieder spürte ich, wie wichtig es mir wäre, dass ich es auch deshalb giacomettisch annehmen und als spannende Provokation sehen wollte. Ich wollte wie ein kluges Tier, nicht wie ein dummer Mensch sterben, müsste es denn sein.

Vor Jahren, als Pami und ich in Polignano a Mare zusammenlebten, kam eines Vormittags ein Spatz zu Besuch, um zu sterben. Erst dachten wir, er wäre einfach nur frech und wollte ein paar Brösel abbekommen, aber es wurde schnell klar, dass er nur einen ruhigen Winkel und seine Ruhe suchte. Vielleicht hatte er einen Unfall und es eilte, oder er hatte die Stimmung auf unserem Balkon einfach spontan gemocht, jedenfalls lief er vertrauensselig ganz langsam in die einzige, windstille Ecke, drehte sich zu uns und, als wollte er uns noch grüßen, piepste er einen einzigen, kleinen Ton, schloss die Augen, plusterte sich gemütlich ins Innere, Warme, und starb. Nach ein paar Sekunden fiel er so zart und gelassen zur Seite, wie er auch alle vorhergehenden Handlungen ganz ruhig vollführte. Es lebt sich, es stirbt sich. Und dazwischen ist: genau gar nichts.

Nur: Als ich neulich recherchierte, um mir die Giacometti-Geschichte noch einmal genau durchzulesen, stellte ich fest, dass ich das alles erfunden haben musste, denn er starb an einem Tumor, und nichts deutete darauf hin, dass es eine Genugtuung für ihn darstellte. Wieso und wann erfand ich das? Erfand es Man Ray? Oder sagte es vielleicht ein anderer zu jemand anderem, und ich brachte einmal mehr die Namen durcheinander? Egal, auch wenn alles erfunden war, barg es auf seine Manier eine Wahrheit. Denn es half mir, meinen Tumor zu begrüßen, anstatt ihn zu verdammen. Wie ich auch den kleinen Spatz begrüßte und seinen Besuch als Geschenk des Vertrauens empfand. Oder – wie es Teresa von Avila in einem schönen Bild fasste – weil ich mein Kreuz umarmen wollte, anstatt es genervt hinter mir herzuschleppen.

Ich rief Märle, Frankie ihre Eltern an. Natürlich wollte ich es meiner Mutter so selbstverständlich wie möglich mitteilen. Als wäre es das Normalste der Welt. Und warum sollte es das eigentlich nicht auch sein?

Sie wusste ja, dass da eher etwas Dickeres im Busch war, und hatte selber weiß Gott schon am eigenen Leib und in der eigenen Seele viel den Ganges hinunterschwimmen gesehen. Also beschloss ich einfach, auf das Wort »Krebs« zu verzichten, von einer Art Tumörchen zu sprechen und ihr mit einer gewissen neugierigen Gespanntheit mitzuteilen, dass ich – und alle rundumher im Vito Fazzi sowieso – guter Dinge seien, dass wir das wieder ins Eingeschaukelte bekommen.

Zusammen mit diesen Träumen in Giovannis Nachbarschaft, mit Frankies unendlich großem Herzen, dem Spatz und der letztlich auch liebenswürdigen Unbeholfenheit des Nephrologen, empfand ich mich merkwürdigerweise eher reich vom Leben beschenkt, denn schwer von ihm betrogen. Auch wenn es jetzt langsam dem Tod in die Umarmung laufen sollte, sagte ich mir, und sagte ich es auch Francesca, wollte ich es offen und gelassen erleben.

# Vier

Gerade groß genug, dass ich auf dem Rücksitz des roten Mini Coopers zum Fenster hinausschauen konnte, sah ich immer wieder dieses absonderliche Haus. Es stand viel farbenfroher und vielfältiger als alle anderen da. Und obwohl wir schon etliche Male daran vorbeifuhren, sah ich immer wieder Neues – hier ein Gartenzwerg mit einem roten Cowboyhut, dort bunte Christbaumkugeln in einem alten Apfelbaum, lustig bemalte Teller an einer Wand, ein Obstkistenvogelhaus auf dem Fenstersims.

*Der macht das alles selber,* sagte meine Mutter, als ich fragte, wer denn hier wohne und woher nur all diese komischen Sachen kämen.

*Gar alles?*

*Ja, alles.*

*Auch die Christbaumkugeln und die Teller?*

*Ja, die auch.*

*Und das Haus?*

*Ja, das hat der Mann, der hier wohnt, auch selber gebaut.*

*Auch seine Schuhe und Hosen?* Meine Mutter lachte.

*Ja, die auch...*

*..und der Gartenzwerg?*

*Ja, alles, alles, was du hier siehst, hat der Mann selber gemacht.*

Ich war begeistert.

Man kann gar alles selber machen, sogar seine Hosen und Teller! Irgendwann wollte ich das auch tun.


Gut 25 Jahre später musste ich vor lauter Lachen erwachen. Schallend lachend aus dem Traum erwachend, im Bett im Haus in Las Aceñas, wo wir gerade im Begriff waren unser telematisches Labor einzurichten –

*Casqueiro Atlantico Laboratorio Cultural,* kurz *c a l c* – wusste ich erst mal gar nichts mehr, nicht wo, nicht wer ich bin. Ich träumte, ich wäre ein Sänger, nein, ich träumte Gesang, Gesang im Geiste. Laut und enthusiastisch, ganz im Stillen. Außen hörte man nur das Lachen, innen sang es: *I'm siiingin' in my brain, just singin' in my brain, what a glooorious feeling, I'm happy again...*

Aus voller Kehle und Überzeugung, als hätte es mich gerade aus allen Sorgen und Problemen hinausgesungen. Hinaus in einen leeren Raum.

Die Idee für c a l c, für eine *interaktive Atelier- oder Infraskulptur,* wie wir es im Untertitel nannten, die in mehrerlei Hinsicht auch als *hinaus* und als offener Raum geplant war, kam Teresa und mir in Ägypten, also ziemlich weitab vom Gemurmel und Gemischel der Westkunst. Genauer gesagt in *Basata*, im Sinai im Golf von Akaba am Roten Meer, vor unserem dekonstruktivistischen Bambushaus.

Als wir dann, wieder in Europa, Malex kennenlernten, bekam diese Idee für c a l c nochmals einen wichtigen Drall und die Sache kam umso zügiger ins Rollen. Damals lebten wir die ersten Monate bei Luisa, Teresas Schwester, da kam diese von der Arbeit nach Hause und brachte einen jungen Mann mit.

*Hallo, seht mal, ich stelle euch Malex vor. Ich dachte, ihr könntet euch mögen. Malex macht gerade ein Praktikum bei uns in der Leica, er studiert Informatik, das spricht euch doch sicher an.*

Und wie! Malex – damals ging es ja gerade so richtig mit dem Internet los, und die *ETH* in Zürich, wo er studiert hatte, war natürlich schon online – zeigte uns an der Uni  das erste Mal das Netz und erklärte uns seinen technischen Hintergrund und seine Möglichkeiten. Es verging kein Monat und er war auch ein *calcie*. Dass Luks mitmachen würde, war seit Kurzem ebenso klar, ihn fragten wir schon in den ersten Tagen nach unserer Rückkehr.

Während des ganzen letzten Jahres kamen wir immer wieder einmal für ein Wochenende nach Basata. Adel hatte uns, ein paar Monate nachdem wir in Shabramant zu arbeiten begannen und die ersten Ferien redlich verdient waren, diesen Landrand gezeigt, und uns Sherif und Maria, seine Frau aus Bayern, vorgestellt. Ganz oben im Norden, unweit der Grenze zu Israel, wo das Rote Meer immer schlanker wird, und wir an den meisten Tagen die Küste Jordaniens und Saudi-Arabiens in der heißen Luft flackern sehen konnten, begannen Sherif und Maria, nachdem sie einen Küstenstreifen von einem knappen Quadratkilometer erworben hatten, vor wenigen Jahren ein Dorf zu bauen – *Basata*, was im Arabischen Einfachheit, Schlichtheit bedeutet.

Als wir in Adels Haus alle Tische, Schränke, alle Kommoden und Betten gebaut hatten, und ihm noch dabei halfen, einen einigermaßen exakten Plan des gesamten, verwinkelten und kurvigen Hauses zu erstellen, lebten wir danach noch ein paar Monate in einer kleinen Wohnung im koptischen Viertel von Gizeh. Am südwestlichen Rand von Kairo gelegen, waren die Gassen unserer neuen Nachbarschaft so überwältigend lebendig, wie sie auch nackt waren. Tausende Stimmen, Klänge, Gerüche, aber zugleich ein seltsam gedämpfter Lärm, weil kein einziges Gebäude verputzt, und alle Straßen unasphaltiert im Staub lagen.

Abdallah, der Fensterschreiner, den wir bei Adel kennenlernten, vermietete uns in seinem Haus eine Bleibe. Auf dem Dach, im vierten Stock, wuchs eine wunderschöne, kräftige Rebe, die der gesamten Fläche eine Pergola und einen benedeiten Schatten schenkte. Als ich ihren Stamm zurückverfolgte, sah ich, dass sie ganz unten, am Ende eines winzig kleinen, fast völlig lichtlosen Hofes, in der Erde stand.

*Wie war es möglich, dass diese Pflanze ihren Weg durch diesen Schatten fand?*, fragte ich Abdallah.

*Ganz einfach, weil ich das Haus so langsam baute, wie diese Pflanze wuchs. Sobald sie auf dem Dach ankam, baute ich langsam weiter.*

Diese Geschichte sollte ich dann auch Malex erzählen, als wir uns kennenlernten, und er bald wissen wollte, mit welchen finanziellen Mitteln wir c a l c denn ins Leben rufen wollten.

*Einfach erst mal die Idee in die Mitte von uns vieren pflanzen, alles Weitere ergibt sich.*


Hier in Gizeh erzählte mir Teresa das erste Mal von *Casqueiro*, einem uralten Mühlhaus, in dem sie als Kind in Las Aceñas in Spanien immer wieder gespielt hätte. Sie würde dieses alte Haus in diesem kleinen Tal vermissen, und sie fürchte, es sei vom totalen Verfall bedroht. Vielleicht fiele es ihr aber auch einfach nur deshalb ein, weil es in seinen meterdicken Mauern im Sommer so angenehm kühl gewesen sei.

Adel lobte gerade wieder seine autodidaktischen Möbelschreiner, daher fragte uns Sherif irgendwann, ob wir nicht Lust hätten zu bleiben, um Basata mitzugestalten. So kam es, dass wir schon bald aus der drückenden Hitze Kairos an den Golf von Akaba zogen.

Sherif sagte, er wolle ein Dorf für Kreative aus der ganzen Welt bauen. Ein Ort, der vor allem Stille ist, einen sein, denken und arbeiten zugleich lässt. Maria sprach von einer Schule und einem kleinen Krankenhaus. Alles Dinge, die es heute, mehr als 30 Jahre danach, tatsächlich gibt, in Basata.

Unsere eigene Hütte bauten wir, nur drei, vier Meter von diesem friedlichen Meer entfernt, etwas abgelegen an der nördlichen Parzellengrenze, exklusiv nur aus dem Ausschuss jener bis zu zwölf Meter langen Bambusstangen, die uns aus dem Nildelta geliefert wurden. Also aus lauter kurvigen, seltsam geknickt-verwachsenen oder sonst irgendwie abartig gewachsenen Halmen. Wie ein kleines Arche-Guggenheimchen stand es da, windzerzaust, wider dem rechten Winkel, und in herbem Kontrast zu allen anderen braven Bauhäuschen, die wir die Monate zuvor schon konstruiert hatten. Sherif hatte da dieses wunderbare Buch – ich glaube aus Indonesien – eine visuelle Dokumentation verschiedenster Bambusbauten und ihren so einfachen wie ingeniösen Konstruktionsprinzipien. Da konnten wir alles abschauen.

Wir, die wir jetzt seit über einem Jahr in der sogenannten Arabischen Republik Ägypten, im Hofstaat von Hosny Mubarak, als Zusammenarbeiter in räumlichen Projekten aktiv waren, begannen Kunst nicht mehr vorrangig als Werk oder Produkt zu sehen, sondern als Zusammenwirken oder Prozess zu erleben.

Ging es letztlich nicht nur einfach darum, präsent, offen und bereit für die nächste Überraschung zu sein? Das Leben machte ja ständig Vorschläge, etwas zu tun oder etwas zu lassen. War Kunst nicht einfach die Antwort darauf, und war nicht eigentlich das mit Verantwortung gemeint?

Kunst ist die Zusammenarbeit mit dem Leben, dem gerade-jetzt-eben. Das Leben ist die Kunst, und Verantwortung ist die Qualität des Dialogs zwischen diesen beiden vermeintlich getrennten Sphären.

Lachte ich mich auch deshalb wenige Jahre später am nordwestspanischen Atlantikrand in das Wachsein? Es entließ mich vielleicht endgültig aus dem Problem, mir ausmalen zu müssen, wie ich als Ein-Mann-ein-Werk funktionieren könnte. Das Hinaussingen in den offenen, gelassenen Raum war gleichbedeutend mit dem Verlassen der Idee, ein individueller Künstler sein zu wollen. Ich wollte nicht funktionieren. Ich wollte Sein sein, sonst nichts. Und das war alles.

Dieses Ankommen in der Einsicht, dass mich diese Art des spontanen Zusammenwirkens viel mehr interessierte, als jedes konsequent verfolgte und vertiefte, individuelle Werk, war vermutlich der Zentralgrund, weshalb ich all die dramatischen Tumormonate vor allem in der Zuversicht am Pendeln blieb, anstatt Richtung Angst auszuschlagen. Was sollte es da auch groß zu verlieren geben? Mein Leben? Wer ist dabei *Ich* und *mein*, und wer ist das *Leben*? Nein, das Leben ist das Werk, und dieses war ohne dem und den anderen nicht möglich. Also musste ich mir weder wegen des Endes des Lebens, noch des Werkes Sorgen machen. Ägypten, ein kulturhistorisch anderer Kontext mit einem ganz anderen Selbstverständnis von Ich und Wir, half mir – half uns – dabei auf die Sprünge.

Wie müsste ein ideales Studio Ende des 20. Jahrhunderts gedacht und ausgestattet sein? Ähnelte es nicht viel mehr der Küche eines Teams, oder dem Proberaum einer Band, denn dem Atelier eines Einzelnen?

Während wir am Roten Meer morgens und abends oft nur flach mit dem Bauch nach unten im Wasser schwebten und schnorchelnd-staunend die fantastisch bunte Unterwasserwelt, das Korallenriff und sein Fischuniversum explorierten, ersannen und bauten wir tagsüber Bambusstrukturen. Nachts lagen wir dann oft noch Stunden vor unserem Guggenheimchen, lasen uns vor, und sprachen darüber, wie sich die Kunst anfühlen müsste, die wir meinen. Die Kunst, die uns meint.

Diese Korallen. Diese Fische. Fragen. Farben. Dieses Licht, dieses Zusammenspiel, in diesen ruhigen, weiten Tagen in dieser Naturwelt, waren jetzt, während der vorbereitenden Therapiezyklen im Sommer 2019 in Lecce, die ich vor allem mit dem Bauch nach oben in meinem schattigen Zimmer verbrachte, keine Erinnerung, sondern ein Innen, das immer noch nachhallte, und gut tat. Jetzt.

Und jetzt, gut zwei Monate nach der Diagnose, kurz vor dem zweiten Therapiezyklus, kamen die Topis auf Besuch – das heißt, Teresa, David und deren wunderbare Tochter Lola. *Topo*, Spanisch für Maulwurf, war zuerst nur Davids Spitzname, weil er so gerne zu Hause blieb und sich in seinen Büchern vergrub. Aber das tat Teresa auch gerne, und dann natürlich auch Lola. Jedenfalls hatten wir geplant, gemeinsam eine Woche in ihrem angemieteten Ferienhaus am ionischen Meer zu verbringen, aber daran war jetzt nicht mehr zu denken.

Wie intensiv Freude wird, wenn du inmitten eines solchen Unterfangens wie einem Tumor steckst, und du es ohne inneren Zwang zustande bringst, dich nicht von Gedanken, sondern von der unmittelbaren Gegenwart berühren zu lassen!

Lola war ja jetzt schon 15 Jahre alt! Seit des Befundes dachte ich sicher mindestens einmal am Tag an sie – an eine der größten Freudenwogen, die mir in meinem Leben entgegenschwappte. Nämlich an die, die mir Lola zuschickte, als ich sie vom Kindergarten in Sevilla abholte.

Sie erkannte mich schon von weitem, und mit einer Begeisterung, wie sie nur ein kleines Kind empfinden und teilen kann, rannte sie mir mit offenen Armen, strahlenden Augen und hellen, frohen Schreien entgegen. Ich weinte während all der Therapiezeit immer wieder darüber. Vor Freude. Und ich weiß, dass in ihr die beste Medizin überhaupt wirkt.

Wie auch in der Tatsache, dass wir über die Jahre eine richtig große Familie geworden waren. *Richtig* im Sinne von aufrichtig und innig. Teresa war ja Jahre zuvor, nachdem wir aus Ägypten zurück nach Europa kamen, meine Frau geworden. Weil heiraten, das wollten wir auch schon immer mal.

Aber dann, wie die liebende Liebe halt so spielt, wenn sie keinen Konventionen aufsitzen muss, verwandelten wir uns in das, was wir immer auch schon waren: Allerbeste Freunde oder Geschwister. Und als wir wiederum Jahre danach David in der *Cittadellarte* kennenlernten, war es nur mehr eine Frage der Zeit, dass Lola geboren wurde, und nochmals, bis mich David, um Lolas sechsten Geburtstag herum fragte, ob ich sein Trauzeuge sein wolle. Teresa, er und Lola wollten heiraten. Wunderbar, das wandernde Ja-Wort belebt die Familienerweiterung.

Damals in Basata sagten wir, und in Las Aceñas begannen wir dann damit zu experimentieren, dass wir keine Individuen mehr sein wollten – keine Unteilbaren – sondern »Condividuen« – Mitteilbare. Teilhabende, Teilnehmende und Teilgebende.

Wie Calculi, kleine Steinchen, die ihren Teil im großen Mosaik des Lebens und der Ausdehnung seiner Qualität, bilden. Darum fanden wir den Namen c a l c für unser Kollektiv auch schön. Außerdem war Kalk weiß und weich. Wie das Licht am Atlantik, an dem wir für zwölf Jahre lebten. Und wie die fragilen Knochen, die mich jetzt durch ein neues Leben trugen. Ist Kunst nicht immer ein Spiegel der Qualität einer oder mehrerer Beziehungen?

*Kunst ist die Fata Morgana, und der Künstler ist der Spiegel.*

*Mutter Morgana* entgegnete Teresa, die Künstlerin.

Wir stellten uns vor, dass wir noch viele Jahre in Ägypten leben würden, mindestens so lange, bis wir fließend Arabisch sprechen und sich darüber neue Fragen und Wege auftun konnten.

Als wären unsere Ambitionen in eine Zeitmaschine gefüttert worden, fühlten wir uns eines frühen Abends völlig überraschend wie in die Zukunft versetzt. Die Sonne stand schon tief. Teresa erzählte mir gerade wieder von Casqueiro, diesem steinalten, verlassenen Mühlhaus in seinem Tal hinter den Hügeln am Meer, am Rande der Kleinstadt Navia. Sie hätte immer wieder das Gefühl und den Gedanken, es retten zu müssen, weil es sonst sicher Gefahr laufe, komplett in sich zusammenzufallen – da kam Sherif vorbei. Er schien freudig erregt.

*Bitte macht eine kleine Pause, ich will euch etwas Wichtiges zeigen.*

In der Mitte gehend, nahm er uns beide an den Händen und führte uns, nur rund 100 Meter weiter nordwärts, hinter einen großen, weit geschwungenen Sandhügel, wo sich ein kleines Tal auftat.

In unserem Rücken das Meer, um uns diese sanfte Düne, welche die Sicht auf Basata versperrte, und einen eigenen, fast intimen Raum beschrieb – das Ganze nicht größer als vielleicht 500 Quadratmeter.

*Wie gefällt euch dieser Ort?*

*Oh, sehr!* Sagte Teresa, *so nah an Basata, aber doch wie eine eigene, kleine Welt.*

*Wenn ihr wollt, ist es eure Welt,* entgegnete Sherif. *Ich sprach mit Maria, es würde uns sehr freuen, wenn ihr das Geschenk annehmen, und auf diesem Land euer Haus bauen, und von hier aus euer Leben leben wolltet.*

Er strahlte! Wir strahlten! Es strahlte!

So unglaublich und wundervoll uns dieses Geschenk erschien, und so plötzlich wir uns der Möglichkeit ganz nahe fühlten, unseren Traum einer interaktiven Atelierskulptur schon hier im Sinai, quasi hinter dem nächsten Hügel, zu verwirklichen – und war es nicht perfekt, mit unseren Fragen und Entwürfen für unsere Kunst genau hier zu experimentieren? Hier in der Nicht-West-Welt, – so schlagartig verdunkelte sich dieser strahlende Ausblick auch wieder.

Seit langer Zeit dachte ich wieder einmal an die beiden Kindheitsbilder, an das der wunderschönen Sanddüne und das des grässlichen Schrotts.

Nur wenige Tage später, vis-a-vis, auf der anderen Seite des Golfes, hinter den Steppen Saudi Arabiens, begann mit dem Einmarsch Sadam Husseins Truppen und der Annektierung Kuweits durch den Irak, angeführt von den USA und legitimiert durch die Resolution 678 des UN-Sicherheitsrates, der zweite, verdammte Golfkrieg.

Das Bild der Düne begann sich in das Bild des Schrotts zu verkehren. Jetzt saßen wir vor unserem Häuschen mit einem Schlag nicht mehr in der Einfachheit, in brenzliger, aber weitgehend friedlicher Nachbarschaft zu unseren Israelischen Freund:innen, sondern in der ersten Reihe des Schreckens. Fast täglich kamen mit geflüchteten, ägyptischen Arbeiter:innen vollgepferchte Fährboote von den Häfen in Akaba oder Haqal über das rote Meer. Die Schiffe fuhren so nah an uns vorüber – die Küsten waren hier ja nur mehr zehn, elf Kilometer voneinander entfernt – wir konnten schier der Menschen ihren Kummer fühlen.

Was sollten wir tun? Wir wollten ein paar Nächte darüber schlafen, uns auch mit Sherif und Maria besprechen, und dann *Ja* oder *Nein* sagen:

Ja, wir bleiben – einerlei, wie sich die Sache entwickeln wird – und werden bald das Projekt hinter dem nächsten Hügel in Angriff nehmen. Nein, wir verlassen Ägypten so schnell wie möglich und schauen, wo in Europa wir mit unserem Vorhaben einer *Infraskulptur* anknüpfen könnten. Es vergingen keine drei Tage, da kam ein Taxi aus Kairo nach Basata. Aber anstatt eines Gastes, brachte der Fahrer einen Brief.

Er kam die ganzen staubigen 500 Hitzekilometer wegen eines Briefes? Wir bauten gerade die Bambusstruktur für die letzte Tür der neuen Sanitäranlagen, da kam Sherif gelaufen und rief:

*Post für euch!*

Post für uns? Adel, bei dem der Brief eintraf, gab ihn dem Fahrer, den er für die Fahrt auch bezahlte. Wir wollten ihn noch zum Essen einladen, aber er machte sich gleich wieder auf den Rückweg. Teresas Mutter schrieb uns. Was musste sie uns denn so Dringendes sagen, was nicht auch bis zu unserem nächsten Anruf hätte warten können? Mit der Idee einer tragischen Nachricht öffneten wir besorgt das Kuvert:

*Queridos niños lejos – Liebe ferne Kinder,*

*ich schreibe euch, weil Pepe, mein Cousin in Navia, ein Dokument auf seinem Dachboden fand, in dem mir der Bruder meines Vaters vor Jahren, kurz vor seinem Tode, mitteilte, dass er mir Casqueiro vermachen wolle. Weshalb mich dieser Brief nie erreichte, erschließt sich mir noch nicht, aber du erinnerst dich sicher, Teresa, ich spreche von diesem alten, vor Jahrzehnten schon verlassenen und völlig heruntergekommenen Mühlhaus im Tal gleich hinter Las Aceñas.*

*Vielleicht hätte sich für mich vor zehn Jahren eine Überlegung gelohnt, selbst etwas damit anzufangen, aber jetzt und hier in der Schweiz, in der ich mich nach so vielen mühseligen Arbeitsjahren, in der Pension zuhause fühle, wollte ich euch fragen, ob ihr vielleicht etwas damit anfangen wollt. Überlegt es euch. Es mag ja eventuell sogar der Grund sein, weshalb ihr gerne wieder nach Europa kommt. Ich würde das Haus und das Stück Land, auf dem es steht, einfach dir und deinen beiden Schwestern Luisa und Sabrina schenken, und ihr seht dann selber, wie ihr klar kommt.*

War es nur ein Traum? Erst eine kleine Welt am Roten Meer, jetzt ein altes Mühlhaus am Atlantischen Ozean? Das konnte doch fast nicht wahr, und sicher kein blinder Zufall sein.

*Inshalla*h, wie Adel und eigentlich auch alle anderen, mit denen wir hier zusammenlebten und -arbeiteten, immer zu sagen pflegten. So Gott will – das heißt, so es das Leben in seinem einzigen Jetzt zusammenführt.

Jetzt, am Schattenstrand meines Tumorurlaubes darüber nachsinnend, wunderte ich mich wieder. Wo läge ich jetzt, wäre dieser Brief nie gefunden worden?

Wie sich damals Wünsche und Vorstellungen mit der Realität verwoben hatten und einen völlig neuen Weg eröffneten, kam mir in seiner Wucht und Qualität ganz ähnlich vor, wie das Zusammentreffen meines Kunstpreises, des Gewinnens des Wettbewerbs wegen des Krankenhausbodens, und des Tumors. Ich empfand einen tiefen Dank – danke Leben, dass du lebst, und dass ich bin, was du bist.

Es erschien mir so bizarr fabelhaft, ja, fantastisch und surreal. Ich hatte Angst, das Glück zu fassen, das ich war. Aber ich hatte doch einen Tumor, nicht Glück.

Obendrein hatte ich mit den ersten Therapiezyklen auch meine ersten *Zombieerfahrungen* hinter mir. Ich könnte sie, verglichen mit dem, was noch kommen musste, gerade noch als interessant bezeichnen, aber als solche – Zombieerfahrung – wie ich sie empfand, sollte sie Professor Armando, ein führender Spezialist in Sachen Knochenmarktumor, ein paar Monate später in Milano tatsächlich bezeichnen.

Francesca und ich wollten dort eine zweite Meinung wegen der Stammzelltransplantation einholen und sehen, ob wir diese im italienischen Mutterhaus dieses Problems, wo vor rund 15 Jahren die erste solche Zellerneuerung von Prof. Armando durchgeführt wurde, machen lassen könnten.

Mir fiel die Stelle bei Rainer Maria Rilke wieder ein – eine Stelle, die mir in diesen Jahren immer wieder über den erinnerten Weg lief – in *Briefe an einen jungen Dichter*, wo er – sinngemäß – schreibt:

> *...Könnten wir schon im Vorhinein sehen, was unsere schmerzlichsten Momente auf lange Sicht bringen, wir würden ihnen mehr Vertrauen schenken, denn unseren Freuden.*

Casqueiro entschied sich für uns und wir entschieden uns für Casqueiro. Wenige Wochen nur, um alles gut abzuschließen, um alle unsere neuen Freund:innen noch einmal zu umarmen, uns gegenseitig zu versichern, dass wir in Kontakt bleiben und uns schnellstmöglich wieder treffen wollten. Inshallah.

Ein letztes kühle Bier mit Adel in Israel und wir waren auf und davon. Und landeten bald in Zürich.

## Idee

Ideen haben einen guten, Tumore einen schlechten Ruf.

Es gibt gute Ideen und schlechte Ideen, sagt man. So wie man sagt, es gäbe gutartige und bösartige Tumore. *Gut* steht für Leben, *böse* steht für Tod, klar. Im Falle der Idee ist es ähnlich. Die Gute steht für eine frische, schöne, bereichernde, die Schlechte für eine langweilige, schnöde, zu verwerfende. Eine gute Idee taucht im Geist auf und erhellt ihn, ein böser Tumor taucht in den Körper ein und überschattet seine Kräfte. Eine Idee ist erst mal ein Freund des Hauses, ein Tumor ist immer ein ungebetener Eindringling. Ideen hat man und Tumore bekommt man.

Weil die Idee von innen, vom großartigen *Ich*, und der Tumor von außen, vom gefährlichen *Anderen* kommt? Ich ahnte, es konnte sich hierbei nur um Unsinn handeln.

Ähnlich dem Mumpitz, den uns viele Künstler seit hunderten von Jahren erzählen, nämlich, dass sie eine gute Idee hatten. Von diesem Ideehaben rührt auch das tonangebende zeitgenössische Selbstverständnis des Künstlers her. Seine Autorenschaft, sein Copyright, seine Originalität, sein über allem thronendes Ego und seine überlegene Schaffenskraft. Mit einem Wort: sein Branding.

Der ganze Kunstmarkt und seine unsägliche Anmaßungsmaschinerie von »guter« und »schlechter« Kunst bauen darauf auf. Aber eine Idee kann man nicht haben. Genau so wenig wie man einen Tumor bekommen oder außerhalb von Beziehungen existent sein kann. Offen, neugierig, skeptisch, feinfühlig, kritisch, hingebungsvoll, präsent – oder von alldem das Gegenwort – das kann man sein.

Und dann passiert es gerne, dass dieser einen oder anderen Beziehungsstimmung eine Idee entspringt. Die hat man dann aber nicht, die haben dann alle oder gar niemand, es hat sie nur eine(r) im relationalen Netz, genannt Leben, gefischt.

Oder andersrum: Ohne allen und allem anderen, gäbe es keine Idee in einem Einzelnen. In irgendwen fällt sie einfach ein, in irgendwem poppt sie einfach auf.

Weil sich dann aber in der weiteren Kunstgeschichte, die doch vor allem die Geschichte war, die sich die Männer erzählten, während sie den Frauen das Gebären neidisch waren, die Vorstellung breit machte, dass eine wertvolle und überragende Idee, dem Genie eines Ichs entspringt, nicht dem Jetzt einer Beziehung des Ichs zu wem oder was-auch-immer, setzten sich nicht vor allem die guten Ideen und Beziehungen – als Einladungen zum Handeln – sondern die Genies und deren Ruhm, das heißt, die Spekulation um ihren Handelswert, durch.

Das einzig wahre Genie müsste sich genau genommen aus sich selbst gezeugt haben. Ein komplett absurder Gedanke. Oder aber, es war das berühmte Wort, das am Anfang war, die Ausgangsidee, der Uhrklang, das *Om,* aus dem alles hervorquoll. Die Urlust, aus Einem Vieles werden zu lassen, und wonach dann das Sein an sich das einzige, mögliche Genie ist. Und so sind wir dann alle Genies, und also niemand, weil der Begriff keinen Sinn mehr machte. Das war ein beruhigender Gedanke!

So wie die Idee des Zombies die Antithese zum Genie ist, so war ich jetzt, inmitten der Zombieevolution, wie ich diese Therapiezyklen auch nennen könnte, die Antithese zum Gesunden – ein Chemozombie. Infolge meines schwerwiegenden Myeloms mussten auch die Arzneien sehr hoch dosiert sein. Abhängig von den am Morgen im *Day Hospital* erhobenen Blut- und Urinwerten wurden mir so jedes Mal verschiedene Dosen Pharmaka in Form von Tabletten, einer Injektion und eine oder zwei Infusionen verabreicht – ausnahmslos immer musste ich aber zwei Fläschchen mit Dexamethason, einem synthetischen Derivat von Kortison trinken, welches rund fünfundzwanzigmal stärker als das körpereigene Cortisol wirkt.

Tröpfchen reichten da nicht mehr hin, das mussten schon ganze Schlückchen sein.

Blöd nur: Der in Sachen Kortison-Stamperl unerfahrene Hämatologe, der mich in dieser Zeit betreute, war nicht im Bilde, dass Patienten meines reifen Alters diese Dosen nicht ex und hop hinunterkippen, sondern ganz sachte klein-schluckweise trinken sollten. Was ich instinktiv natürlich nicht tat, weil ich den scheußlichen Geschmack so schnell wie möglich hinter mich bringen wollte.

Eine Intuition entspringt ursächlich einer Intelligenz, die von viel tiefer als die individuelle, relationale Spontanität kommt. Spontanität ist wie eine urplötzliche Antwort im Austausch des *gerade eben* und *wem* oder *was* auch immer, die aus einer relationalen Energie geschossen kommt und auf diesen Austausch eine Wirkung ausübt. Indessen eine Intuition eine Idee im Wortsinne ist – eine Erscheinung, die aus einem Moment klarster Präsenz herausblitzt, und das Zeug hat, unser Leben auch blitzartig zu verändern.

Ist es nicht genau umgekehrt – Ideen bekommt und Tumore hat man, oder besser gesagt, ist man?

Damals, wir hatten gegen Ende der 90er gerade mit unserem telematischen Labor in der interaktiven Infraskulptur in Casquiero losgelegt, las ich ein aufschlussreiches Buch zu dieser Frage: *Kreativität*, von Mihály Csíkszentmihályi, der als Psychologe an der Uni von Chicago forschte. Was mich daran so verblüffte, war ganz ähnlich dem, was uns in c a l c zum Handeln einlud, nämlich zu beobachten, woher die Ideen in unserem Austausch von Fragen kommen.

Herr Mihály dokumentiert in diesem Buch Gespräche mit zig geistigen Größen aus Kunst, Kultur und Wissenschaft, einige davon Nobelpreisträger, kurzum die Creme de la Creme der guten-Ideen-Lieferant:innen. Zentrale Frage an alle diese Menschen war immer dieselbe: *Wie hast du zu deiner bahnbrechenden Idee gefunden?*

Und das Frappante: Ausnahmslos alle berichten davon, dass sie sich just dann zeigte, wenn sie am allerwenigsten bewusst gesucht oder erwartet wurde: im Traum, an der Kreuzung, beim Duschen, in einem Dialog, in dem es um was ganz anderes ging. Als würde sie plötzlich aus einer kollektiven Tiefe auftauchen und hätte sie sich nur dort Bahn brechen können, wo die notwendige Offen- und Selbstvergessenheit gegeben war. Sie war also nie das Ergebnis einer Ich-Anstrengung oder eines gedanklichen Prozesses, sondern immer eine Überraschung, ein Geschenk des Himmels.

Ideen fallen oder fliegen einem aus einer Tiefe oder einer Höhe zu, die das Maß unseres Körpers, des sturen Egohauses, weit übersteigt. Ideen fallen einem zu und ein, sie sind Zu- und Einfälle. Die Frage, die sich dann aber stellt, ist, woher sie fallen. Was wirft sie einem zu, oder lässt sie los, dass sie in uns einfallen können?

Ideen kommen, wie Tumore, nicht vom Ich. Und erst mal sind sie weder gut noch schlecht – auch wenn unsere Konditionen eher zu der einen oder anderen verbalen Verpackung geneigt sind – sie sind einfach nur. Nur neu hier, in mir. Auf die eine müssen wir uns nichts einbilden, wegen dem anderen müssen wir uns nichts vorwerfen.

Erst fünf Uhr früh. Noch zwei Stunden bis zur Sündenprassel. Nachdem ich wie jeden Morgen in aller Ruhe zuerst meinen Blutdruck und dann mein Gewicht gemessen hatte, zeichnete ich noch ein paar Linien auf demselben Blatt wie seit Wochen, während ich auf das feine Piepsen des Fieberthermometers wartete. Danach legte ich wieder alles beiseite und entließ mich in die weite Stille des heraufziehenden Tages.

Dieses morgendliche Datenerheben tat ich immer mit der maximalen Langsamkeit. Ich wollte jede Bewegung und Berührung so gegenwärtig wie möglich auskosten. Das konnte bis zu einer Dreiviertelstunde dauern. Vor meiner Diagnose wäre das – zackzack – in maximal zwei Minuten erledigt gewesen.

Auf einmal sah ich da eine Elster, vor der Jalousie meines Schattenzimmers auf dem verzinkten Eisengeländer landen.

*Hallo Elster, auch schon munter?*

Kurz schien sie ihren leicht geschwungen Schnabel an dem Metallrohr zu wetzen. Da machte sie einen Satz auf die Balustrade, auf der dieser verzinkte Handlauf montiert war, und schrie laut auf.

Erst jetzt sah ich, dass sie nervös neben der Kartoffel hin und her trippelte, die ich vor Wochen zum Trocknen dort hingelegt hatte. Ich hänge oder lege immer wieder irgendetwas Organisches irgendwo hin, um dann den Prozess des Austrocknens und seine Verformungen zu beobachten. Diese geschälte Kartoffel hatte ich aber ganz vergessen.

Die Elster begann derart zu schreien, dass es mir durch alle Knochen fuhr. Ich wusste nicht, dass Elstern so krakeelen können. Kein lautes Pfeifen, richtige Schreie wie panische Warnrufe, kurz, laut und abgehackt. Von einem Fuß auf den anderen, mit dem Schnabel immer beinahe die Kartoffel berührend, und jählings wieder diese, wie vom Schrecken gepackte, kurz aufeinander folgenden Schreie. Bis sie wie vom Blitz getroffen begann, mit der Spitze des Schnabels auf den Handlauf einzuhämmern:

*Dingg, Dingggg, Dinggg, Dingggggg, Dinggggg, Dingggg, Dingg, Dingg ...*

noch einmal kurz beinahe die Kartoffel berührt, wieder die Schreie, und noch einmal, und weggeflogen war sie.

Ich hielt den Atem an. Was war das denn eben? Ließ mich diese Elster gerade unmissverständlich wissen, ich solle schleunigst diese Kartoffel entsorgen? Diese Frage kam mir als Allererstes in den Sinn. Ich begann auf meinem Telefon zu recherchieren: Elster, Stimme – Wikipedia:

*...Schnell aufeinander folgende Rufreihen mit leicht krächzendem »schäck schäck-schäck«. Das Schäckern ist ein Warn- und Alarmruf der Elster und dient der Verteidigung des Reviers. Nichtbrütende Elstern gebrauchen ihn nur, wenn Gefahr droht. Die Erregung der Tiere ist besonders groß, wenn das Schäckern schnell und abgehackt ist.*

Aha, da haben wirs. Kartoffel – Alkaloide in Kartoffeln – Wikipedia:

*... Grüne Knollen und Keimlinge enthalten neben Solanin auch Chaconin und Leptine. Da Untersuchungen zur Wirkung dieser Stoffe auf den Organismus von Kleinkindern und geschwächten Personen unbekannt sind, sollte man sie vom Verzehr auch kleiner Mengen ergrünter Kartoffeln abhalten.*

Mir fielen zwei Kartoffelwerke ein – die Kartoffelesser, das erste große Gemälde von Vincent van Gogh, und das Kartoffelhaus von Sigmar Polke. Genauso spontan entschied ich, dass ich im Rahmen meiner Kreisforschung, sobald ich wieder kann, ein paar Kartoffelstudien anstellen will.

Ich stand auf, ging ans Fenster, kurbelte die Jalousie hoch, und sah mir die getrocknete Erdknolle genauer an. Schreck! Hast du schon einmal eine geschälte, über viele Wochen in der Sonne getrocknete Kartoffel gesehen? Ekelhaft! Noch nie sah ich etwas Natürliches, so Kleines, so Abscheuliches. Lila-Grüntöne, vanillefarbene, schillernde Flecken wie Eiter, eine Oberflächenstruktur von poriger, rissiger Haut. Ein Gebilde zwischen Wasserleichenknödel und Monsterpickel. So abgrundscheußlich, dass ich mir kurz darauf eine Atemmaske überzog, in Gummihandschuhe flüchtete, den Ekelkloß mit einer großen Küchen-Bambus-Pinzette auf einen halben Meter Alufolie schubste, streng einwickelte, flugs in den Sack zum Sondermüll schmiss, und zusammen mit den Handschuhen und der Pinzette fest zuschnürte. Und Francesca bat, den Sack bitte gleich zum nächsten Sondermülltermin unten vor die Türe zu stellen.

Die Idee bekam ich von der Elster. Ihre Einladung zum Handeln war unüberhörbar. Das soll eine Idee gewesen sein? Ja, eine sehr gute sogar!

Ganz ähnlich der Idee, die da einst ein Esel im Sinai hatte, nur dass seine keine Warnidee, sondern eine andere Art des Geschenkes war.

Teresa und ich machten einen Ausflug auf den *Ǧabal Mūsā*, wie ihn unsere Beduinenfreunde nannten, den Mosesberg. Mit der Abenddämmerung pilgerten wir hinauf, übernachteten ganz oben in einer kleinen Höhle, und nach dem Sonnenaufgang machten wir uns wieder auf den Weg nach unten. Unweit unter dem Gipfel, in der berühmten Elias-Mulde, wohin sich der biblische Prophet manchmal zurückgezogen haben und von Gott angesprochen worden sein soll, stand ein zerzauster Esel in einem kleinen, kargen Gehege.

*Teresa, schau, da grüßt dich dein Lieblingstier,*

sagte ich zu ihr, seit jeher wissend, wie sehr sie diese Wesen liebte, auch weil sie sie in ihrer stoischen Art für ganz besonders klug erachtete. Sofort lief sie zu ihm, während der Esel an das Gatter aus rohen, knorrigen Ästen gelaufen kam.

Ganz offensichtlich genoss er es, an der Stirn und am Kinn gekrault zu werden. Da begann er auf einmal ganz langsam seinen Kopf zu senken – Teresa ging mit seiner Bewegung mit, bis sie vor ihm auf dem Boden saß und der Esel mit seinem Maul und den Nüstern im Staub herumzurühren und zu schnauben begann, während Teresa ihn die ganze Zeit weiter streichelte.

Plötzlich gab er dem Staub wie einen Schupps, und vor Teresa kam ein großer, tiefdunkelbrauner Rauchquarz zum liegen.

*Oh Dankeschön, das ist aber eine sehr schöne Überraschung!,* rief Teresa freudig aus, und begann mit ihren Händen den Kristall zu polieren, ehe sie ihn in die Sonne hielt, um sein Inneres zu bestaunen. Elster, Kartoffel, Elias, Moses, Esel, Kristall.

An einer Stelle in einem meiner vielen Schatzbücher – *Gespräche des Weisen vom Berge Arunachala, Aufzeichnungen von Dialogen mit Sri Ramana Maharshi* – erzählt Ramana, wie er irgendwann bei einem Spaziergang mit Schüler:innen spontan einen Stock aufnahm, der da vor ihm auf dem Weg lag.

*Warum nimmst du diesen Stock auf?*, fragte eine,
*Das weiß ich auch nicht.*, antwortete Ramana.

Nach einer Weile kam ihnen ein Hirtenjunge mit seiner Schafherde entgegen. Erst als sich ihre Wege querten, sah Ramana, wie erschöpft der Junge war, und gab ihm seinen Stock, so dass er es fortan etwas unbeschwerlicher haben möge.

*Siehst du*, sagte er zu der Schülerin,
*jetzt weiß ich es.*

Als ich das las, bemerkte ich wie einen feinen Aufmerksamkeitssprung: Ein kleines Staunelicht blitzte auf. Es juckte mich, ich spürte, dass es darin etwas Wichtiges zu erkennen gab. Wie Ramana, der intuitiv entschieden hatte, diesen Stock mitzunehmen. Er hatte einen Stock, ich hatte via diesem eine einfache Erkenntnis aufgeschnappt, aber im Grunde ist uns einfach etwas ein- oder zugefallen – wir hatten eine Idee.

Mein Myelom war auch so ein in mich eingefallener Zufall.

Wie viele Stöcke hatte ich zeitlebens schon liegengelassen? Wie viele Elstern überhört, wie viele Esel ungekrault gelassen?

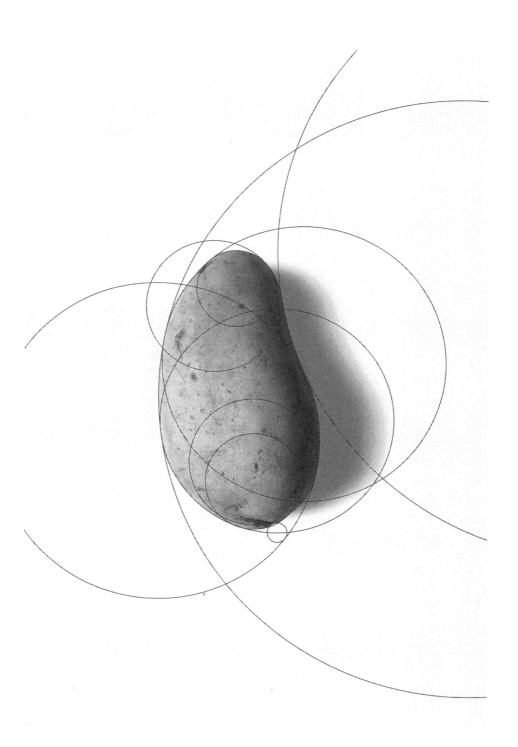

## Gunst

So etwas ganz Ähnliches hatte ich doch schon einmal gehört.

Eine der vielen Untersuchungen, die man mit mir ganz zu Beginn dieser ganzen Geschichte anstellte, um meinen Babobabfüßen auf die Spur zu kommen, war eine sogenannte Doppler-Sonographie. Dabei wurde mir ein Gel auf die Haut geschmiert, auf dieses setzte die Hämatologin eine Art Akustik-Stempel, der Ultraschallwellen aussendete, die dann von den Blutgefäßen bzw. dem Blutfluss reflektiert wurden. Und aus dieser Echo-Topografie wurde dann vom Computer ein Sound generiert.

Ein schöner Klang. Wie ein oszillierender, mindestens über zwei Oktaven atmender Synthesizersound, der zwischen dem tiefsten und dem höchsten Ton scheinbar das Öffnen und Schließen der Herzklappen hörbar werden ließ. Aber warum kamen mir diese Töne nur so vertraut vor? Erst, als ich wieder auf meinem Zimmer lag, den hellgraublauen Farbton der Wand betrachtete und nicht sagen konnte, ob es die Farbe des Schattens auf einer weißen Wand, oder ein gemaltes, zartes Graublau war, fiel es mir plötzlich wieder ein.

Ja genau, das klang doch ganz ähnlich wie der Sound, den uns Terry Fox vor über 25 Jahren im Wenkenpark während des Workshops und seiner Performance *The Intervention of video and sound in an artificial landscape*, hören ließ.


Es war mucksmäuschenstill in meinem Zimmer auf der hämatologischen Station des Stadtspitals Vito Fazzi in Lecce. Nur meine Füße, die in diesen Tagen fast immer Grund zu zappeln hatten und aus dem etwas steifen Leintuch über ihnen von innen her einen Stoffberg modellierten, machten Geräusche, weil sie den Berg damit zum Rascheln brachten.

Der Leintuchberg sah immer mehr dem Matterhorn ähnlich. Bis ich eine Fotografie dieses Berges aus dem Netz auf mein Telefon lud, um es mit meinem Matterhörnchen zu vergleichen, um es inwendig »füßisch« zu verbessern, zurechtzustupfen.

Interessant, eine Skulptur von der Innenseite des Materials her zu modulieren, dachte ich. Du stellst dir das Außen vor, bist aber Innen am werken. Damit muss ich in einem größeren Maßstab experimentieren, wenn ich wieder auf den Beinen bin. Eine extrovertierte Intro-Skulptur.

René, unser Professor in der Videoklasse, organisierte alle paar Jahre diese *Videowochen im Wenken*. Nachdem wir Fox' Arbeit schon von Renés Einführung her ein bisschen kannten, konnten wir es kaum erwarten, auch mit ihm zu arbeiten.

*For Fanny* nannten Luks und ich unsere erste gemeinsame Videoarbeit, die wir dann nach dem Workshop mit Terry 1986 im Wenkenpark bei Basel präsentiert hatten. Erst wenige Wochen zuvor lernte ich Luks in der Videoklasse kennen. Wir verstanden uns im Handumdrehen. So war es wie selbstverständlich, dass wir aus einem Moment heraus einfach begannen zusammenzuarbeiten.

Kaum war Terry angekommen und hatte sich einen Überblick verschafft, spannte er eine Klaviersaite von 132 Metern durch den ganzen französischen Garten. Wir, die Workshopteilnehmer:innen, so meinte er, sollten auf irgendeine Weise auf diese Saite eingehen, auf sie antworten, oder etwas dagegenhalten. Es sei sein erster Workshop, er wisse eigentlich gar nicht, was er uns sonst anbieten solle.

An einem Ende befestigten wir die Saite auf der steinernen Balustrade an einem massiven, gusseisernen Blumentopf vor der Villa, die einst der Familie Clavel als Zuhause und Salon diente, auf der anderen Seite an einer steinernen, von einem Puttenengel besetzten Säule am Ende des Gartens. So wurde der ganze Außenraum zu einem Resonanzkörper. Als Terry die Saite mit Geigenharz einstrich und sie dann mit den Fingern zu spielen begann, zu zupfen und zu reiben, ließ das einen unglaublich weiten, ebenfalls über mindestens zwei Oktave oszillierenden, langen Wellenton erklingen.

Das hörte sich ganz ähnlich synthetisch wie das Blutecho an, nur dass es jetzt völlig natürlich hervorgebracht wurde. Als hätte ich heute *Gunst* und damals *Kunst* gehört.

Als diese weite Welle das erste Mal die Stille durchkreuzte, befanden sich Luks und ich ganz hinten im Garten, unweit der Säule.

Da fiel mir ein Grabmal auf. Ein karges, einfaches Grab inmitten der Symmetrie der Grünanlage – *Fanny Clavel, 1883-1967* – ohne vertikales Element, nur eine leicht geneigte Grabplatte mit dieser schlichten Aufschrift. Gleichzeitig vernahm ich diesen seltsamen, fremden, doch zugleich auch vertrauten, weitwogenden Klang.

Als ich zur Seite blickte, um der Saite beim Schwingen zuzusehen, sah ich ein Kreuz, ein lebendiges Plus: Die Vertikale bildete eine alte, kerzengerade Fichte, die Horizontale diese feine, schwingende metallene Linie, aus deren Luftzerteilung der Klang herauspulsierte.

*Luks, lass uns doch Frau Clavel doch ein temporäres Grabkreuz schenken.*

Und so kam es, dass wir einen kleinen, schwarzweißen, würfelförmigen Röhrenmonitor oberhalb ihres Namens platzierten, das Baumstamm-Saitenkreuz frontal mit einer statischen, einfachen Überwachungskamera einfingen und live auf das Grab übertrugen.

*For Fanny*

Dasein. Wegsein. Und ein, in beiden Richtungen lebendiges Kreuz. Das sagte viel mehr über mein innerstes Interesse aus, als mir damals bewusst werden konnte. Würde ich jetzt im Laufe der ganzen Therapieanstrengungen sterben, wollte ich auch so einen lebendigen Grabstein. Auch nur eine schlichte Steinplatte, und darin eingraviert – dass die Schrift mit der Zeit schön vermoosen und die Idee unterstreichen kann – stünde geschrieben:

*www.ichbinjetztmaltOd.com.*

Sonst nichts. Und auf der damit verlinkten www sind Bilder der Livekamera zu sehen, deren Linse im großen O wohnt. Im Großen O von tOd.

Und online sähe man nur Himmel. Es würde in das O-Auge regnen, es würde Blau, Sterne oder Schwarz sehen. Die meiste Zeit würden Wolken vorbeiziehen und in jedem Moment ihrer Reise – wie die Wahrheit – ihr Aussehen, aber nicht ihren Inhalt verändern.

Und manchmal, ganz selten nur, würde sich ein Regenbogen zeigen. Wie damals, ein Jahr nachdem mein Vater gestorben war.

Ein Regenbogen mitten am Zenit, ja wirklich, und sogar zwei Mal. Das erste Mal an Curts Todestag im Juni 2012 – wir saßen alle in Krumbach hinter dem Haus im Garten. Es war ein strahlend blauer, später Sommertag. Stille. Auf einmal sagte Amelie, meine Nichte, mit einer leisen Freude in ihrer traurigen Stimme:

*Schaut mal da! Da vorne mitten im Himmel!*

Und direkt vor uns, inmitten des Blaus zwischen den Hügeln Richtung Westen, sahen wir einen Regenbogen! Wie ein großes Lächeln lag er da im Himmel – wirklich, ein nach oben gebogenes spektralfarbenes Kreissegment – als würde es heute nicht Physik, sondern Kunst meinen.

Märle, spontan:

*Das ist ein Gruß von Curt! Das ist doch typisch Curt!*

In der Tat, dieser Regenbogentrost passte wie die Träne in unsere Augenwinkel. Und eben, genau ein Jahr danach, als wir mit Freunden und den Nachbarn eine Gedenkmesse feierten und wir danach noch alle in kleinen Gruppen auf dem Kirchplatz standen, kam auf einmal Amelie zu uns – schon wieder Opis über alles geliebte Enkelin – und sagte lächelnd, funkelnd:

*Schaut mal da, genau über euch, Curt lässt wieder grüßen!*

Und direkt über uns, wirklich exakt am Zenit, an einem ebenso strahlenden Tag, wie wir ihn schon vor einem Jahr erlebt hatten, stand da wieder ein Regenbogenlächeln im Blau! Diesmal vom Kondensstreifen eines Linienflugzeuges durchkreuzt.


Es ist sicher 50 Jahre her. Nur vier Kilometer südlich von Krumbach, in Hittisau im Bregenzerwald, wo wir bis zu meinem zwölften Lebensjahr jeden Sommer in den Ferien waren, regnete es in Strömen. Der August war launisch und die Kinder nervten im Einklang. Da schlug uns Curt ein Spiel vor, das er wahrscheinlich gerade erfunden hatte:

*Jemand muss eine Linie zeichnen, ganz schnell, ohne sich etwas vorzustellen.* Und er zeichnete einen wirbeligen Strich auf ein Blatt.

*Dann musst du sagen, was die Linie werden soll. Das hier zum Beispiel muss, hmmm..., das muss ein Fisch werden, der auf einen Berg steigt. Und dann muss die Person, der du den Bleistift gibst, aus der Linie, die du ganz schnell gezeichnet hast, einen Bergsteigerfisch zeichnen.*

Und er gab mir den Bleistift.

Der Tag war gerettet. Wir spielten das Strichspiel wieder und wieder. Etwas ganz Spontanem, fast blindlings Hingesudeltem, etwas Imaginiertes, Absichtliches abzugewinnen, gefiel uns sehr, war es doch eine Art Fantasie- und Aufmerksamkeitstraining. Wie einem Leintuch von innen her mit den Füßen einen Berg abzugewinnen. Ich spiele es heute noch gerne.

Die Hämatologin meinte, ich hätte Glück gehabt. Was sie höre und sehen könne, würde nur auf eine kleine Auswirkung der Amyloidose auf mein Herz deuten, ich solle aber unbedingt gut darauf hören. Wenn es manchmal etwas schmerze, müsse das nichts bedeuten, aber ich solle sehen, ob es durch stetes, tiefes Atmen schnell wieder verschwände oder unverändert bliebe. Bei Letzterem solle ich mich gleich melden.

Ich glaube, das einzige sogenannte Talent, das ich mit auf den Weg bekam, und weshalb ich mich dann irgendwann Künstler nannte und mich heute *Partist* nenne, ist Glück. Einfach, weil ich das Glück hatte, meinen Entdecker- und Gestaltungswillen nicht gebrochen zu bekommen. Eigentlich bestand mein Glück darin, nicht zu verlernen, Kind zu sein, und ist mein Beruf nichts anders, als ein verschlüsselter Begriff dieser Tatsache. Ich bin Künstler, heißt demnach, dass ich nicht lernte, keiner zu sein.

Aufmerksam, schöpferisch und verspielt zu sein, ist das Talent eines jeden Kindes, vielleicht sogar eines jeden Wesens. Und es wäre jeder Aufgabe gewachsen, würde man nur urteilsfrei, nie vergleichend zulassen, dass sich diese Kraft zwanglos entwickeln kann.

Von innen nach außen. Es würde buchstäblich wie von selbst einen verantwortlichen Menschen hervorbringen. Das Kind brächte sich einfach selbst hervor, weil es gelernt hätte, die Fragen des Lebens aus sich schöpfend, schöpferisch mit seinen eigenen Jas und Neins zu beantworten. Es wüsste von vornherein, dass es Gestalter:in seines Lebens ist.

Kunst ist das Spiel, das aus einem eigenen Innen ein gemeinsames Außen macht. Wenn ich sagte, das ist der Berg, und das da ist der Fisch darauf, war das auch so. Immer wahr. Klar, das Spiel handelte ja von der Freiheit, lernend zu sein. Oder umgekehrt.

*Ich freue mich, wenn es regnet, denn wenn ich mich nicht freue,*
*regnet es auch,*
meinte Karl Valentin, der Lieblingskomiker meines Vaters, und brachte damit nicht nur eine Haltung auf den Punkt, sondern gab mir damit auch das Leitprinzip für eine meteorologische Kunstgeschichte, die ich im Buch, das ich gestaltete, nachdem Curt verstorben war, über seine Kunst erzählen wollte.

Mein Vater zeichnete, malte und modellierte ein Leben lang. Sein Bierchenberuf war grafischer Gestalter, aber seine Leidenschaft galt der abstrakten Kunst. Der Konkreten, der Expressiven, der Experimentellen, der Figurativen. Je nach Wetter.

Weil er das Glück hatte, keine Galerie, keinen Sammler und keinen Ruhm bedienen zu müssen, weil er die Bierchen ja schon eingeschenkt bekam, war er frei von einem Tag auf den anderen, den Stil zu wechseln, wie der Himmel frei war, uns mit Wetter und Regenbögen zu überraschen.

Das Interessanteste am Beruf des Künstlers schien mir immer seine wesenhafte Unplanbarkeit zu sein. So gesehen ist es tatsächlich ein freier Beruf. Es juckt oder es juckt nicht.

Man kann nicht planen, eine gute Idee zu haben, so wie man auch nicht planen kann, keinen Tumor zu bekommen. Das kann nur eine nicht wissende Offenheit, eine staunende Präsenz. Pläne können nur Bekanntes strukturieren oder in unbekannte Hosen gehen.

*Wenn du Gott zum Lachen bringen willst, erzähle ihm von deinen Plänen,*
wie es Blaise Pascal vor fast 400 Jahren schön auf den Punkt brachte.

Vor gut zwei Jahren erreichte mich, wie schon mehrmals erwähnt, alles Ungeplante beinahe gleichzeitig. Meine Freude war groß. Oder sagen wir so: Ich war in frohem Frieden mit diesen scheinbar ambivalenten Nachrichten. Und ich sagte mir, mit einem Seufzer der Dankbarkeit:

*Danke, Kunstkommission. Danke, Tumorkommission.*

Es hatte ziemlich sicher mit meinem Kunstbegriff zu tun, dass er immer mehr meinem Tumorbegriff ähnelte. Dieser ist ja vor allem von der Wahrnehmung geprägt, dass es am besten ist – am besten für die Kunst –, alles sein zu lassen, unbenannt, urteilsfrei, und nur zu sehen, was da ist, zu sehen, was da gehen kann, um es dann umso offener behandeln und verwandeln zu können.

*Lass es sein,*

will ja nicht sagen, du sollst es lassen, sondern du sollst es *sein* lassen. Leben lassen, sich zeigen lassen.

Mein Matterhorn wurde umso interessanter, je mehr ich das darauf wandernde Tageslicht beobachtete. Weil jetzt mein Immunsystem medikamentös auf eine Talfahrt geschickt wurde, durfte ich für mehrere Tage mein Zimmer nicht verlassen und hatte reichlich Zeit dafür. Wenn ich mir vorstellte, dass nicht das Licht, sondern der Berg wanderte, begann er zu tanzen. Auf seinem Gipfel, der aus einer bestimmten Perspektive ja auch beim Original aussieht, wie ein Sahnehaubenzipfel, sollte ich eine Tanzperformance mit Francesca organisieren, dachte ich.

Sie erzählte mir vor ein paar Monaten, als sie die letzten Prüfungen des Studiums der Gebärdensprache erfolgreich bestanden hatte, dass sie gerne eine Gebärdensprache-Tanz-Performance erarbeiten wolle. Was ich überaus interessant fand, ist diese wort- und fast klanglose »Sprache« doch hundertprozentig visuell, intuitiv motiviert und beflügelt.

Mittlerweile, nach fünf Jahren Studium, beherrschte sie ihre komplette Syntax nur mit den Mitteln des gestikulierenden Körpers und des Mienenspiels. Ich liebte es immer sehr, ihr dabei zuzusehen, wie sie mit ihrem Oberkörper, mit den Händen, den Schultern, den Armen und dem Gesicht und in feiner Kombination zwischen diesen grammatikalischen Vehikeln, Texte übersetzen oder spontan etwas erzählen konnte. Ebenso liebe ich es, ihr beim Tanzen zuzusehen.

Es muss beinahe 40 Jahre her sein. Ich war erst vor kurzem von Cadaques wieder nach Mitteleuropa zu Lotti in die Schweiz gezogen. Da wurden wir gefragt, ob wir etwas für die Eröffnung und den Raum einer Diskothek machen wollten. Und wir ersannen ein Leuchtbild:

*Der Totentanz.*

Der Tanz zweier Skelette, ein aus vielen einzelnen Röntgenbildern zusammengesetztes, tanzendes Paar zwischen zwei großen Plexiglasscheiben. Am oberen und unteren Rand der Scheiben befanden sich je zwei Neonröhren, hinter den beiden Wirbelsäulen je eine. Nur die Hände der beiden berührten sich leicht an ein paar Fingerkuppen. Das war auch das einzige Bild, dass wir noch extra machen lassen mussten. Lottis Vater war praktischer Arzt. Aus seinem Archiv hatten wir auch alle anderen Röntgenbilder. Alles Aufnahmen von Körperteilen von längst verstorbenen Patient:innen, meinte er.

Und diese vielen Toten tanzten jetzt als Puzzlepaar einen wilden Rock'n Roll. Der Mann am Boden, in einer typischen Chuck-Berry-Haltung, die Frau, mühelos durch den Spielraum des Leuchtbildes wirbelnd, über ihm.


Immer wieder – der Tod, das Sein, das Leben.
Was ist das? Ich bin das. Aber was ist das, dass ich bin?


Sonderbar: Erst jetzt, als mich diese Frage das erste Mal auf eine ausgesprochen nervenaufreibende Art etwas anging, fiel mir auf, wie durchgängig dieser Themenkreis in meinen Projekten immer wieder aufpoppte. Als wären sie Pilze, die durch das Myzel, die feinen unterirdischen Wurzeln, verbunden und eigentlich nur ein Projekt sind. Das Leben halt.

*Unten Art, oben Part, deshalb bin ich ein Pop-up-Partist.,*

dachte ich und grinste zu meinem privaten Matterhorn hinunter.


Vielleicht könnte ich unter dem Leintuch langsam von innen her mit dem ganzen Körper das Matterhorn hervorbeulen, während es Francesca gebärdensprachlich tanzend dirigiert.

Als wäre ihr getanzter Text meine Ausbeulungsanleitung. Oder wir beulen synchron: Sie von außen gebärdesprachlich nach innen, ich giacomettisch von innen nach außen. Ich machte ein paar Handy-Fotos des Matterhörnchens, ein paar Notizen und vergaß es auch schon bald wieder.

Ich war froh, hingen auf der ganzen Station keine Bilder. Ich kam auch nie auf die Idee, welche vorzuschlagen. Auch nicht im Wartezimmer, das ich erst viele Monate später einen Stock höher kennenlernen sollte. Meine Füße und Hände fühlten sich je länger, je seltsamer an. Ein Kribbeln war mittlerweile immer präsent. Dann jäh ein starkes, punktuelles Brennen, dann wieder seltsame Krämpfe an Stellen, von denen ich gar nicht wusste, dass es da etwas gab, das sich verkrampfen konnte. Es hieß, das seien ganz normale und leider unvermeidbare Nebenwirkungen des Therapieplans und seiner Maßnahmen.

Diese hellgraublaue Leere tat gut. Eine ganze Woche lang lag ich jetzt schon alleine im Zimmer. Mein Immunsystem hing mittlerweile nur mehr an einem Faden, mein Appetit schwand einhergehend mit dem Immunabstieg, verschwand aber nie ganz.

Jetzt erkannte ich auch, dass dieser sublim mit der Wahrnehmung spielende Farbton gemalt, nicht nur vom Schatten simuliert war. An sonnigen, sehr hellen Momenten, konnte er dann sogar wie ein leicht gelbliches Weiß wirken. Freiraum, Leerraum. Lichtraum. Freigeist, Leergeist.

Ganz anders verhielt es sich damals beim Zahnarzt. Warum, fragte ich mich, ist über dem Behandlungsstuhl des Zahnarztes immer nur nichts? Genau dort, wo wir etwas Schönes, Überraschendes gut gebrauchen könnten, um unsere Ideen und Ängste ruhig zu halten, ist meistens nur grelles Licht. Vor allem aber fragte ich mich gerade, wie ich die Zahnarztrechnung bezahlen könnte. Hier ein Loch, da noch eines, hier eine Ecke ab, das würde ganz schön teuer werden.

Unten liegen die Leute angespannt auf einem Entspannungsstuhl, oben gähnt die Leere und macht alles nur noch wehleidiger. Ich könnte doch Zahnärzt:innen vorschlagen, im Gegengeschäft eine Deckenskulptur zu entwickeln. Aus dem Basler Telefonbuch wählte ich für mich die zehn bestklingendsten Nachnamen von Ärzt:innen und schrieb allen den selben Brief: *Kunst gegen Zähne.*

Frau Dr. Goldschmied antwortete mir als einzige. Ihr gefiel die Idee. Und bald hing da oben das Murmelsystem, ein Mobile – also ein an einer Achse frei hängendes, ausbalanciertes, zartes Gebilde, das schon von einem schwachen Luftzug in Bewegung geraten konnte. Neun Glaskugeln. Die größte, glasklare, für die zentrale Sonne, drumherum weitere acht in verschiedenen Farben, Größen und Dichten für die Planeten. Die feinen Löcher in den Glaskugeln, in denen ich den Fischersilch verklebte, bohrte Frau Dr. Goldschmied mit ihrem Zahnarztbohrer im Nu. Die farbigen Schatten der sanften Planetenbewegungen machten Spaß. Meine neuen Zähne erst.

Aber heute, fast 40 Jahre nach diesem Kunsttausch, zwischen dem fünften und sechsten Therapiezyklus, fand ich mich in einem anderen Wartezimmer mit einer anderen Kunstabsenz wieder.

Meine Füße schmerzten jetzt fast pausenlos, mehr oder weniger stark und auf abenteuerlich verschiedene Arten. Mal Stechen, mal Brennen, mal Kribbeln und Jucken, dann wieder ziehen und schlagartig wieder starke Krämpfe. Immer wieder schien es, als lägen meine Nervenenden blank. Jede auch noch so kleine Falte am Socken, oder Unebenheit im Schuhinnenraum fühlte sich an, als ginge ich ohne Haut auf Kieselsteinchen spazieren.

Während ich also im Vorraum des Salons für Fußpflege wartete, griff ich wahllos zu einer dieser unappetitlich abgefummelten Zeitschriften, schlug sie irgendwo auf und las:

*Wann ist Kampf Kunst?*

*Nie!* kam, wie aus der Spritzpistole Jackson Pollocks die fachmännische Antwort geschossen, denn – so sah ich jetzt – das Gespräch fand zwischen einem systemrelevanten Kurator, und einem Redakteur für Fitnessbelange statt.

*Nie? Warum nie?*

Ich, als Novize des Shaolin Kung Fu und Thai Chi, fühlte mich in meiner Ehre verletzt. Andererseits, wenn ich jetzt darüber nachdachte, hatte er schon auch recht, der Herr Kurator. Kampf ist nie Kunst, weil die wahre Kunst dort beginnt, wo eingesehen wird, dass es da gar keinen Feind gibt. Das konnte er aber nicht gemeint haben. Dazu erschafft Ober- wie Unterliga der Künstler:innen doch zu sehr im dualen Raum der notwendigen Trennung des Ichs und der Welt.

Egal, mir half dieser Einblick. Denn übertragen auf meine Situation: Nicht das Gefühl zu haben, der Tumor sei etwas anderes, mein Feind oder gar die Bestie, die ich jetzt besiegen müsse, wie es mir allen Ernstes ein Freund empfohlen hatte, sondern ihn selbstredend als einen gerade ganz ziemlich zentralen Teil meines Lebens, also viel eher als Freund zu sehen, machte alles viel leichter, gelassen-zugänglicher.

Ja, war dieses Einteilen in schlecht und böse, diese Bezeichnungen wie Feind und Bestie, diese ganze kriegerische Rhetorik drumherum, nicht allein schon ästhetisch kontraproduktiv und ungesund? Kultivierte es nicht genau das, was man angeblich zu bekämpfen suchte? War es nicht sogar eine Art nach innen gekehrter Rassismus? Ein totaler Wahnsinn, und eigentlich dem nach außen Projizierten, der im Anderen den Rivalen und das Übel sieht, nicht nur nicht unähnlich, sondern sogar identisch?

Warum sollte es Sinn machen, etwas zu verurteilen, das ich noch gar nicht kenne und sich, wenn überhaupt, nur in meiner ureigenen Beziehung dazu verstehen ließe? Doch nur, um meine Angst zur Wahrheit zu verklären.

Die Fußpflege wirkte ein kleines Wunder. Das warme Wasserbad auf dem weiß gepolsterten Lounge-Chair, das feine Feilen, Schnippeln und Schleifen der Fachfrau. Die sanfte Massage mit der nach Rosmarin duftenden Creme und die zarten Hände.

Der leise, klare Soulsound aus den kleinen, schwarzen Kugelboxen. Das glückliche Licht auf dem Türkis des Kupfers des Kirchturms. Und die feine Flügelohr-Orchidee auf dem Fenstersims, die sich an all dem auch erfreute.

## Aha

Ich fiel in das Buch hinein, kaum hatte ich zwei Seiten hinter mir.

Es war Sommer, Susi und ich wollten uns anfangs unserer 20er in Norditalien umsehen. Uns interessierte, ein kleines, altes Haus zu finden, am besten verlassen und umsonst. Da landeten wir für eine Woche in einer Hippiekommune, hoch in den Hügeln über Bergamo in der Lombardei.

*Hippie,* sage ich heute dazu, weil es auf diesem kleinen Bergbauernhof auch Pfaue hatte, alle bunt und eher indisch gekleidet waren, und es eine feine, kleine mystische Bibliothek aus aller Damen Länder gab.

Ich schnappte mir ein schneeweißes Buch von *Osho* – also Herr Baghwan Shree Rajneesh, der Rolls Royce Sammler, der die damals rasant wachsende, immer in Weinrot, Lachs- oder Orangetönen gekleideten *Sannyasins* dazu anhielt, sämtliche überbrachten religiösen Dogmen und spirituellen Trampelpfade schleunigst zu verlassen.

Von dem weißen Buch wurde ich angezogen, weil es zwischen seinen Deckeln um Zen-Buddhismus ging. Ich hörte immer wieder davon, hatte aber nur einen sehr leisen Schimmer, was damit gemeint war.

Und ich las. Und las. Der Mann schien zu wissen, wovon er sprach. Mir gefiel, dass er das in einer so direkten, wie einfachen und doch etwas verspielten und humorvollen Sprache tat. Und ich las und las. Es wird kurz nach Mittag gewesen sein, als ich damit anfing. Ich zog mich dafür in eine Außenecke des Hauses zurück, einer Böschung und dem Tal zugewandt, wo kein Weg vorbeiführte und ich meine Ruhe haben würde.

Und ich las. Je mehr ich las, desto mehr fesselte mich diese *Leerheit,* diese *Stille,* und diese *Erleuchtung* inmitten derselben, die sich just dann zeigen könne, wenn es keinen mehr gibt, der es als etwas von sich Getrenntes bemerken könnte.

Als ich die letzte Seite ganz langsam wie ein Dessert, von dem ich nicht wollte, dass es endet, zu Ende las, das Buch zuklappte und aufsah, blickte ich direkt in das kleine, weiße Leuchten eines Glühwürmchens. Es war stockfinstere Nacht geworden.

Ich blickte hinunter zum Buch und sah es nicht mehr, es war zu finster.Der Glühwurm hatte sich in mein Sichtfeld eingebrannt.

Ich hatte mich während all der Stunden so an das Licht angelehnt, dass ich mich mit ihm zurückzog und es eigentlich nie aus-, sondern wie in mich einging. Erst als ich aufsah und sah, dass es Nacht war, war es aus. Ich betrachtete das Glühwürmchen und das Glühwürmchen vielleicht mich, für sicher fünf weitere Minuten. Ist das jetzt schon die Erleuchtung? Ist die so klein?

Ich musste laut hinauslachen, wenige Tage nach dem fünften Kortisondurchgang an meinem Stillstrand. Ich bekam Glühwürmchenbesuch in meiner Erinnerung. Mein innerer Leuchtkäfer, die Mikroerleuchtung glimmte immer noch nach.

Wer keinen Tumor hat, fürchtet sich, einen zu bekommen. Wer einer ist, hat Besseres zu tun, als Sorge und Angst zu beschwören. Gut, dauerte es so lange, bis es klar war, was wahr war. Anstatt aus dem Moment der steigenden Spannung dieser Tage in die Angst zu fallen, aus dem Augenblick in die Zeit, blieb ich vor allem neugierig und dachte nur immer wieder:

*Aha, ok, nun denn.* – wie eine Mantra-Leier, die mich im Jetzt hielt.

Bis dieses *Aha, ok, nun denn.* nur mehr ein Hauch war, die Wirbelsäule des Atems.

Nicht zu denken fand ich immer viel schwieriger, als denken zu lernen. Also zu lernen, dass ich das Denken denke und nicht das Denken mich denkt bzw. nervt, das war schwierig, aber gedanklich wirklich die Klappe zu halten, stellte sich – und stellt sich immer wieder – als viel schwieriger heraus. Wir identifizieren uns ja auch damit – ich denke, also bin ich. Dieses aus dem Kontext abgeflügelte Wort trifft aber doch auf die Allermeisten von uns zu: Ich bin meine Gedanken.

Das Gehirn und sein Denken sind nicht Werkzeug und Werk, wie die Hände und was sie anstellen, sondern das bin *Ich* – im Gehirn, dort, wo mein Wort und mein Wert ihren Ausgang haben.

Nicht auszudenken, was wäre, würde ich nicht denken.

Klar, ich bin auch mein Gehirn und meine Hände, macht das aber mein

Sein aus? Heute denke ich, dass es der verhängnisvollste, für das meiste Leid verantwortliche Irrtum ist, den es gibt – zu denken, das Denken sei das Zentrum meines Wesens. Aber was sollte es denn sonst sein? Dort sind doch alle Erinnerungen und meine ganze Geschichte gespeichert. Von dort aus fühle ich, spreche ich, bin ich.

Aber ist es nicht genau diese Idee, die uns am allermeisten vom Leben, vom Jetzt, und dem Anderen, vom Hier, abtrennt und uns zu den verflixten Egoinselchen macht, die das Problem, das sie meinen zu haben, in Wirklichkeit sind?

Das Denken braucht Bewusstsein, um denken zu können, aber braucht das Bewusstsein Denken, um bewusst zu sein? Dass das »zwei« sind, fiel mir schon in Basel auf, als mir mit der Zeit des regelmäßigen Meditierens immer besser gelang, meine Gedanken zu beobachten.

Die meisten sind ja nichts anderes als automatische Assoziationsketten in der Widerhalle der Erinnerung, die nicht ich fasse, sondern die mich fassen. Meine passive Aufmerksamkeit auf diese richtend, das heißt, ohne mich in sie einzuklinken, klappte es immer besser, innerlich zu schweigen. Deshalb wollte ich mich gedanklich auch nicht in meinen Tumor einmischen. Wie auch? Nur Angst hätte etwas zu sagen gehabt. Oder Aberglaube, irgendwelcher Voodoozauber oder ein Glaubensbekenntnis. Aber mit Erich Fried zu sagen:

*Es ist, was es ist, sagt die Liebe,*

und mein Leben – das Leben! – zu lieben, einerlei, ob es auf einer feinen Welle surft oder scheinbar aus dem Ruder läuft, das war und ist, fand ich, eine gute Idee.

Bewusstseinsraum gibt es einen, nicht zwei, und schon gar nicht viele. Denkräume gibt es so viele, wie es Menschen gibt. Geist gibt es nur einen, Gehirne gibt es viele. Diese fragwürdigen Aussagen sollten für mich, später nach der Stammzelltransplantation, zu einer Gewissheit werden.

*Geh dorthin, wo du niemand bist.*

Ja genau – da war er wieder dieser Satz – das meinte ja genau dieses

*Ja* sagen – Ja zum neuen Tumorland, in dem ich jetzt war. Und es bewirkte Gedankenmüllentrümpelung – Geschichtsmüllabfuhr.

Jener Müll in den Archiven des Denkens, der einem vormacht, man sei nur die Zeitsumme seiner Lebensgeschichte, gedeckelt zwischen dem Vor- und dem Nachnamen, zwischen Geburt und Tod.

Derweil man in Wirklichkeit immer nur ist, einzig und allein, hundertprozentig verbindlich und verbunden mit allem und allen, jetzt – nicht gestern und schon gar nicht morgen.

Anstatt etwas Bestimmtes werden zu müssen, gesund zum Beispiel, bist du einfach nur mehr. Sein. Da sein. Keine Geschichte und kein Name, kein Dies oder Das, kein Gut oder Böse mehr, sondern nur mehr das, was du nie nicht warst: Jetzt. Du. Ich. Wir. Das Leben, der Tod, das Bewusstsein, das Denken. Einerlei.

Diese Autoentrümpelung hatte einen befreienden, mir schien zutiefst heilsamen Nebeneffekt. Man lernt, dass man nichts weiß. Man vermutet es nicht mehr, man weiß es jetzt. Ich spürte förmlich die Selbstheilungsmoleküle in mir herumkrabbeln.

*Wir fühlen, dass selbst wenn alle möglichen wissenschaftlichen Fragen beantwortet sind, unsere Lebensprobleme noch gar nicht berührt sind. Freilich bleibt dann eben keine Frage mehr; und eben dies ist die Antwort.*

Wie Ludwig Wittgenstein im *Tractatus* so treffend resümierte. Diese »keine Frage mehr«, welche die Antwort ist, ist Meditation. Bar eines jeden Gedankens, dort, wo eine frische Idee oder irgendeine andere neue, weiche Form erst entspringen kann.

Flüssig, nicht starr. Wonne, nicht Wort.


Meinung, Deinung, Er-Sie-Esung, Wirung, Ihrung, Sieung, sagte ich mir, weil mir meine Meinung und deine Deinung so oft lächerlich vorkamen, oder sogar verräterisch den immer offenen Fragen gegenüber. Endlich hatte ich gar keine Meinung mehr.

*Danke Jetztkommission, danke Hierkommission.*
*Sei still und hör zu.*

Wie ich in allen denkbaren kulturellen Schattierungen und mystischen Tönen immer wieder vernahm:

Wer wirklich hinhört, zuhört, denkt nicht.

*Hör vor allem auf die Stille.*

Ja, aber die ist ja nur still, was soll ich da hören? Eben, das.

Auf alle Fälle war es eine gute Idee, jetzt wieder zu meditieren – und zwar wann immer ich konnte, und jetzt konnte ich ja eigentlich immer – gleich als ich meine pralle Diagnose bekam, legte ich zuhause damit los, loszulassen. Lass sein, lass es einfach Sein sein. Und hör hin. Gut, jetzt habe ich endlich Zeit, mich dem Jetzt hinzugeben. Zeit, um weder Welche zu haben, noch Welche zu sein.

Heute empfand ich, dass Jetzt und Heilung dasselbe waren.

Eigentlich, so kam es mir heute vor, wendete Hassan damals, als er meine Hand ergriff, und wir den Nil entlang spazierten, eine Art von Paarmediation an. Dieses eine schlagende Herz, das er mit seiner Berührung meines Pulses herstellte, war stärker als jeder Gedanke und verband uns nicht nur physisch. Ich glaube, er wusste das.

Als Teresa und ich, fast schon am Ende unserer Zeit in Shabramant, eine Woche Urlaub von unseren Schreinerarbeiten genommen hatten, nahmen wir den Zug nach Assuan, ganz im Süden, am anderen Ende des Nils. Es dauerte keine zwei Minuten, dass uns bei knapp 50 Grad im Schatten unseres stickigen Hotelzimmers klar wurde, dass wir, wollten wir nicht kollabieren, uns dringend Abkühlung verschaffen mussten.

Auf dem Zeitlupenweg zu einem märchenhaften Hotel, das uns auch deshalb anzog, weil es auf einer kleinen Insel im Nil, und palmen-, das heißt schattenumrankt, dastand, lernten wir Hassan kennen. Mit seiner verbeulten Nase und seinem gütigen Lächeln sah er ganz ähnlich aus wie der Herr auf dem wunderbaren Bild von Domenico Ghirlandaio:

*Ein alter Mann und sein Enkel* aus der Renaissance.

Er war auch etwa so alt wie dieser gemalte Herr – ich schätze so um die 70 Jahre. Es war Liebe auf den ersten Blick. Ein freundlicher Blick, ein ehrliches Lächeln. Und im selben Nu wussten wir, dass wir uns mochten. Hassan wusste auch, dass man als Nichtgast um nur wenige ägyptische Pfund in ebendiesem Hotel – dem *Old Cataract* – den Tag am

Swimmingpool verbringen durfte. Erst, als wir in dessen paradiesisch-frischem Wasser lagen, wurde uns bewusst, wo wir hier gestrandet waren. Agatha Christie lebte hier 1937 für ein ganzes Jahr, davon inspiriert, *Tod auf dem Nil* zu schreiben. Viele Jahre später stieg dann Sir Peter Ustinov als Hercule Poirot hier ab und löste den Fall. Und jetzt spielten wir mit Hassan Ball im Pool.

Als wir den Hotelpark in der Abenddämmerung verließen und den Nil entlang langsam zurück ins Zentrum Assuans nach Norden spazierten, ergriff Hassan meine Hand. Wie so oft in diesem *Inshallahland*, geschah es, dass wir schnell Vertrauen schöpften. So kam mir diese Geste im besten Wortsinne wohl etwas merkwürdig, aber nicht schrullig vor. In Ägypten ist es ganz normal, auch Männer händehaltend durch die Straßen gehen zu sehen. Ich sah in Kairo auch immer wieder Polizisten, die das taten, Freunde halt.

Aber anstatt, dass mein Freund Hassan einfach nur meine Hand hielt, fühlte er gleichzeitig auch meinen Puls, indem er ihn mit seinem Daumen suchte, und kaum hatte er ihn ertastet, den ganzen Weg lang dort verweilte. Das hatte den erstaunlichen Effekt, dass sich unsere Herzen synchronisierten – zumindest fühlte es sich so an, weil der Puls so stark spürbar und taktgebend für unsere Schritte wurde.

Wie der Dong, der das gut Ding braucht.
Wie die Idee, die das Jucken braucht.
Zwischen jedem Puls war es still.
Zwischen jedem Wort ist es das, ja, zwischen jedem Buchstaben.
Im ärgsten Trubelgitter hat es immer noch Stillöffnungen.

Wie Lao Tse es so wunderbar einfach zu sagen wusste – wie die Nabe am Rad, wie das Fenster im Haus: Erst das Nichts macht es zu dem, was es ist. Still. Null. Jetzt. Von hier aus.

**Blitz**

*Il Daily Jetzt* nennt sich eine nicht endende Bildserie, die ich seit einigen Jahren unter *www.ildailyjetzt.com* aufrolle. Ein denkbar einfaches Unterfangen – Liebe auf den ersten Blick-Technik: Wenn in meinem Gesichtsfeld plötzlich etwas aufblitzt, das heißt, wenn sich in meiner Aufmerksamkeit im Moment irgendeiner Wahrnehmung etwas tut, und sei das Jucken, der Wellenschlag oder das Lichtlein auch noch so klein, ist dies meistens die auslösende Energie, die den Auslöser der Kamera meines Telefons betätigt. Ein Moment und seine Beziehung werden Bild. Ich könnte im Sinne des letzten Bildes des vorvorletzten Kapitels auch sagen, es ist eine Übung, die Stöcke nicht mehr liegen zu lassen.

Susi und ich lebten ein paar Wochen lang im Busch von Zentralnigeria, unweit der Stadt Jos, in einer einfachen Hütte. Wir bereisten für mehrere Monate Afrika. Susi hatte einen schweren Fahrradunfall in Wien, und so lud uns ihr Vater jetzt, da es ihr Gott sei Dank wieder viel besser ging, nach Nigeria ein, wo er ein kleines Bauunternehmen leitete.

Diese winzige Hütte – Bett, Moskitonetz, Tischchen, Stuhl – gehörte ihm und lag am Rand eines lang gestreckten Sandplateaus an einem kleinen Fluss, der sich durch ein kärglich bewachsenes Tal schlängelte.

Alle zwei, drei Tage kam ein Fischer aus einem nahegelegenen Dorf, begrüßte uns mit fröhlichen Augen und freundlichem Lächeln, und legte sich auf seine große, ausgehöhlte Kürbissphäre, die er auf dem Gepäckträger seines Fahrrades mitbrachte, in den Fluss. Dann wartete er regungslos, bis ein Fisch entlang geschwommen kam. So schnell konnten wir dann gar nicht schauen, schnappte er ihn sich mit der bloßen Hand und ließ ihn im Nu durch eine faustgroße Öffnung im Kürbis verschwinden. Und schon lag er wieder völlig regungslos auf seiner Kugel im Wasser.

Fast jeden Tag kommt ein *Daily* hinzu. Ein Bild mit einem Titel. Seit es 1930 Bilder sind (Stand 12. Oktober 2024, davor waren es reine Lichtbilder), sind sie alle auch, mehr oder weniger offensichtlich, nachbearbeitet. Sobald ich sie auf dem Schirm sehe, frage ich mich, was es eigentlich war, dass es mich aufnehmen ließ, und die jeweilige, meistens bildliche Antwort oder Vorstellung fließt dann in das Bild und seinen Titel ein.

Jeder *Daily* ist also ein Beziehungsbild, erzeugt zwischen mir und etwas, dem gemeinsamen Jetzt, das uns einander vorgestellt und verkuppelt hat. Die *Dailies* üben diese Bezogenheit und erforschen spontanspielerisch, was sie auslöst. Sie sind gegenseitige Spiegelbilder. Selbstporträts. Ein Spiel, das Selbst im Überall zu sehen. Spiegelporträts. Außenbilder, die Innenbilder, die Außenbilder werden.

Damals im Busch hatten wir auch Pfeil und Bogen dabei. Das erste Mal, dass wir damit vor der Hütte gespielt hatten, geschah es, dass ich einen Pfeil tollpatschig flach in den Sand schoss, und er darin so blitzschnell verschwunden war, wie die Fische im Kürbis. Nach einer Weile des mit den Fußsohlen den Sand abwühlens, gaben wir auf, und hakten den Pfeil als versandet ab.

In der Siesta kam mir die Idee für einen »Mentaldetektor«. Damit setzte ich mich wenig später an das Ende des kleinen Sandfeldes, in dem der Pfeil verschwand, und stellte mir vor, dass der Platz meinem nackten Oberkörper entspricht. Dann brachte ich das Feld und mich in der Vorstellung in eine physische Kongruenz und sagte mir:

*Der Pfeil ist dort, wo es mich zu kribbeln beginnt.*

Ich schloss die Augen, bemühte mich, in meinem Oberkörper präsent zu sein, und keine halbe Minute später begann es, mich zwei Fingerbreit unter der rechten Brustwarze zu jucken. Ich öffnete die Augen, orientierte mich auf dem Platz, um den entsprechenden Punkt unter der rechten Brust zu orten, ging dorthin und fischte den Pfeil direkt mit einem Fuß aus dem heißen Sand.

Der Sand, der Ort, die Brust, die Idee, der Pfeil, das waren alles Teile des Hierseins. Eines Da-Seins, welches ein Mit-allem-sein war. Heute hatte es allen Anschein, dass es sogar so etwas wie eine Empathie mit den Dingen gibt. Leben ist Beziehung.

*Wir – alle und alles – sind ein einziges gigantisches transrelationales Superlebewesen.*, dachte ich.

Es bedurfte Jahrzehnte, dass ich via solchen Experimenten, Erlebnissen und Überlegungen, die intuitiv davon ausgehen, dass wir uns dem Verbundenen, nicht dem Getrenntsein verdanken, ein immer stärkeres, einfaches Vertrauen ins Leben zu kultivieren imstande war:

*Wenn es mich nicht juckt, lass ich es bleiben.*

*Wenn kein Fisch vorbeikommt, bleib ich liegen.*

Und das *Daily jucken* wurde jetzt, sowohl in meinem Krankenhausbett, als auch in meinem Schattenbett zuhause, zu meinem einzigen, letzten aber auch liebsten Kunstprojekt des Vertrauens. Wie ein Dialog mit dem Jetzt. Sagt das Jetzt:

*Na, was gibts?*, sag ich

*Dich!* und nehme es auf.

Da stieß ich prompt auf Eckhard Tolle. Das ist wahrscheinlich gerade der populärste, sogenannte spirituelle Lehrer der Welt. Der Lehrer, der das Jetzt lehrt. Ich weiß gar nicht mehr, wie ich über ihn stolperte. Plötzlich poppte er in *YouTube* auf.

Ausgerechnet jetzt. Schon vor langem entschied ich, quasi als epistemologische Versuchsanordnung, mit dem Zufall als dem Moment zu experimentieren, in dem mir etwas nicht von ungefähr zufällt, sondern mitten aus dem Augenblick ins Bewusstsein hereinblitzt, um genau das zum Vorschein oder zum Klang zu bringen, was ich mir ansehen oder anhören sollte. Oder wie Tolle sagen würde,

*Nimm es an, als hättest du es dir ausgesucht.*

Ich lag im Halbschlaf, Traumfetzen wehten in das Bewusstsein herein. Ich tat, was Tolle immer wieder mal als Meditation riet, und fokussierte meine Wahrnehmung ganz auf die Energie in meinen Händen. Weil meine Hand- und Fußflächen jetzt immer noch mehr nervten und schmerzten, musste ich mich zu dieser Energie wie durchfühlen. Aber ähnlich, wie man sich durch den Lärm zur Stille durchhören kann, weil man sich von ihm nicht ansprechen lässt, gelang es auch jetzt.

Zuerst stieß ich auf ein Kribbeln in der Rechten, dann in der Linken, in den Fingern, den Armen. Dabei schlief ich wieder ein. Da sah ich mich auf einem kleinen, gerade mal zweifußbreiten Pfad neben einer Brücke gehen. Ich hielt mich am Geländer fest. Auf meiner anderen Seite sah ich einen grünen Busch voller im Wind tanzender Blätter, der sich langsam von vorne bis hinten in einen liegenden Baumstamm verwandelte. Seine Oberfläche, voller Rillen und Linien, wirkte wie geschnitzt, und war ganz klar in voneinander getrennten, lang gezogenen Wellenbewegungen in Grün-, Gelb- und wenigen Blautönen gezeichnet. Diese Zeichnung begann zu wallen und zu wogen. Sehr schön und sehr sonderbar, ich musste es ganz fasziniert und lange betrachten. Da bemerkte ich, dass ich bis zu den Waden in einem matschigen, kühlen Etwas stand.

Ein freundlicher Herr neben mir sagte, dass er diesen Ort pflege. Wir würden hier in *Mandellehmwasser* stehen. Und er lief barfuß darin los, ich ihm nach. Angenehme Kühle, jeder Schritt schien meine Beine mit diesem Lehmmatsch zu massieren, als würde ich durch ein Händemeer waten und ich selbst wäre der Mandellehm, der von ihnen geknetet wurde. Da waren auch andere Menschen, die uns nachfolgten. Ich freute mich, das Mandellehmwasser tat so gut.

Und schon war ich langsam wieder zurück, zurück im Schattenbett. Langsam gewahr werdend, wie das Bewusstsein sein Selbstverständnis ändert, als würde ein Schieberegler sanft von Psychologie nach Physik verschoben. Ich rief Francesca, um ihr den Traum zu erzählen.

Solche Träume zeigten sich mir immer wieder. Ich denke, das hat vielleicht auch damit zu tun, dass ich darum bat. Nicht naiv, wie ein Kind, das sagt .

*Bitte lieber Gott, mach, dass es mir gut geht,*
aber naiv, wie ich bin, und mir sagte:
*Alles ist offen, wir wissen gar nichts. Leben, mach du das, du bist viel klüger als ich.*

Und alles blieb offen, sperrangelweit offen. Offen wie die vielen kleinen Öffnungen in den Lamellen der Kunststoffjalousie, die in den Morgenstunden ein Meer von wandernden Planeten auf die weiße Wand vor meinem Bett projizierten.

*Nimm es an, als hättest du es dir ausgesucht.*

Ich lag im All herum und verwahrte mir jedes Wort, welches das Gegenteil beschwor.

Ich begann wieder auf meinem Handy zu recherchieren.

*Lehm-Kneippen: Lehm wirkt entzündungshemmend und hat eine hohe Absorptionsfähigkeit, er kann Gift- und Schadstoffe aufnehmen. An den betroffenen Stellen aufgetragen, wird die Durchblutung verstärkt. Das Gewebe wird aktiviert und die Giftstoffe werden in den unteren Hautschichten durch das Gefäßsystem abtransportiert.*

Das las sich, als wäre es für meine quälenden Beine geschrieben, so aussagekräftig, dass es sich in der Freude über dieses Zugefallene anfühlte, als hätte sogar die geträumte Therapie geholfen, meine Schmerzen zu lindern. Und die hatte ich bitter nötig, war doch gerade das siebte und achte Fläschchen Kortison in meiner Speiseröhre verschwunden. Heute konnte ich kaum aus den Augen sehen, so geschwollen war mein Gesicht.

Bei jeder kleinsten Bewegung und Berührung des Leintuchs brannten oder stachen meine Füße und Hände, dass mir immer noch und nur mehr zum Schreien gewesen war. Lag ich dann völlig bewegungslos da, beruhigten sich zwar diese Schmerzen, dafür fühlten sich aber die Krämpfe eingeladen, auszubrechen.

Was aber viel schlimmer wog, und noch ekelhaft nachklang, war der Zombiehöhepunkt, den ich gestern erlebt hatte. Noch hatte ich ja keine Ahnung, wie ich das Kortison hätte einnehmen sollen, so dass es mir nicht wieder den Verstand vernebeln und mich aufkratzen würde, als wäre mein Gemüt eine wandelnde Nervenbombe.

Als ich von meinem Zimmer in die Küche lief – ich kam erst vor kurzem mit dem Tumortaxi wieder nach Hause zurück – war ich nur ganz langsam und stöhnend, die Arme nach vorne wippend ausgestreckt, der Wand entlang tastend, imstande, mich fortzubewegen.

Am helllichten Tag. Ich war wirklich wie blind vor lauter Blöd. Ebenso war ich aggressiv und wegen jeder Nichtigkeit sofort zum heftigen Streit bereit. Für Francesca und Sisa, die wieder aus Polignano gekommen war, um uns zu helfen, mussten das auch sehr hässliche Tage gewesen sein.

Erst abends begann es sich ganz langsam wieder zu lichten. Und ging einher mit einem Tränenüberfall. Urplötzlich brach es so heftig und hemmungslos aus mir heraus, wie ich es noch gar nie erlebte. Als müsste ich jede je zurückgehaltene Träne, egal ob sie von Schmerz, Kummer, Trauer oder Freude in den Kanal geschickt war, nachholen.

Auch empfand ich es noch nie als so reinigend, klärend. Irgendwann verlor ich, in einen tiefen Schlaf fallend, mein zerknautschtes Bewusstsein. Am späten Nachmittag des Folgetages, jetzt endlich, ließen auch diese Schmerzen an Händen und Füßen wieder nach.

Wie damals an der *Costa Daurada* in Katalonien, als ich im Einschlafen lag, fiel dieser Tropfen heute wieder, nur dass er mir diesmal in die Erinnerung fiel. Und diese Sternennacht auch. Beide waren sie noch da, sie konnten mich immer noch berühren. Und wieder dachte ich, dass eine Erinnerung, wenn sie so klar oder nah ist, wie es diese jetzt war, nicht einfach nur ein neuronales Echo aus der Gedächniskammer ist, sondern eine therapeutische Idee.

Der Tropfen tropfte im Hotel, welches Clödi und ich in der touristischen Flautesaison von Oktober bis Mai gehütet hatten. Ich hatte damals in Wien gerade die Meisterklasse für Fotografie geschafft und wollte raus, weit raus aus allem. Meine Zivildienstverweigerung legte es mir, weil es bald wieder in die Hundescheißegarnison einzurücken galt, auch nahe. Kein Deutsch mehr hören, das stellte ich mir interessant vor. Nichts verstehen, von vorne anfangen.

Ich schlief gerade ein. Dunkle Nacht, weite Mittelmeerstille. Mitten in ihr. Ganz hinten konnte ich eine sanfte Brandung hören. Da begann wie aus dem Nichts heraus ein Tropfen alles zu übertönen, oder ich wurde mir erst jetzt seiner Präsenz gewahr, jedenfalls war er laut und klar. Als wäre er Orchester und sein Raum wäre die Oper – aber als wäre die Oper in ihm, nicht er in der Oper. Schon vom ersten bewusst gehörten Tropfen war ich entzückt und eingenommen. Jeder Tropfen, eine ganze Welt. Offenkundig konnte es nur der undichte Wasserhahn im kleinen, gegenüberliegenden Badezimmer sein. Doch anstatt durch seine Insistenz die Stille zu ärgern, feierte er mit ihr.

Aus dem paraboloiden, volllaufenden Waschbecken, via den glatt gefliesten Oberflächen des Zimmers und dem Winkel der halb offenstehenden Tür, spiegelte er sich an mein Ohr und erklang als die zauberhafteste Universalresonanz, die ich je vernahm, ein kosmisches Hyperglubschen, mit jedem neuen Auftreffen ein frisches Klangall über mein Trommelfell ergießend.

Da war alles drin. Alle Lieder, alle Melodien, alle Harmonien, alles, was je an ein Ohr heranwogen und Ton werden konnte, war in diesem einzigen, steten Tropfen. Das heißt, nein, stet war er gar nicht, seine Intervalle änderten sich abrupt: plötzlich ein fröhlicher Drillingstropfen, dann wieder ein weiter Abstand zwischen zwei – und als würde sich seine Flüssigkeitskonsistenz jedes Mal ein klein wenig ändern: einmal Wasser, dann rahmiger, plötzlich honigschwer.

Alle Instrumente, alle Stimmen, alle Schwingungen gleichzeitig einschließend und ausfließend und nachhallen lassend. Wieder schwante mir, dass dieses Hören und der Hörer nicht zwei waren. Dieser Klang war Dialog. Die Oper schien mindestens so sehr in mir, wie im Tropfen zu sein. Und dieser Dialog war nicht 1 + 1, er war 1 = 1.

Heute, dachte ich, rührte dieser Zauber vom Umstand her, dass ich einschlief und sich nicht mehr der Denk-, sondern schon der Traumraum eingemischt hatte.

Was sollte es denn groß zu befürchten geben, wenn in einem Tropfen schon das ganze Schallall aufgehoben war und es nur der richtigen Relation und inneren Gelassenheit bedurfte, dass es wahrgenommen werden konnte? Sei still, lass alles offen und hör zu. Visuell still zu sein, das heißt nicht blind, sondern ganz im Gegenteil, offen-sehend. Das geht nur, wenn das Denken totenstill ist.

Das habe ich von Jiddu Krishnamurti gelernt, das heißt, darüber nachzudenken und damit zu experimentieren, hat er angestoßen. Wenn sich kein Wort, kein Vergleich, kein Urteil, keine Erinnerung zwischen mich und das Gesehene stellt – erst dann kann ich klar sehen. Wenn ich mich im Gesehenen verliere, gewinne ich das Sehen. Das ist nicht einfach, obschon es eigentlich immer so ist – da ist nichts Trennendes. Nur die Idee der Trennung trennt. Das Wort, der Vergleich, das Urteil, die Zeit.

Cambrills, der nächste etwas größere Ort, war weit genug entfernt, als dass sein Leuchten den Himmel hätte blenden können. Clödi, ein paar neue Freunde, die wir oben in der Grillhuhnfernfahrerbar kennenlernten, und ich saßen unten am Meer. Stockfinstere, sternenklare Nacht. Eine einzige Prachtnacht. Unser Staunen war eines, wie es dieses All war. Ein funkelnder, unendlich tiefer, stiller Raum – ein funkelndes, unendlich tiefes, stilles Staunen!

Mir fiel es jetzt, viele Jahre später, als meine Sterne einfache Projektionen von kleinen Jalousielöchchen waren, immer noch wie Schuppen von den Augen – das Universum ist ein gigantisches 1000dimensionales Superwesen, und wir sind dieses Wesen, wir sind das Universum, das All. Alle. Alles. Wie sonst sollten wir es wahrnehmen können?

*Das Individuum ist universal und das Universum ist individuell.*

Wie es David Bohm, der Quantenphysikerphilosoph und Freund von Krishnamurti, so gigantisch reduziert auszudrücken wusste.

Ich kann nicht mehr sagen, wie lange wir da saßen und uns die Augen aus den offenstehenden Mündern staunten. In dieser Nacht war es so leicht, die geistige Klappe zu halten. Die Zeit war das Letzte, das es noch gab. Es gab nur mehr das unendliche Funkeldunkel, die Planeten, dieses totale Über-All.

Eine unermessliche Vielfalt von Zeichen, Zeichnungen, Gestalten, Linien, Kurven, Farben, Strukturen, Nebel, Tänze. Da waren nicht einfach nur die Große Bärin und die anderen bekannten Figuren, da waren alle nur vorstellbare Muster, Wirbel – das grandios-absolute, alle Sprachen des Universums umfassende Hyperalphabet!

Wenn ich mich heute daran erinnerte, ging es mir, wie als ich an das All im Tropfen dachte. Ich wurde von einer Sprachlosigkeit ergriffen, die sich am ehesten als Dank anfühlte. Jetzt.

Wo fing hier irgendetwas an, und wo sollte es aufhören, wo doch alles so augenscheinlich eine einzige zeitlose Entfaltung einer unerschöpflichen, allgegenwärtigen Schönheit war?

Nur noch 2 Therapiezyklen, dann gehts nach Milano zum Blutaustausch!

## Wund

Zwischen dem sechsten und dem zwölften Lebensjahr war ich Stammgast auf der Notfallambulanz. Ich erinnere mich an unzählige Male, dass mich Märle wegen irgendeinem tiefen Schnitt, einem gebrochenen Knochen oder wegen einem anderen Malheur schleunigst dort hinbringen musste.

Aber als Pech empfand ich es gar nicht, eher war Stolz im Spiel. Eine Art von Getragenheit, die sich in jeder neuen Wunde wieder ein bisschen erwachsener und klüger sehen wollte. Mir war auch wichtig, dass sie visuell nicht perfekt verheilten, sondern wenigstens kleine Spuren hinterlassen würden, so dass ich, wie es sich für einen richtigen Abenteurer gehört, die Anekdoten auf dem ganzen Körper geschrieben hätte.

Sogar als mir Pami vor gut 15 Jahren dann Apulien zeigte und ich mir mit einem frisch gebackenen Panzerotto und seiner siedend heißen, tropfenden Mozzarella-Tomaten-Füllung just den Solarplexus verbrühte, ignorierte ich den Rat, die Brandwunde nicht der direkten Sonne auszusetzen, um so ein Panzerottomal davontragen zu können. Auf alle Fälle kannte ich Spitäler bis vor drei Jahren nur von maximal halbtägigen Notfallbesuchen.

*Wundreise* nannten Teresa und ich ein Video, das wir noch in Basel aufnahmen, kurz bevor es dann nach Ägypten gehen sollte. Ich bemerkte, dass auch sie viele, über den ganzen Körper verstreute, kleine Narben hatte. Diese Wundverwandtschaft wahrnehmend, gefiel uns die Idee und Vorstellung, dass wir als Kinder – Teresa wurde gut zwei Jahre nach mir geboren – eigentlich zusammen spielten. Obschon uns, zwischen Kennelbach und Las Aceñas 1800 Kilometer trennten, zogen wir uns dabei, die wir zwar historisch getrennt, aber imaginär verbunden waren, all diese schönen Kratzer, Narben, Schrammen und Blessuren zu. Schön nannten wir sie natürlich deshalb, weil sie so wundersam waren. Alles begann mit diesem halbmondförmigen Wundmal unter ihrem linken Knie, wahrscheinlich eine Schürfwunde.

Jedes Verheilen einer Wunde erlebten wir als Kinder mit großer Aufmerksamkeit und Zuversicht. Erst sind es Wunden, dann beginnt auch schon ihr Verheilen, und dann werden es Wunder. Der etymologische Zusammenhang dieser offensichtlich so eng verwandten Begriffe ist bis heute ungeklärt, als Kinder war er uns aber sonnenklar. Deshalb war uns auch wichtig, dass das Wunder wenigstens eine kleine Signatur hinterließ.

Was mir aber ohne Frage noch eindrücklicher dieses Verhältnis von Wunde und Wunder, oder zwischen Schmerz und Freude näherbrachte, war der dramatische Wasserskiunfall meiner Mutter, den ich in einer früheren Passage schon erwähnt hatte. Diese Situation mit vier Jahren hautnah miterlebt zu haben, wirkte sicher sehr traumatisierend auf mich. Ich habe davon kein einziges Bild oder Gefühl in meiner Erinnerung. Es hieß Fuschi, der kleine Hund des Bootbesitzers sei damals ins Wasser gesprungen. Das Letzte, was meine Mutter vor ihrer Ohnmacht erinnerte, war, dass ich besorgt nach ihm gerufen hätte. Wohl um mich selbst abzulenken oder vor dem Schock zu schützen, meine Mutter in einem Blutbad schwimmen sehen zu müssen.

Die ersten Erinnerungen tauchten erst dann wieder auf, als sie keinen Verband mehr trug und ihre Narben über das ganze Gesicht verteilt sichtbar waren. Als wäre es eine gewollte Skarifizierung gewesen, wollte ich ihre Schönheit davon betont, nicht verunstaltet sehen. Meine Mutter war für mich natürlich immer noch die hübscheste Frau der Welt.

Und die Narben verheilten langsam und wundersam, bis sie sich immer mehr zurückzogen, in die Poren verkrochen und sich mit der Zeichnung ihres Gesichtes verbanden, so dass man mit den Jahrzehnten eigentlich nur mehr etwas davon ahnen konnte, schaute man ganz genau hin und wusste von der Geschichte.


Während des Studiums in der Videoklasse in Basel hatte ich diesen permanenten Kamerablick, der sich gerne im Makrobereich und jetzt auf Teresa verlor. Ohne Schnitt, in Zeitlupe, immer in Bewegung.

So zeigte das leider verloren gegangene Video – ich hätte es mir im Schattenbett noch so gerne wieder einmal angesehen – der sehr geruhsame, stete Kameraschwenk von Teresas Scheitel bis zur Sohle und zurück über das andere Bein. Das Ganze vielleicht fünf Minuten lang. Fast nie konnte man sagen, wo man sich gerade befand. Vor allem sah man Haut, Poren, Härchen, dann ein Muttermal, kleine Pickelchen, feine Schnittnarben, junge und verheilte Schürfwunden, Sonnenflecken, Schwielen. Da plötzlich ein Augenwinkel, hier auf einmal ein Ohrläppchen, alle die zarten Farben der Haut. Extra-Ton gab es keinen, nur die Geräusche, die das Kameramikro einfing. Das weiche Rauschen des Leintuchs, Teresas Atem, als sich die Reise um ihren Kopf drehte, mein Atem im Hintergrund, ein zufällig vorbeifahrendes Rettungsauto mit Sirene.

Teresas Körper war die Welt, ihre Wunden, sowie die anderen Formen, Male und Flecken waren die Orte, die Kulturherde, und die ganze Reise eine einzige kontinuierliche, kontemplative Sehenswürdigkeit.

Ungefähr elf Jahre nach dem Unfall meiner Mutter lernte ich Sabine kennen. Unsere Blicke kreuzten sich das erste Mal auf einem Jazzkonzert der *Randspiele*. Sie wurde mein erster, richtiger Rundumschatz. Wir – wie man das damals nannte – gingen miteinander.

Die wasserhimmelblauen Augen, die aus ihrem fröhlichen Gesicht aufblitzen, raubten mir im Nu meinen kleinen Verstand. Die erste funkelnde Frau, die ich je sah. Und das erste Mal, dass ich empfand, wie ein Lächeln eine Wärmewelle losschicken konnte, die durch meinen ganzen Körper schwappte und eine einzige Glückseligkeit hervorrief, ähnlich dem Gong, nur dass jetzt auch eine Tür in eine neue Welt aufging.

Kurz davor, sozusagen auf dem Gipfel meiner Pubertät, war ich noch unschlüssig, sollte ich eher Terrorist oder Rocker werden, Jetzt aber wollte ich nur mehr schmusen. Schmusen, schmusen, schmusen. Und das Unglaubliche daran, weshalb ich es auch erzähle: Ich hatte drei Jahre lang, während der ganzen Schmusezeit, nicht ein einziges Mal bemerkt, dass Sabine auch diese Narben im Gesicht trug. Wie meine Mutter. Ebenso große, tiefe Narben. In ihrem Fall rührten diese von einem schweren Autounfall her. Klar, sah ich diese Narben, und natürlich fand ich sie einfach nur schön, das heißt, ich hatte sie kaum wahrgenommen, weil sie Sabines Schönheit überhaupt keinen Abbruch taten, sondern sie wieder eher unterstrichen, aber ich kam in keinem Moment auf die Idee, dass ich mich vielleicht auch deshalb so Hals über Kopf in sie verliebt haben könnte, weil ich in ihr meine Mutter wiedererkannte. Als ich Sabine kennenlernte, waren ihre Narben zudem noch sehr jung. So deckte sich das Bild ziemlich genau mit der ersten Erinnerung, die ich an Märle nach ihrem Unfall hatte. So gesehen war Sabine meine zweite funkelnde Frau.

Als ich dann vor ein paar Jahren ganz zu Beginn meiner eigenen Wundreise in den Tunnel eines Kernspintomografen gefahren wurde, da man feststellen wollte, wie es um meine Knochensubstanz bestellt war, fragte mich hernach der Diagnostiker, der die Datenergebnisse zu interpretieren hatte, ob ich Akrobat von Beruf sei.

Mein ganzes Skelett sei mit kleinen Rissen überzogen. Es sei aber höchst unwahrscheinlich, dass diese schon von dem multiplen Myelom und der Amyloidose herrührten.

Ich empfand diese Frage als Kompliment. Wäre ich in einem Zirkus aufgewachsen, gut möglich, dass ich auf dem Trapez meinen Kitzel gefunden hätte. Und ja, ich konnte mir schon vorstellen, dass meine lebenslange Lust, eher zu springen, als zu gehen, eher zu wagen, als abzuwägen, schon damit zu tun haben konnte.

Wir hatten in Spanien ein Haus renoviert, ein anderes, vorfabriziertes, montiert, ein drittes von Grund auf gebaut. 5000 Quadratmeter Garten mit einigen Bäumen und Büschen wollten auch gepflegt sein, das Baden im Atlantik war meistens auch sehr turbulent, und meine Kindheit verbrachte ich vor allem auf Bäumen, wenn ich nicht gerade von dem einen oder anderen herunterfiel. Da gab es schon eine Menge Anlässe für feine Knochenrisse. Und bis zur Diagnose hatte ich hier in Lecce ja auch noch begonnen, Kung-Fu zu erlernen.

Nachdem ich vor vielen Jahren in Cadaques, noch vor der Zeit, als ich mit Karel unterwegs war, völlig grundlos und brutal in einer Bar von einem Soziopathen angefallen wurde, verfolgte mich danach über Jahre eine immer wieder auftretende heftige Angst vor körperlicher Gewalt. Zuerst ließ mich diese Attacke erstarren, dann gerade noch rechtzeitig die Flucht ergreifen. Danach fühlte ich mich immer wieder sehr hilflos, schier gelähmt vor Furcht. So entschied ich irgendwann, Karate zu lernen, um in solchen Situationen – so malte ich es mir aus – eher präsent als ängstlich sein zu können. Ich hatte irgendwo gelesen, dass es bei den asiatischen Kampfkünsten zentral darum ginge, die offensive Energie des Angreifers aufzufangen, um sie ihm augenblicklich zurückzuerstatten. Diese Art von defensivem Spiegelpazifismus faszinierte mich.

Kung-Fu und Tai-Chi, das eigentlich einfach ein Zeitlupen-Kung-Fu ist, trainierte ich später dann nur mehr etwa ein Jahr lang, bis sich meine Muskeln, je intensiver ich übte, auf einmal abzubauen begannen, und ich immer noch weichere Knie und schließlich diese abartig aufgeblähten Füße bekam.


Diesmal hatte ich mich darauf vorbereitet. Einfach, indem ich mit allem rechnete, was mich die Kortison-Stamperl bisher erfahren ließen, um dann nicht wieder, wie das letzte Mal, aus allen gelassenen Wolken direkt in die Hölle zu fallen. Aber heute wollte es, in dieser Wucht glücklicherweise auch das letzte Mal, ganz anders kommen.

Mittlerweile meinte ich verstanden zu haben, dass die dämpfende Wirkung des körpereigenen Cortisols in Form des synthetischen Kortisons so hoch dosiert eingesetzt wurde, um überschießende Reaktionen auf mein jetzt nur mehr hauchfeines Immunsystem zu unterdrücken und Entzündungen zu hemmen.

Das neunte und zehnte Fläschchen waren vor knapp einer Stunde getrunken. Da setzte sich eine aberwitzig stürmische Euphorie in mir frei. Als würde die physische Hemmung auf der einen eine umso größere Rückkopplung auf der anderen psychologischen Seite provozieren. Von einer Minute auf die nächste explodierte in meinem Kopf ein dermaßen ungehemmter und unkontrollierter Denk- und Sprachfluss, dass ich zwischen den kleinen Pausen, in denen ich frischen intellektuellen Müll tankte, befürchtete, ich würde diese Kortisonneurose nie wieder los.

Aber wie die anderen Male auch, ließ die Wirkung irgendwann dann einfach wieder langsam nach. Und gleichzeitig gegenläufig kamen auch schon wieder Gelassenheit und eine Freude ins Spiel, ähnlich der, die aufsteigt, wenn ein Schmerz endlich ausklingt. Als ich den Hämatologen Tage später auf diesen psychotischen Stress ansprach, meinte der nur wieder, dass diese Nebeneffekte leider Teil des Ganzen darstellen müssten. Da gäbe es leider noch keine medizinische Alternative.

Ziemlich sicher waren diese Kortisonhämmer ein Hauptgrund, weshalb sich Francesca und ich bald nach Milano auf den Weg machen wollten, um herauszufinden, ob wir den zentralen Teil des ganzen Unterfangens dort machen lassen wollten.

Anna Maria, ihre Tante, und ihr Mann Piero erzählten uns von einem Freund, der dort vor fast 20 Jahren in einer experimentellen Operation eine der ersten Stammzelltransplantationen hätte durchführen lassen. Das sei damals noch eine verrückte Strapaze gewesen, aber es ginge ihm heute gut, warum ich nicht direkt dort anklopfe? Die hätten sicher mehr Erfahrung als die Salentiner. Unkompliziert bekamen wir wenige Tage später in der Privatordination von Professor Armando, dem Arzt, der damals diese Operation vornahm, einen Termin.

Wir nahmen den Nachtzug, den *Freccerossa*. Der Rote Pfeil brachte uns in neun Stunden direkt von Lecce nach Milano. Ich war jetzt schon extrem geschwächt. Jeder Schritt kostete mich große Mühe. Hielt ich den Kopf nur für kurze Zeit etwas gebückt, um etwas zu lesen, oder um zu meinem Teller zu blicken, bekam ich sofort starke Schmerzen, weil ich fast keine Nackenmuskeln mehr hatte. Ich war nicht einmal mehr mühelos im Stande, eine 1l-Wasserflasche anzuheben, ohne dass mein Bizepschen schmerzte.

Ohne Frankie wäre diese Reise unmöglich gewesen, ich hätte es nicht einmal bis an den Bahnhof geschafft. Endlich im Zug, bat sie mich noch um etwas Geduld: Sie müsse noch die Wände, die Handläufe, die Lichtschalter und die Türgriffe unserer Kabine desinfizieren. Während ich ihr erschöpft zusah, mit welcher Geschwindigkeit und Gründlichkeit sie das tat, fiel mir ein, wie sie mir damals, wenige Tage nachdem wir uns in Polignano kennenlernten, erzählte, sie hätte im Rahmen ihrer Arbeit mit Schwerstbehinderten einen 100-stündigen Hygienekurs absolviert. Noch ein halbes Jahr vor dem Ausbruch von COVID-19 in der Lombardei, musste ich jetzt, wann immer ich unter Leuten war, etwa im Wartezimmer oder im Tumortaxi, eine Gesichtsmaske tragen, um mich vor Ansteckungen zu schützen. Als wir am nächsten Morgen in Milano ankommen sollten, würden mir alle entgegenkommenden Menschen in der Rushhour dieses überdimensionierten Bahnhofs ausweichen, als müssten sie mich fürchten, nicht ich sie.

Endlich lagen wir auf unseren schmalen Betten. Ich unten, Frankie oben. Alles würde gut sein. Inshallah. Zu Beginn der Fahrt, wir fuhren noch durch Apulien, hatte ich eine sonderbare Eigenwahrnehmung. Wohl um einem möglichen Gefühl der Klaustrophobie entgegenzuwirken, hatten die Designer dieser Kabinen die Idee, im unteren, wesentlich weniger hohen Raum als dem oberen, über dem Bett einen großen Spiegel anzubringen. Es war eine warme Septembernacht, als ich mich das erste Mal, seit diese Aventüre begann, von oben bis unten sah.

Ich sah mich über mir im Spiegel liegend.

*Wie in einem Probegrab.*,

Francesca fand das gar nicht komisch und knipste das Licht aus. Erst, als der Tag irgendwo zwischen Bologna und Milano anbrach, sprachen wir wieder miteinander. Wie hager ich geworden war. Ich nahm ein Bild davon auf. Francesca schlief schon. Zwischen dem rhythmischen Dadamm Dadam, Dadamm Damm des Zuges konnte ich ihren tiefen Atem hören. Was würde ich nur ohne sie tun?

Ich weinte ganz leise... und froh war sie bei mir, und dachte daran, wie wir uns vor fast acht Jahren am Vorabend, bevor ich umziehen wollte, buchstäblich über den Weg liefen.

Ich hatte mich wegen eines auffallend schönen, klaren Traums entschieden, von Polignano a Mare nach Berlin zu ziehen. Ich träumte, ich würde dort leben und mich sauwohl fühlen. Als ich erwachte, musste ich eigentlich nichts mehr entscheiden.Ich freute mich gleich auf Berlin.

Ein paar Wochen später, alles war abgeschlossen, der alte Peugeot, den ich aus Sevilla mitgebracht hatte, stand vollbepackt unten vor der Tür. Da organisierte Pami ein großes Überraschungsfest für mich. Wir hatten uns erst vor Kurzem, nach gut sieben Jahren unter einer gemeinsamen Decke, getrennt. Die letzten Putzarbeiten waren gerade erledigt, so dass ich morgen zeitig den Schlüssel der Wohnung Mino, dem Nachmieter, geben könnte. Da klingelte es an der Tür. Unten stand Pami mit einem Tablett, zwei Gläsern und einer Flasche Prosecco.

*Hey, ich wollte dir Glück wünschen, komm, lass uns anstoßen!*

*Pami! Bist du extra von Bari gekommen?*

Meine Freude war groß, auch weil diese schöne Geste erkennen ließ, dass wir uns ohne große Dramen einfach wieder in Freunde verwandeln konnten.

*Komm rauf!*

Keine fünf Minuten später läutete es wieder... Kurzum: Innert einer halben Stunde wimmelte es in meiner blitzsauberen Wohnung von allen Freund:innen, von denen ich mich die letzten Tage schon verabschiedet hatte. Um Mitternacht, die Uhr sprang gerade auf den zweiten Dezember, rief Pami plötzlich, ganz laut

*Schluss jetzt, tOmis Abschied ist genug gefeiert, ich habe Geburtstag und lade euch alle auf einen Drink ins Infermento ein!*

Auf dem Weg dorthin sah ich Gianclaudio mit einer wildfremden Frau auf der Straße vor seinem Skateshop sitzen. Jetzt wusste ich, weshalb er als Einziger nicht auf das Fest gekommen war.

*Und du,*

sagte ich, schon etwas betrunken, zu der Frau,

*bist du vom Himmel gefallen?*

*Nein,*

entgegnete sie mit einem müden, dennoch sonnigen Lächeln,

*ich kam heute, nach sieben Jahren im Piemont, in meine Stadt zurück.*

*Willkommen zuhause. Kommt, geht mit, lasst uns Pamis Tag feiern.*

Das Allerletzte, wonach mir war, und, wie ich noch in der selben Nacht erfahren sollte, ging es auch dieser Frau so, war eine neue intime Beziehung. Doch schon, aber eine mit Berlin, nicht mit einer Frau.

Am nächsten Morgen um halb acht – wir standen inzwischen als Einzige vor der *Bar Gaetano* – sprachen wir immer noch miteinander. Francesca und ich waren einfach zwei kompatible Plaudertaschen, wie sie im Buch stehen. Außerdem gab es ein paar zentrale Interessen, die wir von ganz verschiedenen Hintergründen kommend angingen – sie als Assistentin für geistig und körperlich beeinträchtigte Menschen, ich als Partist.

Wie ich, hatte sie sich vor Kurzem von ihrem Partner getrennt. Das beidseitig explizit ausgesprochene Anliegen, dass es für uns jetzt strikt um den eigenen Weg gehen müsse, schenkte unserer wechselseitigen Neugier ab dem ersten Moment eine seltene Offenheit. Es machte uns eigentlich ab diesem Moment schon zu guten Freunden. Wissen tat das noch niemand, gefühlt hatten es beide.

*Uff, ich wollte ja heute Morgen nach Berlin aufbrechen, aber jetzt muss ich erst mal eine Runde schlafen, und dann den Saustall in meiner Wohnung aufräumen. Mino wartet auf seinen Schlüssel.*
*Ja, ich werde jetzt auch schlafen gehen. Wenn du noch ein paar Tage hier bist, treffen wir uns sicher noch einmal.*
*Ja klar, vielleicht tagsüber im Beja Flor bei Lucio, oder abends wieder bei Giseppe im Infermento. Ciao, cara, a presto.*
*Ciao caro.*

Kaum hatte ich meine vergnügt-verwüstete Wohnung betreten, kam mir André Breton in den Sinn:
*Das Wunderbare ist immer schön, es ist sogar nur das Wunderbare schön.*

## Waage

Mit Lina verstand ich mich 33 Jahre zuvor auf Anhieb auch gut. Schnell fanden auch wir uns in einer Freundschaft, die man nur finden kann, wenn man sie nicht sucht.

Ein Jahr später wanderten dann Margarita, ihre Mutter und ihr Partner Jim, ein pensionierter Flugzeugingenieur aus Irland, nach Zermasoyin in der Nähe von Limasol aus. Alles rein in einen Schiffscontainer, sogar das Auto, und weg geflogen waren sie. Gleich im folgenden Sommer gingen wir sie besuchen.

Damals war es auf Zypern noch eine reine Freude, Motorrad zu fahren. Zum einen war es unglaublich preiswert, eines zu mieten, und dann waren der Insel ihre Hügel und Straßen, der wenige Verkehr und die meist sonnigen Tage, ideal, um darin herumzukurven.

Bevor wir mit unserer Yamaha Enduro 250cc aufs Geratewohl losfahren wollten, erzählte uns Jim, wie er einmal Teil einer Mechaniker-Crew gewesen sei, die auf irgendeiner Holperpiste in Afrika einem Transportflugzeug, ich glaube einer DC9, der bei einer Bruchlandung ein Flügel zerbrach und den wesentlich kürzeren Flügel mit einem anderen Triebwerk eines anderen, in der Nähe ausrangierten Flugzeuges montierten. Und dass es zwar nicht ganz einfach und ein ziemlich langwieriges und nervenaufreibendes Gebastel gewesen sei, aber dennoch funktionierte. Sie seien damit tatsächlich abgehoben und hätten die Fracht schließlich noch an ihren Bestimmungsort gebracht. Der Kapitän hätte einfach nur gefühlsmäßig dem Ungleichgewicht und der Asymmetrie etwas gegenlenken müssen.

Schau an: *Ungleichgewicht, Asymmetrie* – das schien mir viel treffender als *Krankheit* – dieser Begriff war so nichtssagend, außer dass er rein negativ besetzt war. Ich war nicht krank, sondern aus dem Lot. Musste ich einfach gefühlsmäßig etwas gegenlenken? Einfach nur, wie Jims Crew und der mutige Kapitän, die Waage wagen?

Schon vor einer Weile, ich schätze zwischen dem zweiten und dritten Therapiezyklus, entwarf ich ein ganz einfaches Zeichen für mich.

Gewissermaßen ein positives Tumorlogo, ein Lotzeichen, die totale visuelle Waage. In meinem Schattenbett wieder und wieder mit den Fragen und Gedanken rundum das Sein spielend, fiel mir auf, dass das englische *ICH BIN*, also das *I AM*, eine sehr schöne Symmetrie hat, wenn man es mit einer klaren Typografie übereinanderstellte: oben das I, in der Mitte das A, unten das M. Es sah aus wie ein abstraktes Wesen, vollkommen in der Balance, kerngesund im Gleichmut verweilend. Bis nach der Stammzelltransplantation gab es dieses Signet nur als Handzeichnung. In seiner Schlicht- und Schönheit verstand ich es wie eine grafische Medizin oder wie das radikalste und reduzierteste philosophische Manifest, das es geben kann. Später dann sollte ich es auch präzise grafisch und digital erstellen und reihum meinen Lieben schenken.

Aber jetzt sollte es direkt vom Bahnhof in die Ordination von Professor Armando gehen, dem Leiter der Abteilung für medizinische Onkologie und Hämatologie des *Research Hospital Humanitas*, ein hoch spezialisiertes Poliklinikum und ein internationaler Referenzpunkt für die Erforschung von Krebs und immunodegenerativen Krankheiten in Rozzano, einem Vorort von Milano.

Sein Stadtbüro befand sich mitten in Milano. Was würde uns wohl erwarten? Würde er mich als Patient akzeptieren wollen, jetzt, da ich schon alle Therapiezyklen, außer einem, in Lecce in Anspruch genommen hatte? Würden sie ein Bett für mich frei haben?

Schon seit Beginn – seit es Francescas Charme und Insistenz schafften, sich durch die Ämter zu fragen, und mir via einer freiwilligen Einzahlung von 380 Euro Jahresbeitrag in das italienische Versicherungssystem einen vollwertigen Zugang zu allen Leistungen verschaffte – war ich immer wieder überrascht, wie unkompliziert hier dann alle weiteren Schritte abliefen.

Jahrelang war ich ein permanenter Tourist, der alle Melde- und Steuerpflichten nur in Österreich erfüllte. Wann immer ich als Europäer einen zweiten Wohnsitz anmelden wollte, verstrickten sich unerfahrene Beamte in Widersprüche. Irgendwann gab ich es einfach auf. War doch auch egal.

Dann fand Francesca heraus, dass allem ein sprachliches Missverständnis zugrunde lag – ich brauchte keine *Seconda Residenza*, sondern eine *Residenza Elitaria*. Gut, wussten die in Lecce das, in Polignano hatte ich mich mit unqualifizierten Beamtinnen genug herumgestritten. Jedenfalls ließ uns jetzt Professore Armando rufen. Aufgeregt schlurfte ich mit Francesca aus einem riesengroßen, eleganten Wartezimmer, in sein überraschend kleines, bescheidenes Büro.

Ein eleganter, lächelnder Herr mit einem transparenten, orangen Brillengestell stand gleichzeitig mit unserem Eintreten auf, kam hinter seinem Schreibtisch vor und begrüßte uns sehr herzlich mit einem festen Handschlag.

*Macht es euch bequem, ihr seid extra aus Lecce angereist, richtig?*

Erst plauderten wir eine Weile. Beide merkten wir schnell, dass er es gut konnte mit seinen Patienten. Dass er uns gleich mit Du angesprochen hatte, uns nach unseren Berufen fragte und nachfragte, weil ihn beide, so schien es, interessierten, ließ ein Eis, das hätte schmelzen können, gar nicht erst entstehen.

*Wisst ihr, ich bin auch ein Terrone, ich komme aus Sizilien.*

Mit Terrone bezeichnen die Italiener die Südländer, halb scherzhaft, von politisch sehr rechter Seite, aber immer abwertend, ist damit wörtlich *Erdler oder Erdfresser* gemeint.

Auf alle Fälle tat diese Geste der Solidarität auch gut, meinte sie doch wir sollten uns keine Sorgen machen, weil er uns auch kulturell verstehen könne. Als er sich dann meine Krankenakte durchgesehen, mir einige Fragen zu meinem Befinden gestellt hatte und die Sprache auf die Kortisonstamperl kam – ich wollte gerade aussprechen, wie ich mich fühlte – unterbrach er mich mitten im Satz:

*...wie ein Therapie-Zombie, wie eine wandelnde Leiche, richtig?*

Sofort schob er die Frage nach, wie ich es denn einnehmen musste.

*Na, einfach mit einem Schluck runter, so wie man es mir auftrug.*

Er sah mich mitleidig an und entschuldigte sich, dass sein werter Kollege in Lecce offensichtlich keine Erfahrung mit solchen hohen Dosen hätte. Dieser Zombietrunk wäre nämlich augenblicklich um vieles verträglicher, würde er über ein paar Stunden in ganz kleinen Schlückchen eingenommen. Vor allem für Menschen in meinem Alter. Ein junger Organismus würde das noch sportlicher wegstecken.

In einem Sekundenbruchteil kam mir in den Sinn, was ich zu Francesca sagte, als dann doch alles ganz anders kam, wie wir es uns so ausdrücklich gegenseitig versichert hatten.

Spät abends, am Tag nach dem Fest, das Pami eingefädelt hatte, rief Märle an,

*tOmi, warte noch mit Abfahren, hier schneit es wie verrückt.*

*Du hast sicher nur Sommerreifen, das könnte sehr ungemütlich werden.*

Das war ein willkommener Rat, wollte ich mir doch ohnehin noch ein paar Tage Zeit lassen, um Francesca etwas besser kennenzulernen. Sie hatte meine Kontaktdaten online gefunden und mich gefragt, ob wir gemeinsam dem Meer entlang nach San Vito spazieren wollten. Mino war flexibel, ich solle halt noch ein, zwei Tage in der Wohnung bleiben.

*Francesca, hast du eine Idee, wo ich für ein paar Nächte wohnen könnte?*

*Ich wäre froh, ich müsste kein Hotel bezahlen.*

Da trafen wir erst ganz am Anfang des Weges auf der Brücke *Lama Monachile* Karin, meine Schweizer Freundin, die hier mit ihren drei Söhnen schon seit vielen Jahren lebte.

*Klar,*

meinte sie, ohne zu überlegen, als ich sie dasselbe fragte,

*sprich doch mit Monika und Lukas, die sind jetzt in London, und werden sicher nicht vor dem Sommer wiederkommen: Die geben dir sicher ihr Häuschen.*

Noch am selben Abend, wir waren aus San Vito zurück, und noch bevor wir uns nach dem Duschen im Infermento treffen wollten, zog ich in dieses Haus ein. Wunderschön eingequetscht in Polignanos, über die Jahrhunderte organisch gewachsenen Altstadt hatte dieses schmale, hohe Gebäude ein Volumen, das man fast nicht fassen kann, hat man es nicht mit eigenen Sinnen erlebt – 47 Quadratmeter auf vier Stockwerken, Minidachterrässchen inklusive.

Später im Infermento meinte Francesca, dass es sie, schon nach nur einer Nacht im Haus ihrer Eltern, nerve. Sie liebe beide ja sehr, aber die

Rhythmen und vieles mehr, was den Alltag gestalte, seien einfach zu weit voneinander entfernt, als dass es ein gemeinsamer sein könne. *Also, wenn du möchtest, kannst du gerne in meinem Turmhäuschen den oberen Stock haben, da steht auch ein Bett. Ich bin sicher, dass du nach meiner Abfahrt dort wohnen bleiben kannst, bis Monika und Lukas wiederkommen. Sie wollen auch nur die Betriebskosten.*
Francesca zog am nächsten Tag zu mir.
Es dauerte nur drei weitere Nächte, dass wir dann beide im obersten Stock schliefen.

Am Vortag waren wir bei Daniele zum Abendessen eingeladen. Dani, unser guter Freund und Geigenbauer, kannte Franscesca schon, bevor sie in den Norden zog. Seine Geigenbauwerkstadt war mit den vielen kleinen, speziellen Holzwerkzeugen und den überall herumliegenden verschiedenen Prozessschritten im Bau befindlicher Geigen, immer einer meiner Lieblingsräume in Polignano. So kam ich oft einfach vorbei, um ihm beim Arbeiten zuzusehen. Dass er, *im Respekt den Hölzern gegenüber*, keine elektrischen Werkzeuge verwendete, machte alles nur noch wundersamer und interessanter. Dani hat auch bis heute kein mobiles Telefon. Gleich im nächsten Raum befand sich seine Küche. Beide Räume waren von einer atemberaubenden Vollgeräumtheit und kreativer Unordnung. Nur, dass es in der Werkstatt ein Augenschmaus und in der Küche ein Höllensaustall war.

Francesca wusste wie ich, dass Dani so gut kochen wie Geigen bauen kann, dass er es aber in der Küche so weit kommen lassen konnte – Berge von ungewaschenen Tellern rund um das vollgeräumte Waschbecken, überall leere Flaschen, der Boden, der nicht wegen der Holzriemen knirschte und quietschte – war uns gleichermaßen ein Rätsel.

Dani kicherte. Kaum hatten wir uns einen Überblick verschafft, und sahen wir uns mit hochgezogenen Augenbrauen an, meinte Francesca: *Ich mache den Abwasch, du trocknest ab.*

Irgendwann, Dani war glücklich ob seiner putzfreudigen Gäste im Hintergrund an der Küchenzeile am Zaubern – ich hatte nach einem weiteren unmissverständlichen Blick Francescas, gerade kistenweise leere Weinflaschen vor die Eingangstür gebracht – sagte sie lächelnd:

*Siamo una squadra!* Wir sind ein Team.

So gesehen ist es auch nicht verwunderlich, dass wir seit der ersten Woche, als wir uns trafen, zusammenleben. Und dann saßen wir wieder ein, zwei Tage später im *Mago del Gelato*, gleich vis a vis vom alten Stadttor, und erzählten uns, wie wir es schon all die Tage zuvor getan hatten.

Ich begann zu weinen, als ich darauf zu sprechen kam, wie Curt, vor nur knapp über einem halben Jahr, nach einer langen, so schweigsamen wie gefassten Nacht und nach einem schmerzhaften, tränenreichen Weg, loslassen konnte und mit Märle und mir an seinen Seiten starb.

Ein paar Jahre später würde ich im Werkbuch, das ich über seine Kunst machen sollte, schreiben:

*Es war, als wäre Curt in mich hineingestorben.*

Und wie wir uns gegenüber saßen an diesem Tisch in der Ecke dieser abenteuerlich kitschigen, legendären Eisdiele mit dieser Discokugel über uns, und den kleinen, bunten Fischen im großen Aquarium vor der Fototapete einer Südseelandschaf, fiel mir das erste Mal etwas auf die Frage ein, was mein Wunsch im Leben wäre, hätte ich nur einen einzigen. Alle wussten da immer etwas darauf zu sagen, nur ich war unentschieden. Heute, da mich niemand danach fragte, und dieses Trauern in der Nähe zu Francesca so unsäglich gut tat, wusste ich es.

*Und, was ist dein wichtigster Wunsch im Leben?*

*Dass ich zufrieden in deinen Armen sterben darf.*


Armando war ein begnadeter Mutmacher, voller Humor und einer feinen Selbstironie. Wie oft musste er solche Situationen wohl schon erlebt haben.

*Du stehst da vor einer wahrlich komplexen Herausforderung, aber sei*
*gelassen, wir haben das unzählige Male gemacht. Wenn du dich innerlich*
*nicht dagegen wehrst, bin ich zuversichtlich. Wir drei schaffen das.*

Lautlos begannen Francesca und ich zu weinen. Er wusste, dass es eher der Freude geschuldet war, und schob gleich hinterher:

*So, und jetzt geht hinaus und umarmt euch so lange und so intensiv,*
*wie ihr das wollt!*

*Aber das dürfen wir doch gar nicht,*
gab Francesca gleich zurück,
*uns wurde wieder und wieder gesagt, wie wichtig es sei, dass tOmi keinerlei
direkten Kontakt mit Menschen, Tieren oder Pflanzen hat, immer seine
Maske tragen muss, und...*
Ja, unterbrach er Francesca.
*Ich weiß, das ist auch alles richtig, wir müssen da äußerst vorsichtig sein,
da dein Immunsystem schon extrem geschwächt ist – was es ja auch sein
soll, dieses wollen wir ja von Grund auf erneuern – aber bei euch beiden
ist das etwas anderes. Ihr seid seit gut sieben Jahren ein Paar, ich spüre stark,
wie intensiv eure Liebe ist, und ihr habt doch sicher schon literweise Körper-
säfte ausgetauscht.*
Er lachte, wir sahen uns kurzatmig vor Freude an. Uns umarmen?
Was gäbe es jetzt Schöneres?!
*Wisst ihr, eure beiden Immunsysteme haben schon so viel Gemeinsames
erlebt und ausgetauscht, die verstehen, damit umzugehen. Aber lasst
das Küssen und alles was über Umarmungen geht, bis mindestens hundert
Tage nach der Transplantation, noch sein.*
Er strahlte, kam wieder hinter dem Tisch hervor, und gab uns einen
ebenso herzhaften Händedruck wie, als er uns begrüßte, nur dass er es
jetzt noch mit der linken Hand unsere Hände umschloss, und einen stillen Moment, in dem er mir sehr bestimmt in die Augen sah, innehielt.
*Meine Assistenten draußen beim Empfang werden euch über alles Weitere
informieren. Macht euch keine Sorgen, wir bekommen das hin! Bis bald.*

Anstatt uns aber gleich vor der Tür um den Hals zu fallen, ließen wir
uns zuerst noch aufklären, wie es jetzt weitergehen sollte. Dass wir die
Transplantation hier in Milano unter der Obhut von Professor Armando
machen lassen würden, war klar, ohne dass wir darüber hätten sprechen müssen, und so bekamen wir jetzt gleich auch schon unseren un-
gefähren Zeitplan.
*Ich werde euch in maximal einer Woche anrufen,*
meinte die überaus freundliche Dame mit ihrer perfekt modellierten
Henry-Moore-Frisur,

*um euch einen Termin zu geben. Dann müsst ihr an einem der Folgetage*
*gleich wiederkomen.*
*Dann geht es aber direkt in die Humanitas,*
sprach ihr junger Kollege mit einem schneeweißen Lächeln nahtlos
weiter,
*dort wird nochmals eine gründliche Voruntersuchung gemacht werden,*
*und ihr lernt die ersten Ärzt:innen und Pfleger:innen kennen, die das*
*mit euch durchlaufen werden.*

Das gläserne Foyer war sonnenüberflutet, als wir vor die Tür traten.
Francesca ergriff meinen Arm, und noch während sie mir mit einer winzigen Drehbewegung des Handgelenks zu verstehen gab, dass ich mich
zu ihr wenden solle, begannen wir auch schon zu weinen, zu lachen, zu
schluchzen. Und umarmten uns. So heftig und erlösend dieses Weinen
war – war die Freude, war es dieses Jetzt und sein riesengroßes, freude-
flennendes Aufatmen. Plötzlich hatte alles Fluß und Raum.

Wir standen da, so eng umschlungen, für sicher weitere fünf Minuten, unsere beiden Köpfe in der Schulter-Halskehle des anderen vergra-
ben, uns Brocken der Zuversicht zuschluchzend.

Diese Umarmung war von einer solchen Nähe und Wärmewucht,
dass es wieder gar keine Nähe, keine zwei, sondern nur mehr diese Wärme und das gemeinsam gefühlte eine Leben gab.

Seit diesem Tag feiern Francesca und ich jeden Morgen als Allererstes
diese Umarmung als Waageübung. Meistens treffen wir uns in der Küche, weil ich immer schon viel früher auf bin, umschlingen uns innig,
lassen uns in die Stille fallen und begrüßen den Tag.

*Buongiorno, giorno.*
Guten Tag, Tag.

## Licht

Wieder in einem Schlafabteil nur für uns beide, diesmal aber ohne Deckenspiegel, zogen, derweil ich noch bis Rimini wach lag, und sich mein Blick bewegungslos in den vorbeifliegenden Lichtern der Nacht verlor, alle meine Freundinnen und Freunde vorbei.

Wie diese Lichter begleiteten auch sie mich und schienen aus diesen aufzutauchen. Ich musste nur ein bisschen nachhelfen und das Erinnerungskarussell anschubsen. Alle waren sie da, fielen sie mir ein, tauchten kurz auf und verschwanden wieder in den Räumen meines Herzens.

Tage bevor, noch ehe wir frühmorgens nach Milano aufbrachen, erreichte mich Post.

*Amore, schau, wie originell, du hast einen Brief bekommen.*,

meinte Frankie, die aber gleich auch schon wieder verschwand, weil sie der Bote wachgeklingelt hatte. Per Post aus Malaga. Lukaš schrieb, mein Freund aus Sokolov bei Prag, der schon vor Jahren mit Jana, seiner Partnerin, nach Spanien gezogen war. Ein wunderschöner, handgeschriebener Brief, jede der sechs Seiten in einem so kleinen, wie virtuosen und regelmäßigen Schriftbild, voller Sprachspiele, feiner Ironien, und einem oft unsichtbaren, dann wieder klar auftauchenden, durchgehenden Gedanken. Der Gedanke des zwischen uns schwingenden, summenden Fadens und seiner springenden Funken. Ein Liebesbrief.

Ohne Freunde würde ich das nie überleben. Manchmal überlegte ich, was ich parallel wohl anstellen könnte, um die aggressiven biomedizinischen Maßnahmen mit etwas Sanfterem und Verträglicherem zu ergänzen. Derweil es ja diese Freund:innen und Lichter waren.

Wieder in Lecce in meinem Schattenzimmer, das Morgen-Datenerhebungsprogramm – Gewicht, Temperatur, Blutdruck – war schon abgeschlossen. Draußen drehten die Mauersegler wieder ihre blitzschnellen, fröhlich schreienden Moskito-Runden, freute ich mich, würde bald Frankie hereinschauen, sich zu mir setzen, mich mit ihren wunderhübschen, noch ganz verschlafenen Mandelaugen begrüßen und nach meiner Nacht fragen.

*Ey, na, wie hast du geschlafen? Haben dich die Beine sehr gequält?*

Wieder brachte sie mir auf dem subtil geschwungenen, länglichen Tablett, das aussah wie ein versnobtes Skateboard ohne Räder, kühlen Grüntee mit. Meine Ärzte in Lecce wussten noch nichts von der neuentdeckten Substanz dieser Pflanze, die sich angeblich so heilsam auf die Amyloidose auswirkte, aber was ich online dazu fand, war mir überzeugend genug. Malex und Salome, die in Bern neben einem Teeladen wohnten, hatten mir diese stilvolle japanische Flasche für Kaltaufgüsse und ein paar Säckchen allerfeinsten Grüntee schon ganz zu Beginn dieser Erzählung geschickt.

*Es ging so, Frankie.*

Sie setzte sich zu mir ans Bett.

*Ich erwachte zwei Mal mit Krämpfen, aber da gab es schon weit Schlimmere.*

Wenige Worte nur. Eine Umarmung im Sitzen. Ein Lächeln. Ein Honigbrot. Ein Glas Wasser.

Wasser. Wie unglaublich gut das jetzt schmeckte. Alles andere kam mir schon seit Wochen dumpfer vor, langweiliger oder sogar ekelhaft. Kaffee schmeckte wie Metallgülle. Nur Wasser mundete wie das leibhaftige Leben. Ich dachte daran, wie meine Mutter vor vielen Jahren halb im Scherz beteuerte, Wasser sei die beste Droge überhaupt. Ich würde es auch noch irgendwann begreifen. Heute empfand ich es tatsächlich so.

*Es beruhigt, reinigt dich innen und stellt eine Verbindung zwischen deinem Körper und deiner Seele her.*

*Kein Wunder, du bist ja auch fast nichts anderes.,*

meinte Francesca lächelnd, ehe sie das Skateboard abservierte.

Ich war sehr gespannt auf die bevorstehende Kortisonkeule. Derzeit lag ich bei 17 verschiedenen Tabletten am Tag. Plus den Spritzen für die reibungslose Blutgerinnung, die ich mir jeden Tag zweimal in den Bauch stach und mich immer wieder wunderte, dass das überhaupt nicht schmerzte, ging ich es ganz gelassen an, hingegen sehr brannte, tat ich es hastig und ohne einen tiefen, vorangehenden Atemzug. Diese für jenes, jene für dieses, jene wegen der Nebenwirkung von dieser, und diese wegen der Nebenwirkung der Nebenwirkung von jener.

Gott sei Dank bewahrheitete sich aber noch eine andere Feststellung Märles, nämlich, dass wir beide mit Saumägen gesegnet seien.

Ein paar Tage später würde mich frühmorgens unten auf der Piazza San Biagio das Tumortaxi abholen und mich ins Vito Fazzi bringen, zum endlich letzten Therapiedurchgang vor der Transplantation. Ich war zuversichtlich, es würde viel glimpflicher verlaufen, hielte ich mich nur genau an Armandos Anweisungen. Doch es ekelte mich schon nur alleine die Vorstellung, das Kortison jetzt auch noch in kleinen Schlückchen einnehmen zu müssen.

Als würde sich die aufziehende Hitze wie ein Filter um den Straßenlärm legen und ihn dämpfen, schlief ich bald wieder ein. Ich träumte, ich lag auf einer ganz einfachen Liege. Es war sehr hell hier, am Rand gelb wie Blütenstaub, in der Mitte weiß und weich. Mein ganzer Körper war umflossen von milchweißem, transluzentem Licht. Als würde ich in einer flüssigen Leuchtwolke liegen. *Wolke*, weil mich dieses fließende Licht rundum in sich einschloss und mich schwerelos machte. Sorgenlos. Und *fließend*, weil es lebte, gleichzeitig, wie aus mir heraus und in mich hinein floss.

Als schwebte ich in einem wabernden Sarkophag aus Licht, sah ich mich jetzt selber im Traum in diesem Bett liegen. Still, seelenruhig. Mein Schatten- war ein Lichtbett geworden. Da erblickte ich Lorena, eine von Francescas ganz engen Freundinnen, neben mir stehen. Begeistert sagte sie:

*Oh ja, dir geht es gut, richtig gut. Du leuchtest, du bist Licht.*

Ich empfand einen weiten, staunenden Frieden. Gleichzeitig war mir bewusst, dass ich in meinem Schattenbett in der Via Duca degli Abruzzi in Lecce lag und träumte. Im Halbschlaf machte ich ein paar Notizen, öffnete nur leicht und kurz die Augen, kritzelte *Bett, Flüssiglicht, Friede* auf den Block, der meistens neben mir lag, und fiel zurück in den Schlaf.

Und sah mich wieder, lichterloh und froh für eine ganze Weile einfach so. Da wurde ich auf einen Schlag von extremen Schmerzen in den Füßen wachgerissen. Kein Erwachen, ein Erwimmern. Kurze Atemzüge. Die Augen fest zusammengepresst, rief ich:

*Francesca... Francesca... komm bitte... bitte komm!*

Wie vom Blitz getroffen verlor ich jede Gelassenheit, als wäre das weiße Milchlicht direkt in diesen Blitz gefahren. Die Schmerzen in beiden Füßen nahmen in einem Maße zu, dass mir die Tränen in die Augen schossen.

*Atme, atme ganz langsam und tief, atme!*

Francesca war jetzt schon sicher eine halbe Stunde bei mir. Mit ihren so zarten wie kräftigen Händen versuchte sie alle möglichen Massagekniffe und Griffe. Aber nichts half. Im Gegenteil.

*Bitte Frankie, lass gut sein, das schmerzt so nur noch mehr.*

Wir atmeten über einen langen Zeitraum zusammen, tief und synchron. Ja, das half ein bisschen, einfach weil ich mich mit der Konzentration auf unseren gemeinsamen Atemzug weniger im Schmerz verlor.

Es wollte einfach nicht abflauen. Mittlerweile zog es sich schon seit 2 Stunden so dahin. Als wären die Nervenenden Nadelspitzen, die sich in mein Fleisch oder in den Knochen bohrten. Ich stöhnte, ich fluchte, ich schrie und weinte. Jede noch so kleinste Bewegung mit dem Fuß auf dem Leintuch fühlte sich jetzt an, als würde ich ihn gehäutet auf Sandpapier reiben.

Auf einmal begann Francesca etwas vollkommen Neues anzustellen. Wie erschlagen lag sie da, mir gegenläufig, meine Füße vor dem Gesicht, die Augen geschlossen. Anstatt den Schmerz mit der Energie von kreisenden oder stoßenden und ziehenden Bewegungen, wie sie es bisher versucht hatte, zu besänftigen und gleichsam abzutransportieren, streichelte sie jetzt ganz unvermutet meine Füße. Ganz sanft. Äußerst sanft. So supersanft, dass ich mich schon gleich zu Beginn wunderte, konnte ich es überhaupt empfinden – der Schmerz hatte doch gerade noch alles übertönt.

Aber es funktionierte. Als würde sie sich selber wundern, begann die Pein fast vom ersten Moment an ganz langsam nachzulassen. Diese minimalen, so bedächtigen und unglaublich feinen Berührungen an der Grenze des gerade noch fühlbaren bewogen diese Qual dazu, sich zurückzuziehen und allmählich vollends abzuklingen.

Jetzt schaffte ich es auch langsam wieder, einfach nur zuzusehen, anstatt mich gedanklich einzumischen. Parallel zu diesem Abklingen fühlte es sich in meiner Brust an, als würde mein Herz aufblühen, als würde der ganze Körper vom Atem mit Freude versorgt. Und wieder empfand ich es wie ein Wunder, war es doch nicht nur der schlimmste physische Schmerz, den ich je empfand, sondern auch das wunderbarste Nachlassen desselben. Ich glaube, an diesem Tag gelang Francesca am Ende ihrer Kräfte das intuitive Kunststück, genau diese Endkraft mit meinen Nervenenden kurzzuschließen. Mit dem gänzlichen Verstummen des Schmerzes fielen wir beide völlig entkräftet in einen tiefen Schlaf.

Draußen hatte es heftig zu regnen begonnen. Endlich. Die Erde dieses Südens rief schon seit Monaten nach diesem Nass. Es rollten Donner und es blitzte, dass es hinter meinen geschlossenen Augen aussah, als hätte mein Gehirn einen Wackelkontakt.

Ein paar Tage später rief Armandos Sekretärin an. Die Schmerzen in den Füßen, den Beinen und den Händen hielten sich seit Frankies Zauberkunststück in erträglichen Grenzen.

Morgens um halb acht hatte unten an der Ecke das Tumortaxi auf mich gewartet, und eine Stunde später trank ich das Kortison das erste Mal in kleinen Dosen, genau so, wie es mir Armando geraten hatte. Mittlerweile waren schon gut fünf Stunden vergangen, im »Normalfall« wäre ich um diese Zeit schon komplett am Durchdrehen gewesen.

*Buongiorno Francesca, come va? Hör mal, wir haben schon einen Termin für euch, ihr werdet frühmorgens am 23. September in Rozzano in der Humanitas erwartet.*

*Buongiorno Signora, sehr gut, ich bin froh, dass es zügig weitergeht.*

*Ja, wir auch. Stellt euch auf zwei Wochen Aufenthalt ein. Es werden dann eine ganze Reihe von Voruntersuchungen durchgeführt. Während dieser Zeit werdet ihr aber noch außerhalb der Klinik* wohnen. *Das ist besser so, weil tOmi täglich angehalten ist, sich zu bewegen.*

*Gut, ich werde gleich beginnen, eine Unterkunft für uns zu suchen.*

*Benissimo. Und sag, hat Professor Armandos Ratschlag funktioniert? Trank er das Kortison diesmal in kleinen Schlücken?*

*Oh ja, Danke, das klappte diesmal viel besser. Er spürt zwar einen permanenten Brechreiz, und es ist ihm in Schüben sehr schwindlig, aber liegend sei es ok.*

*Sehr gut. Er soll viel, nicht allzu kaltes Wasser trinken und versuchen zu schlafen – so wird es bald nachlassen. Grüß ihn von uns.*

Märle wusste von meinen Erlebnissen und dass ich gestern die beiden letzten Dosen des Zombietranks eingenommen hatte. Heute Morgen rief sie mich an. Ich erzählte ihr, dass es diesmal wesentlich besser ging und dass wir sehr froh seien, gaben sie uns schon den Termin für die ganzen Voruntersuchungen in Milano durch. Bereits in wenigen Tagen würden wir im Flieger sitzen und dann für zwei Wochen in Rozzano, ganz in der Nähe der Klinik, leben. Frankie hätte schon eine Unterkunft für uns gefunden.

*Gut, dass das so flott weitergeht. Dann bist du auch viel näher, ich muss dich dann unbedingt endlich einmal besuchen kommen.*

Ich konnte mir gut vorstellen, dass es ihr leid tat, hatte sie noch nicht die Kraft und die Zeit gefunden, vorbeizukommen. Ich wusste aber auch, welche Strapazen es für sie bedeuten würde, zu reisen.

*Märle, du musst überhaupt nichts, bitte stress dich nicht. Ich bin hier in alle besten Händen. Mir ist viel lieber, du bist in deinem Bregenzer Universum auch gut aufgehoben, als du tust dir weiß Gott was an, nur um ein paar Tage bei uns sein zu können.*

*Ja, mehr als ein paar Tage könnten es ja leider auch wirklich nicht sein, weil ich, wie du weißt, selber an meinen Therapien dranbleiben muss.*

*Ja eben, mach dir bitte nur keine Vorwürfe. Mir ist am meisten geholfen, wenn ich weiß, es geht dir gut. Wir können uns ja telematisch kurzschließen, wann immer wir wollen.*

*Ja, das stimmt. Weißt du, es machen mir halt auch meine beiden neuen Kniegelenke immer noch sehr zu schaffen. Wäre das wenigstens schon im Lot, könnte ich mir das Reisen schon viel eher vorstellen.*

*Nein, wirklich, lass gut sein, du weißt ja, was Frankie für ein Schatz ist, und Sisa, Salvatore, ihre ganze Familie. Echt, sorg dich nicht, ich bin hier sehr gut aufgehoben!*

Ich war froh, konnte Märle einwilligen. Ich hatte das Gefühl, sie wäre erleichtert, hatten wir so klar ausgesprochen, dass es total ok wäre, würden wir uns dann halt irgendwann in Bregenz wieder umarmen können.

Wow, zwei neue edelmetallene Kniegelenke. Schon unglaublich, in welche Copiloten uns die Evolution ausgebildet hatte. Jetzt machen wir uns schon die eigenen Knie, dachte ich. Ich war stolz auf meine Mutter, als Francesca und ich sie – Monate vor meiner Diagnose – nach der Operation besuchten und sie von starken Schmerzen, aber auch von einer großen Erleichterung sprach, hätte sie sich getraut, diese Operationen durchzuziehen.

Spät kamen Lina und ich mit unserer Enduro irgendwo in den Bergen nördlich über Limasol in einem kleinen griechisch-orthodoxen Kloster an. Es hatte stark geregnet, wir waren völlig durchnässt.

Der junge Mönch, der uns öffnete, war mit seinem wenigen Englisch so unkompliziert wie freundlich. Gleich führte er uns in ein einfaches Schlafgemach. Dort waren wir allein, konnten uns trocknen und ausruhen. Für den nächsten Morgen waren wir eingeladen, an der Frühmesse teilzunehmen. »Sehrfrühmesse«, schon um sechs würden die Gesänge beginnen. Wir waren aber sogar schon eher in dem kleinen, auffallend niederen Kirchenschiff und sahen uns um.

Draußen hatte es aufgehört zu regnen. Nur einzelne dicke Tropfen, die von den Kiefern fielen, spielten Xylophon auf den Dachziegeln. Erst langsam begann die Sonne über die Hügel zu krabbeln, da bemerkten wir eine kleine Holzskulptur vorne neben dem Altar, vielleicht in der halben Körpergröße. Eine sitzende Maria mit einem pummeligen, nackten Jesuskind auf dem Schoß. In schönen, dunkelbunten, doch klaren Farbtönen und einer Patina, wie sie nur ein großer Zeitraum hatte schaffen können.

Als wäre da ein Leuchtwürmchen am Zappeln, funkelte da irgendetwas an der Skulptur. Da meinte ich, ich seh nicht recht, war da mitten im Knie des kleinen Jesu ein glitzerndes, durchsichtiges Edelsteinchen versenkt. Wirklich mittendrin in dem kleinen, ich glaube rechten, Olivenholzknie.

Mir sprang das deshalb gleich ins Auge, weil ich vor Kurzem in Basel etwas von Rudolf Steiner las, das mich gleichermaßen amüsierte wie faszinierte. Da behauptet dieser, wie das Kniegelenk evolutionär noch mordsmäßig was vor sich hätte. Das ließe sich auch daran erkennen, dass es, als größtes Gelenk der Säugetiere, mit seiner schweren Aufgabe, das Gewicht des fast ganzen Menschen durchs Leben zu tragen, noch erstaunlich lose konstruiert sei. Und zwar würde das Knie, wäre es dann evolutiv vollbracht, als ein *Organ für die Intuition* dienen – wie beim Gehirn, das es ähnlich für hochdifferenzierte Sinneswahrnehmungen und die Koordination komplexer Verhaltensweisen leiste.

*Ja, aber was ist dann bitteschön,* würde ich Steiner fragen, käme er mich jetzt besuchen, *mit jenen Menschen, die künstliche Kniegelenke haben? Wie meine Mutter zum Beispiel. Sind die dann intuitionsamputiert?*

Wenige Stunden danach, ich spazierte in die Kunsthalle, um mir eine Ausstellung von Richard Serra anzusehen, fährt der Konvoi des *Zirkus Knie* an mir vorbei. Natürlich kam mir das Steinerknie in den Sinn, die Antenne zu höheren Welten. Nach der Ausstellung stieß ich dann im Buchladen auf eine Postkarte von Joseph Beuys, darauf eine Fotografie, wie er da in Denkerpose auf einer Tischkante sitzt, und in seiner typischen Opahandschrift stand darüber:

*Ich denke sowieso mit dem Knie.*

*Nimmt Beuys damit Bezug auf Steiner?*, fragte ich mich.

Ich dachte an eine meiner Lieblingsarbeiten von ihm: das Multiple der schlichten, kleinen, unbehandelten Weichholzplatte, wo im oberen Drittel über einem geraden Bleistiftstrich handgeschrieben *Intuition* steht. Das sprach schon dafür. Sprach er denn sonst je über das fantastische Kniepotential?

Und jetzt stand ich in Zypern vor dem heiligen Knie des Jesulein. Hatte Steiner da an irgendeine Überlieferung, irgendeine christliche Sage angeknüpft? Keine Ahnung. Wollte das Steinchen im Knie des Knaben auf den besonderen Weg hinweisen, der ihm bevorstand? Welche Körperstelle, um das anzudeuten, würde sich besser eignen? Ich sah auch nie wieder ein solches speziell betontes, verziertes Knie, außer –

in wunderbarer Abwandlung – ein paar Jahre später Teresas halbmond-förmige Knienarbe zu Beginn der Wundreise.

Den älteren Mönch, den ich später noch fragen sollte, ob er wisse, was es mit diesem Steinchen auf sich hat, würde nur lächelnd mit den Schultern zucken. Würde Lina die Erinnerung nicht mit mir teilen, ich würde mich wieder fragen, ob es nur eine Traumerfindung ist.

Und dann – mein vorerst letzter Knie-Fall – unternahm ich vor gut zwei Jahren mit Denis, meinem Freund, dem Lichtgestalter und Leuchten-händler, eine Wanderung. Irgendwo in den weiten Hügeln des Schwar-zenbergs am Rande des Bregenzerwaldes zogen wir uns, ganz ver-schwitzt, frische Hemden an. Da wurden wir auf ein feines Leuchten aufmerksam, das von einer kleinen Skulptur an der Außenecke einer Kapelle ausging. Wir näherten uns an, und siehe da, es war das wieder und wieder berührte Knie des Heiligen Benedikt, dem dieses Kirchlein geweiht war. Unzählige Hände mussten diese Stelle poliert und so zum Glänzen gebracht haben, während der Rest der Statuette von einer dun-keltürkisen Patina umhüllt war.

Hatte vielleicht das Niederknien ursprünglich gar nichts mit Schuld, Busse, Demut oder gar Unterwürfigkeit zu tun, sondern war es ein Ritus, um sich mit dem evolutiven Knieziel zu verbinden? War die Kniescheibe gar eine Art Parabolantenne, die immer fähiger wurde, Photonen aus den Tiefen des Alls aufzufangen und mit Information aufzuladen?

War Intuition nichts anderes als das Empfangen extrem langwelliger Strahlungen, die im Knie Form und Inhalt gewannen?

Stillvergnügt schlief ich ein.

### Jetzt

*Jetzt ist die dichteste Annäherung an die Ewigkeit, die diese Welt zu bieten hat.*
Wo hatte ich diesen wunderbaren Satz nur gelesen? Ich fragte
Frankie,
*Jetzt ist die dichteste Annäherung an den Flughafen, die dieser Tag zu bieten hat,* meinte sie hastig.
*In ein paar Minuten steht das Taxi unten.*

Diesmal reisten wir mit *Alitalia*. Armando meinte, das wäre auch strapaziös, aber weit weniger, einfach weil es viel schneller ginge. Ich hätte auch das Recht auf einen Sitzplatz mit Beinfreiheit. Aber ich solle unbedingt die Maske aufbehalten und darauf achten, dass ich immer warm hätte.

Meine Beine abbiegen, geschweige denn im Schneidersitz sitzen, wie ich das bisher sogar beim Arbeiten am Computer tat, an das war schon lange nicht mehr zu denken. Als würde sich in der Kniekehle umgehend Lymphflüssigkeit stauen, schmerzte es nur dann nicht, wenn ich sie im Ruhezustand möglichst gerade hielt oder – aber erst Monate nach der Stammzelltransplantation – beim täglichen, ausgedehnten Flanieren. Zu tragen war ich jetzt gar nichts mehr imstande, nicht einmal meinen kleinen Rucksack.

Endlich kamen wir am Flughafen in Brindisi an. Kaum in der Schlange der Sicherheitskontrolle wurde ein Polizist auf uns aufmerksam und winkte uns zu sich.

*Mann, welchen Stress muss der jetzt wieder machen?*
sagte Frankie. Aber schon auf dem Weg wurde uns klar, dass er uns helfen wollte. Ich war ja immer noch der Einzige mit einer Maske, einer Wollmütze im Sommer, und man sah mir wohl auch sonst an, dass etwas im Argen lag.

*Kommt, ihr müsst nicht anstehen, ich bringe euch direkt zu eurem Check-in.*
Wir staunten, dass ihm seine Wahrnehmung genug war. Er musste gar nichts weiter wissen.

*Wenn ihr wieder fliegen müsst, achtet beim Buchen darauf, dass ihr angebt, Hilfe zu benötigen. Dann wird das noch einmal einfacher gehen.*

Vor Jahren stellte mich Leo, ein Freund aus Polignano, Aldo vor.

*Ich wünsche mir schon lange, dass ihr euch kennenlernt. Aldo fährt schon morgen wieder zurück nach Milano, lass uns heute noch etwas trinken mit ihm, ich weiß, dass ihr euch sehr mögen werdet.*

Damals arbeitete ich gerade am Buch über die Kunst meines Vaters, und als ich dann Aldo traf, und wir uns tatsächlich auf Anhieb gut leiden konnten, versprach ich ihm, eines zu schenken, sobald es publiziert sein würde. Ich freute mich, konnte ich ihm heute eines mitbringen.

Aldo stand in der Empfangshalle wie eine Willkommensplastik, bewegungslos, die Arme weit ausgestreckt, mit einem großen Lächeln im Gesicht.

*Schön, euch zu sehen.*

Wir umarmten uns pantomimisch,

*Danke, Aldo. Du weißt gar nicht, welche Mühe du uns abnimmst, weil du uns in die Humanitas bringst.*

*Aber ich wollte euch doch nur zur nächsten U-Bahnstation bringen.,* erwiderte er mit einem Spaßvogelgesicht.

*Klar bringe ich euch in die Humanitas. Immer, wenn du das brauchst, tOmi. Versprich mir, dass du mich immer wissen lässt, wann du kommst.*

*Und natürlich werde ich euch auch wieder an den Flughafen bringen.*

*Und wisst, dass ich richtig wütend werde, sollte ich euch dabei erwischen, dass ihr ein Taxi nehmt.*

Wie gesund sich jetzt jede Herzlichkeit anfühlte. Schon vorhin ging mir das freundliche Verhalten des Flughafenpolizisten so überraschend angenehm nahe.

Ich wurde für eine ganze Reihe von Untersuchungen erwartet. Eigentlich würden alle Checks wiederholt, außer den Biopsien natürlich, und gegen Ende würden mir dann noch die notwendigen Blutstammzellen entnommen. Dann sollte es noch einmal für knappe zwei Wochen nach Hause gehen, ehe ich dann gegen Ende Oktober einzuchecken hätte und die Sache, auf die jetzt alles hinauslief, endlich losgehen konnte. Nachdem Aldo uns vor dem Bed and Breakfast abgeladen und uns noch geholfen hatte, unser Gepäck hineinzutragen, war er auch schon wieder in die Stadt, wo sein Studio für Innenarchitektur lag, zurückgebraust.

Fast jeden Tag mussten wir hinüber, vielleicht 1000 kurze Schritte, durch die kleine Straße der Wohnanlage, über die große Durchfahrtsstraße von Rozzano, direkt hinein in das Humanitas-Gelände. Auf der einen Seite der Tumorflughafen und andere Klinikgebäude, auf der anderen Seite der Straße via einer Fußgängerunterführung verbunden, die Universitätsklinik, die Labore, die Mensa und die Studentenwohnheime.

Die freundliche Dame an der Anmeldung sagte, wir sollten im ersten Stock hinten rechts bei der Hämatologie kurz warten, Dottoressa Júlia, eine Ärztin aus Brasilien, würde uns dann ausrufen, um uns ein paar grundsätzliche Dinge zu den bevorstehenden Untersuchungen und dem späteren Therapieverlauf zu erklären.

Júlia sprudelte gleich los:

*Also, erst mal, herzlich willkommen in der Humanitas! Ihr wundert euch vielleicht, dass ich euch mit einer so guten Laune begegne, wo doch hier alle s so trist erscheint.*

Es schien fast, als hätte ihr zwischenzeitlich Jacobo gesagt, dass Francesca die Stimmung hier drin sehr zu schaffen macht.

*Aber wisst ihr*, fuhr sie nahtlos fort,

*das stimmt nur auf der einen Seite des leeren Glases, wir arbeiten aber auf der anderen des Vollen.*

Sie lachte. Wir saßen in einem ganz schlichten Büro, eigentlich ein kleines Besprechungszimmer, ohne Computer, nur ein Fenster, ein Tisch, drei Stühle und ein verblichenes Poster einer Kandinsky-Ausstellung in Rom.

*Was sehr wichtig ist, tOmi, ist, dass du uns immer gleich mitteilst, wenn du etwas Neues spürst in deinem Körper oder wenn dir irgendetwas seltsam vorkommt. Zögere nie, uns das gleich zu sagen. Weißt du, solche komplexen Prozesse wie vor, während und nach deiner bevorstehenden Stammzelltransplantation verlaufen sehr individuell, und je mehr wir von dir wissen, wie es dir geht, umso besser können wir dich beruhigen und therapeutisch darauf antworten. Okay? Und sei dein Gefühl oder irgendeine Wahrnehmung auch noch so klein, sag es uns bitte.*

Ich wusste genau, was sie meinte. Diese Hingabe oder diesen Willen zur Zusammenarbeit konnte ich vorbehaltlos mit einbringen.

Ja, ich hatte Richtung Lust darauf. Dafür respektierte ich die Wissenschaft viel zu sehr, als dass ich mich nicht auch glücklich schätzte, in einem so komplexen Feld wie einem Blut- und Protein-Durcheinander zu kooperieren und zu lernen. Klar, war das Glas mindestens halb voll.

*Ja, das kann ich alles gut verstehen. Ich werde deinen Rat befolgen und versuchen weder mit dem Schicksal noch mit der Medizin zu hadern.*
*Genau das wollte ich hören.* Sie lachte.
*Ich freue mich, euch bald wiederzusehen, um dieses Projekt gemeinsam anzugehen. Auf eine gute Zusammenarbeit!*

*Frankie, meinst du, die bekommen hier eine spezielle empathische Ausbildung?,* fragte ich, wieder auf dem Gang, jetzt auf dem Weg zu unserer heute vorerst letzten Station, zu Dottoressa Sofia.
*Ja, das scheint wirklich so. Keine Ahnung, aber es beeindruckt mich auch, mit welcher Präsenz und Herzlichkeit die hier Inhalte kommunizieren.*
*Ciao, ich bin Sofia. Schön, euch kennenzulernen.,*
sagte die junge Frau mit den geraden, blauschwarzen Haaren. Sie stand in der Tür, hinter ihr diese gewaltige Maschine, die mich spontan an das ratternde, blickende Ungetüm im zweiten Frankensteinfilm mit Boris Karloff erinnerte.
*Ich werde dir bald das Blut entnehmen. Wie du wahrscheinlich schon weißt, haben wir in deinem Fall die Möglichkeit, dass wir deine eigenen Stammzellen für die Behandlung heranziehen können. Das heißt, wir entnehmen dein Blut.*
In diesem Moment trat sie zu Seite und zeigte auf ein Bett, das unmittelbar vor der Maschine stand.
*Du sitzt dann da, ganz gemütlich und in einem langsamen Prozess, entnehmen wir dir die Menge, die wir für alles Weitere benötigen.*
*Routine, sei ganz locker.*
*Okay Sofia, sehr spannend.*
*Und was hat diese wahnsinnige Maschine hier zu suchen?* Sie lachte,
*Ja das ist mein Assistent. Der sieht nur etwas unfreundlich aus, aber ich sage euch, der macht einen Superjob. Nein, im Ernst, durch diese komplexe Apparatur, die du dir vorstellen kannst, wie ein kleines, chemisches Labor,*

*wird dein Blut dann durchlaufen, und in einem wiederum sehr langsamen*
*und ausgefeilten Prozess, findet darin schon eine erste Reinigung deiner*
*Stammzellen statt.*
*Wow, und das funktioniert?*
*Ja, eigentlich fast immer. Bei dir bin ich guter Dinge. Ich hab gerade vorhin*
*dein letztes Blutbild angesehen, das wird klappen. Weiß einfach, dass es*
*dauert – im besten Fall knapp fünf Stunden, bereite dich eher auf sechs vor.*
*Oder im anstrengendsten Fall sogar noch länger, nämlich wenn wir es nicht*
*bei einem Durchgang belassen können, weil wir noch zu wenig Stammzellen*
*erwischt haben. Du kannst dann halt nicht aufs Klo, das ist aber auch schon*
*das Einzige, was du vielleicht als unangenehm empfinden magst.*
*Va bene, ja, das wird klappen.*

Die *spezielle, empathische Ausbildung* ist ja eigentlich das Leben selbst. Je
länger am Leben, desto mehr kann sich dieses Vermögen, sich in andere einfühlen zu können, ausbilden. Vorausgesetzt natürlich, man ist
seinen eigenen Gefühlen gegenüber auch offen und selbsttranszendent
genug und lernt die egozentrische Haltung zu durchschauen. Oft schien
es mir – und seit diese Blutgeschichte begann, kommt es mir immer
noch deutlicher so vor – als ließen sich viele Bedeutungen von zentralen
psychologischen Begriffen auf dieselbe Quelle zurückführen, wie z. B.
Empathie und Intuition. Als müsse nicht das eine oder das andere geübt
oder verstanden, sondern als müsse die Quelle beider erkannt werden,
um in beidem gleichermaßen präsent sein zu können. Und siehe da: Die
Quelle ist die Präsenz. Oder die Quelle ist die Offenheit, denn was bedeutet offen zu sein, wenn nicht präsent zu sein? Und umgekehrt. Offen und empathisch, präsent und intuitiv: Ich konnte es drehen, wie ich
wollte, es landete alles immer wieder nur beim Jetzt.

Je »Jetzter«, desto wahrer. Je präsenter, desto lebendiger.

Frankie sah noch einen Film. Ganz leise und klein hörte ich es aus ihren
Kopfhörern rascheln und zischeln, als hätte ich Ameisenohren. Da ging
mir aufs Neue das große Staunen auf – war das Leben doch tatsächlich
nichts außer Jetzt. Und zwar als Eines und Ganzes Gleichzeitiges. Und

keines, das es gestern gab oder morgen geben wird.

Gestern gab es eines und morgen wird es eines geben, und übermorgen wird es gestern eines gegeben haben, aber nur theoretisch-indirekt, unmittelbar-real gibt es das Leben nur zum Jetzttarif.

Luks erzählte mir einmal, damals, noch in Basel, von einer einmaligen Begegnung. Ich wusste ja, dass er eine ganz intensive Verbindung zu Tieren hatte, eine unglaubliche Fähigkeit, sich mit ihnen auszutauschen. Von ihm lernte ich, dass alle Tiere, auch die kleinste Laus, hochintelligente Wesen sind, und es das Dümmste wäre, deren Intelligenz mit der des Menschen zu vergleichen. Er sei mit Freunden in den Basler Zoo gegangen und dort im ziemlich unschönen Nashornhaus, sei ein einziges Tier mit seinem riesigen Hintern Richtung Besucher mitten auf seiner kleinen Insel gestanden. Regungslos. Rundum der Sicherheizsgraben. Luks grüßte das Nashorn, wie er oft irgendwas Spontanes sagte, pfiff oder zischte, wenn er einem Tier begegnete. Das Nashorn hätte nur kurz müde zu ihm nach hinten gesehen. Dann noch einmal, und plötzlich hätte es sich ganz langsam umgedreht, wäre dann mit seinen riesigen Hufen bis ganz vor an die Kante gekommen und hätte begonnen, sich zu ihm herüber zu strecken. Es wäre ihm sofort klar gewesen, dass das Tier liebkost werden wollte, und seinerseits hätte er sich über das Geländer gelehnt, um ihm entgegenzukommen.

Es hätte die Augen geschlossen, die Hufen schon zu einem Teil über der Kante geschoben gehabt, und hätte den Hals so weit gestreckt, wie es nur konnte – und es klappte. Luks konnte das Nashorn um den Mund und zwischen den Nüstern streicheln. Und er merkte noch an, dass diese Begegnung auch deshalb so unvergesslich für ihn geworden sei, weil das Ganze vom Nashorn ausging. Oder von einer Gegenwärtigkeit, die nicht zwei Leben war.

Jetzt, am Vortag der Blutentnahme bei Sofia im Frankensteinlabor, bekam ich noch eine ganz spezielle, extradicke Spritze *Plerixafor*, einen Arzneistoff, der dafür zu sorgen hatte, dass sich möglichst viele Stammzellen zur Entnahme sammelten.

Sofia erwartete mich schon um halb acht. Es dauerte keine zehn Minuten, und ich war mit ihrem Assistenten verschlaucht und verkabelt. Während sie alle vorbereitenden Arbeitsschritte erledigte, bekam ich einen kleinen Bluttransferkurs.

*Weißt du, unter Stammzellen versteht man jene Zellen, die für die Blutbildung zuständig sind, und die sind alle in deinem Knochenmark zuhause. Knochenmark nennt man das Weichgewebe im Innenraum der Knochen, in dem die Blutbildung stattfindet. Das befindet sich vor allem im Beckenknochen, im Brustbein, in den Rippen und in der Wirbelsäule. Und jetzt ist der Moment gekommen, dir Blutstammzellen zu entnehmen und tiefzugefrieren.*

*Tiefzugefrieren, warum das denn?*

*Na einfach, um sie zu konservieren.*

*Ach so, ja klar, blöde Frage.*

*Die bekommst du nämlich erst in ungefähr zwei Wochen wieder zurück, nach einer Chemotherapie, die neben dem Tumor auch das blutbildende Gewebe zerstören soll. Und danach werden deine eingefrorenen Stammzellen aufgetaut und dir im Auftauprozess als Infusion zurückgegeben, so dass sie in der Folge die neue Blutbildung übernehmen.*

Gestern kamen Cary und Amelie zu Besuch. Sehr schön, so konnten sie Märle dann berichten, was für ein tapferer und zuversichtlicher Patient ich wäre.

Kaum zu glauben, dass Cary die Mutter dieser Tochter Amelie war. Sie sahen nicht nur so aus, sie benahmen sich auch wie Schwestern. Ich war immer wieder begeistert, wie sie es hinbekam, so unkomplizierte und offene Beziehungen mit ihren Kindern zu kultivieren. Als ich sie einmal danach fragte, meinte sie, sie hätte einfach immer allem ruhig zugehört und nie etwas davon verurteilt. Jetzt kam mir das alles noch viel schöner und intensiver vor. Als würden Qualitäten direkt auf mich abstrahlen, oder als könnte ich das Beste in den Wesen – ihr Wesen – unmittelbarer wahrnehmen, spüren. Als wir später noch einen kleinen Spaziergang unternahmen, hatte ich das Gefühl, die uns entgegenkommenden Kinder, Hunde und alten Leute, wären alles Agenten des Friedens.

Als wäre Leben im Grunde Frieden. Leidenschaftlicher Friede, hier zu sein. Ich überraschte mich selber damit, dass ich froh war, würden sie alle weiterleben, sollte ich es nicht überleben, sollten sich die aufgetauten Stammzellen also vertun und gar nichts mehr bilden.

Oft, einen älteren Menschen betrachtend, versuchte ich mir vorzustellen, wie dieses Gesicht und dieser Körper als Kind ausgesehen haben mussten. Was mich dabei immer wieder erstaunte, war, wie das Kind dann in diesem Gesicht wirklich aufzutauchen schien, weil es plötzlich so unschuldig aussah. Jetzt musste ich mir gar nichts mehr vorstellen, diese eigentliche Unschuld war auch so da. Cary und Amelie fuhren schon in der Dämmerung wieder zurück an den Bodensee.

Ich saß jetzt schon seit gut vier Stunden an der Zapfsäule. Meine Beine und Füße schmerzten in Schüben sehr. Ich war die ganze Zeit sehr zapplig und sehr froh, wusste Sofia um dieses ungemütliche Schicksal und wich keiner meiner Fragen aus.

*Darf ich fragen, wie du dazu kamst, dich als Medizinerin auf diese Arbeit zu spezialisieren? Oder ist das nur eine von mehreren Aufgaben, die du hier hast?*

*Nein, das ist schon meine zentrale Aufgabe, die Entnahme und die Aufbereitung der Stammzellen. Eigentlich ergab es sich einfach so. Aber schon auch deshalb, weil mich Blut und alles, was damit zusammenhängt, immer schon faszinierten.*

*Ich finde deinen Akzent sehr schön, woher kommst du denn?*

*Danke, ich lebe schon über zehn Jahre in Milano, den Akzent werde ich wohl nicht mehr los. Ich bin ursprünglich aus Zentralrumänien, aus Transsylvanien.*

*Wie bitte?*

Ich musste laut lachen.

*Du bist hier die Blutchefin und kommst aus Draculas Heimat?*

Sofia lächelte schräg, die Augenbrauen mitleidig hochgezogen.

*Verzeih den schlechten Scherz, aber das ist doch zu witzig, um wahr zu sein.*

*Ja stimmt, das hat schon seine Ironie, aber Transsylvanien ist vor allem etwas anderes und so viel mehr, als die Fantasie eines irischen Schriftstellers.*

*Ja klar, ich war sogar mal dort, als ich vor Jahren von Zypern in die Türkei schiffte und auf dem Landweg langsam zurück nach Basel reiste, sehr schön dort, aber ich muss zugeben, dass ich bei jeder Burg wieder an Graf Dracula dachte.*

Nach gut sechs Stunden hatte Sofia genug Stammzellen gesammelt, um mich entlassen zu können. Die Ernte sei spärlich ausgefallen, aber sie sei guter Dinge, dass es ausreiche. Ehe wir übermorgen wieder in den Süden reisen würden, hatten wir morgen noch der Klinik *San Paolo* in Milano einen Besuch abzustatten. Dort sollten wir die Beurteilung meines Falles von einer Expertin einholen. Sie sei die in solchen Belangen erfahrenste Medizinerin weit und breit, hieß es. Niemand könne besser einschätzen, ob ich physisch ausreichend gewappnet sei, die baldige Stammzellerei zu schultern. Und ohne ihr Okay ginge gar nichts.

Heute wurden wir aber auch noch hygienisch tiefengebrieft. Gut, war Frankie dabei. Ich verlor mich schon nach den ersten Sätzen in der Erinnerung an einen Film von Jean-Luc Godard. Eine Pflegerin erklärte uns – sie bläute es uns richtig ein –, wie außerordentlich wichtig es sei, dass ich ab dem ersten Tag, morgens nach der Dusche die Unterwäsche und den Pyjama wechsle. Die Reinlichkeit sei alleroberstes Gebot, dürfe ich doch auf keinen Fall mit irgendeinem Keim in Berührung kommen. Mein Immunsystem ginge dann ja Richtung Null und die kleinste Fliege könne dann zu einem bedrohlichen Drachen werden.

Gleich nach dieser energischen Einweisung musste ich die Filmszene Francesca erzählen. Ich erinnere mich nicht mehr, welcher Godard-Streifen es war. Egal. Nennen wir ihn *Keim und Abel*:

*Treffen sich zwei Mafiosi auf der Herrentoilette.*

*Der eine Mafioso steht am Pissoir und pinkelt, der andere betritt den Raum, geht direkt zum Waschbecken und wäscht sich sorgsam die Hände, danach stellt er sich neben seinen geschätzten Konkurrenten und beginnt selbst zu Pinkeln. Da beendet der Konkurrent sein Pinkeln und geht direkt zum Waschbecken, um sich die Hände zu waschen. Sagt der noch pinkelnde Mafioso zum Händewaschenden:*

*Siehst du, das ist es, was uns so verschieden macht. Ich wasche mir vor dem Pinkeln die Hände, um mich nicht schmutzig zu machen – du danach, weil du dich schmutzig gemacht hast.*

*Versprich mir, dass du sie vor und nach dem Pinkeln wäscht,*
meinte Francesca, minimal amüsiert.
Die kurze Taxifahrt von Rozzano in die Stadtmitte Milanos war, als machten wir eine subkulturelle Rundreise im Zeitraffer. So viele Graffitistile, Tags und Kalligrafien zogen an den Mauern Milanos vor meinem Blick vorbei.

Dottoressa Angelica strahlte eine große Ruhe aus.
*Macht es euch bequem. Unterhaltet euch, wenn ihr wollt.*
*Ich möchte mir jetzt in aller Ruhe mit sämtlichen Laborergebnissen, die ihr mir mitgebracht habt, zusammen mit allen Befunden, die mir die Humanitas schon zukommen ließ, ein Gesamtbild machen.*
*Und dann heißt es abwägen und entscheiden, ob ich zu einer baldigen Stammzelltransplantation rate oder nicht.*
*Ach so,*
dachte ich das erste Mal,
*das kann auch noch schiefgehen.*
*Und wenn sie abraten?,*
fragte ich.
*Dann werden ihre behandelnden Ärzte erwägen, ihnen weitere Therapiezyklen zu verschreiben.*
*Aber jetzt schauen wir doch erst mal.*

Ich war erleichtert, als ich nach einer Weile Angelicas erste zwei Worte hörte:
*Va bene.*

**Kuss**

Prompt kam Aldo wieder auf den letzten Drücker. Francesca kannte seine verlässliche Unpünktlichkeit seit Jahrzehnten, sie hatte die Befürchtung, es würde wieder knapp werden, schon ausgesprochen. Auf der hektischen Fahrt an den Flughafen Malpensa sprach sie dann kein einziges Wort. Aldo durchbrach immer wieder die gespannte Stille mit guten Ausreden, kleinen Scherzen und der Versicherung, dass es sich ausgehen würde, das sei halt einfach Milano-Timing. Ich war zu müde und zu eingemummelt in meinen vielen Kleidern und meinem Beifahrersitz, und schwieg. Nur manchmal schlug ich kurz die Augen auf, um einen Schnappschuss der Fahrt aufzunehmen.

*Weißt du, an was ich gerade dachte, Francesca?,*
war das Einzige, was ich sagte.

*An was denn?,*
fragte sie in einem leisen, mürrischen Ton von hinten.

*An unseren ersten Kuss.*

Mit der Hand suchte sie den Weg hinter meinen Jacken und Hemden und begann mich sanft am Hals zu kraulen.


Diesmal wartete schon ein Flughafenangestellter mit einem Rollstuhl auf uns. Mit seiner fast schwarzen Haut und seiner gelb-fluoreszierenden Jacke sah er aus wie der Feuersalamanderheld. Ich hob die Hand, um mich zu erkennen zu geben.

*Warten sie, ich komme!*
Uns entgegenrennend rief er:

*Wir sind sehr knapp in der Zeit, aber in diesen Fällen sind die Leute am Gate flexibler, machen sie sich keine Sorgen. Es wird sich ausgehen.*

Aldo lächelte erlöst, umarmte Francesca, bat sie um Verzeihung, und meinte, er warte auf mein Zeichen, dass er wisse, wann er uns wieder abholen kommen dürfe. Das nächste Mal wolle er es sich besser einrichten. Meinem feurigen Rollstuhlchauffeur war diese Art von Rallye nicht unbekannt. In gekonntem Zickzack sausten wir durch die Gänge. Francesca hatte alle Mühe, uns nachzukommen, aber die Szene war zu witzig, als dass wir nicht auch hätten laut lachen müssen.

*Aldo denkt, glaube ich wirklich, dass er gar nicht verspätet, sondern sogar extrem pünktlich kommt,*
sagte Francesca, als wir die Gangway zum Flieger hinunterliefen.
*Finalmente, benvenuti signori, buon vuolo,*
sagte der nervöse, professionell-freundliche Stewart, schloss die Tür hinter uns und kam uns nachgelaufen, um uns persönlich zu unseren Plätzen zu führen.
*Und du konntest bei dieser Höllenfahrt wirklich an unseren ersten Kuss denken?*
Wir saßen bequem als Einzige in der Reihe des Notausstiegs, die Beine ausgestreckt.
*Cabin Crew: Ready for departure.*
*Ja, er kommt mich immer wieder besuchen, dieser erste Kuss.*

Die Augen geschlossen, meine Rechte mit ihrer Linken verschränkt, atmeten wir synchron in den Start hinein, sodass das Einatmen genau mit dem Moment des Abhebens einsetzte, und es sich anfühlte, als hätten wir mitgeholfen, die Kiste nach oben zu bekommen.

Es kam mir wie eine Weltreise vor. Der Weg mit dem Flughafenshuttle nach Brindisi an den Bahnhof und dann mit dem Zug nach Hause, zog sich elend lange hin. Nicht einmal mehr imstande, mir die Kleider selber auszuziehen, brachte mich Frankie, endlich in Lecce, ins Bett. Draußen drehten die letzten Mauersegler ihre Kreise und stießen manchmal noch einen kurzen, gellenden Freudenschrei aus.

*Ich kann es fast nicht glauben, jetzt haben wir noch gut zehn Tage, und dann geht es tatsächlich in die Humanitas, um dein Blut wieder in einen gesunden Fluss zu bringen.*
*Ja, endlich. Du weißt nicht, wie froh ich bin, gab Angelica das Okay dafür.*
Diese Worte kaum ausgesprochen, begannen wir beide wieder ein bisschen zu weinen. Wir umarmten uns. Wir umschlangen uns noch fester, unsere Ohren aneinandergepresst, dass es ganz heiß wurde.
*Schön,* sagte Frankie,
*unsere Ohren telefonieren gerade miteinander.*

Ich lachte leise. Und schlief mit dem letzten Tageslicht des jungen Herbstes ein. Die Erinnerung küsste mich in den Schlaf.

Winter in Polignano a Mare. Erst seit drei Tagen waren wir gemeinsam hier. Im Kamin unseres geborgten Häuschens brannte uraltes Olivenholz. Ich staune wieder, war es, was es war: Ein einziges, rundes Geschenk. Immer wieder, Curt war ja erst vor einem halben Jahr gestorben, kamen mir die Tränen. Jetzt waren sie von einer solchen Zweibedeutsamkeit zwischen meiner Trauer und meiner Freude. Ich hatte mich noch nie so gefühlt. So ruhig, so ganz unbekümmert, gegenwärtig und frei. Vorhin waren wir noch mit Checco und Jaqueline bei Giuseppe im Infermento zum Essen. Es war schon spät geworden, draußen im Gassenlabyrinth hörten wir den Wind um die Ecken pfeifen. Weil sich das Feuer mit dem Raum und den lange nicht mehr gewärmten Steinmauern erst oberflächlich gefunden hatte, rückten wir auf der schmalen, gemauerten Bank ganz eng zusammen.

Draußen – Dong! – schlug es ein Uhr.

Wir sahen uns an, wussten, es war so schön wie wahr, da berührten sich das erste Mal unsere Lippen. Bewegungslos.

Zwei Lippenpaare, die erst mal nur die gemeinsame Wärme begrüßten und sich ganz sanft im Weichen wogten, fielen wir ganz langsam, ganz wunderbar, überaus langsam, völlig aus der Zeit in diesen Kuss hinein. Als hätten nicht wir, sondern unser erster Kuss uns zu küssen begonnen. Ich würde es dir sicher nicht erzählen, wäre mir nicht daran gelegen, dieses Erlebnis aus einem ganz bestimmten Grund mit dir zu teilen.

Jetzt, nur wenige Tage vor der Chemo, und vor allem, was daraus und darauf folgen sollte, getrennt, erschien mir dieser Kuss wie eine andere vorbereitende Therapie. Als wäre ihre Wirkung die restlose Hingabe und die Ausdehnung der Liebe seine Nebenwirkung. Wir wurden von der Unendlichkeit geküsst. Und weißt du, weshalb ich das so sagen kann? Weil es so war, denn es war Tag geworden, als wir die Augen wieder öffneten.

Draußen schlug es sieben Uhr!

Dieser erste, sanfte Kuss hatte dort in der Zeit sechs Stunden gedauert. Aber hier in sich selbst dauerte er gar nicht, er war nur, und zwar so sehr jetzt, und so sehr selbst, dass wir darüber alle Worte und Gedanken vergessen hatten. Wir sahen uns lange staunend an, dann wieder zum Fenster ins aufziehende Tageslicht, in das verglommene Feuer des Kamins.

*Sechs Stunden in einem Moment.*

*In einem Kuss.*

Ohne uns, nur Kuss.


Wie fast immer erwachte ich mit dem ersten Licht, sporadisch sprangen erste Vogellaute aus der Stille. Jetzt fühlte es sich frühmorgens endlich wieder frisch an, ich lag das erste Mal seit Monaten nicht nur unter einem Leintuch, sondern auch unter einer leichten Decke.

*tOmi, halt dich fest, du wirst es nicht glauben,*

durchbrach Frankie ein paar Stunden später die Ruhe.

*Ich erhielt gerade eine Nachricht von unseren Vermietern. Wir müssen mit Ende Jahr diese Wohnung verlassen. Unfassbar, die haben uns wirklich gekündigt!*

Ich glaubte es auch kaum, aber tatsächlich: Heute bekamen wir die offizielle Kündigung für unsere Wohnung in der Via Duca degli Abrruzi.

*Aber Olga*, die Rechtsanwältin,

*und Bruno*, ihr Mann, der Ingenieur,

*wissen doch, an welchem Problem wir gerade herumdoktern, wie um Himmels Willen können die uns mit Ende Jahr vor die Tür setzen wollen?*,

fragte Francesca empört.


Da bei allen Fenstern auf der Nordseite, an der das Wohnzimmer und unser Schlafzimmer lagen, bei starkem Regen das Wasser gleich literweise hereinlief, baten wir darum, diese auszutauschen und dann auch doppelt zu verglasen, so dass es sich fortan etwas einfacher beheizen ließe. Sie könnten ja die Miete etwas erhöhen oder wir könnten einen Teil der Kosten übernehmen. Zunächst bekamen wir allen Ernstes zu hören, dass der tiefe Mietpreis diese Fenster rechtfertige.

*Ach ja? Nur leider sagte uns das niemand. Unter diesen Umständen, hätten wir diese Wohnung sicher nicht genommen. So ist sie nicht weniger, sondern gar nichts wert!*, gab Frankie wütend zu bedenken.

Mehr Worte wollten wir über diesen sehr hässlichen Zwischenfall gar nicht verlieren. Wir begriffen schnell, dass es alles nur noch hässlicher machte, hätten wir uns weiter auf sie eingelassen, knallten ihnen die Türe vor ihren gierigen Geiznasen, so kräftig wir nur konnten, zu, und beschlossen, umgehend nach einer Alternative zu suchen.

*Vertraut, das geschah nur deshalb, weil ihr eine viel bessere Wohnung verdient habt.,*

meinte Sisa später in ihrer unnachahmlich optimistischen Art,

*Ich helfe euch, sie zu finden.*

Ich sah das auch zuversichtlich. Insgeheim gefiel mir die Tatsache sogar. Den fahl-freundlichen Worten dieser besessenen Besitzer vertrauten wir ja schon länger nicht mehr, und die Vorstellung, etwas Besseres, Lichteres zu beziehen, gefiel mir umso mehr. Außerdem würde diese Aufgabe Frankie bald eine große Pause gönnen, und sie müsste sich nicht mehr rund um die Uhr um mich kümmern. Sobald ich in der Humanitas eingecheckt hätte, sollte das doch auch problemlos möglich sein. Wir könnten uns dieses Mal ja auch ein Umzugsunternehmen leisten.

Ich bemerkte, wie stark ich die letzten Monate verinnerlicht hatte, dass das Annehmen dessen, was einem geschieht – einerlei ob es sich um einen Tumor oder eine Wohnungskündigung handelt – das Klügste ist, was am Anfang einer neuen Herausforderung zu tun ist.

Dass das Ja-Wort einfach deshalb die beste aller Perspektiven eröffnete, weil es die Liebe zum Leben erneuert und einen am offensten und aufmerksamsten lässt, nach einer Lösung Ausschau zu halten. Dem Problem zu widerstehen bedeutete es, zu vertiefen, es aber einzusehen, war der Anfang seiner Lösung.

*tOmi, ich führe jetzt meine Wut spazieren.,*

meinte Frankie halb im Scherz,

*Ich will mich auch schon beginnen umzusehen, ob ich irgendwelche Aushänge wegen Wohnungen sehe. Versprich mir, dass du sofort anrufst, wenn du mich brauchst.*

*Versprochen. Ich werde bald wieder einschlafen. Sei gelassen und nimm dir alle Zeit, die du brauchst.*

In den letzten Wochen hatte ich eine Geschichte in mindestens zehn Varianten immer wieder gehört. Jeweils mit anderen Worten, mehr oder weniger ausführlich, aber immer mit demselben Inhalt, war sie je länger, je anziehender für mich geworden. Auch Júlia und Sofia, ja sogar Armando und Jacobo, die wir bei unserem ersten Humanitas-Besuch kennenlernten, erzählten sie.

In den Worten Lucias, die es mir das erste Mal näherbrachte:
*Schuhmacher, bereite dich darauf vor: Wir werden dich komplett runterfahren. Weißt du, um dein Blut wieder flott machen zu können, müssen wir deine Stammzellen austauschen. Und um das hinzubekommen, muss dein Immunsystem in den Keller. Du musst ganz, ganz runter. Das wird sich seltsam anfühlen. Ich musste da ja Gott sei Dank selber noch nie dort hin, aber ich hörte es immer wieder von Patient:innen. Und da unten müssen wir dann höllisch auf dich aufpassen, weil du ja keine Abwehrkräfte mehr hast. Aber hey, tranquillo. Wirklich, sei beruhigt, da kommst du auch wieder raus und rauf. Keine Angst, das tut nicht weh, und funktioniert. Je entspannter du das einfach zulässt, um so einfacher lässt es dann auch dich wieder zu, verstehst du?*
Später würde ich dann Piero anrufen, um ihm von diesem Ratschlag zu erzählen.

Zuerst war Lucia sauer, als ich ihr danach, während den letzten Infusionen des sechsten Therapiezyklus, mit all meinem diplomatischen Geschick erzählt hatte, dass ich die Chemo und die große Talfahrt in Milano machen lassen wolle.
*Warum denn? Die tun doch auch nichts anderes, wie wir hier.*
*Ja schon, aber weißt du, ein Freund einer Tante von Francesca, meiner Partnerin, der hat es vor fast 20 Jahren in Milano machen lassen, und...*
*Ach, hör mir auf,* fiel sie mir ins Wort,
*ihr Patienten, mit eurem Aberglauben immer!*
Piero bekam seine Diagnose vier Monate vor meiner. Francesca saß am Bett, als ich aus der *Santa Siesta* erwachte. Sanft strich sie mir über

das Gesicht, den Kopf. Da sah ich Tränen in ihren Augen.

*Frankie, sag, was ist los?*

*Annamaria rief weinend an, Piero hat auch einen Tumor. In der Lunge.*

Das erste Mal trafen wir uns, als Frankie und ich, ganz zu Beginn unserer Freundschaft, eine Vorstellung in einem kleinen Theater in Bari besuchten. Annamaria und ihre jüngere Schwester Marisa, beides die jüngeren Geschwister von Frankies Vater Salvatore, arbeiteten immer wieder als Schauspielerinnen zusammen. Heute gab es ein Stück in baresischer Mundart zu sehen, die Geschichte einer Hassliebe zwischen fünf Frauen aus drei Generationen einer Familie. Wie ein stolzer Saalwächter stand er da im Mttelgang. Die meisten begrüßte er mit einer Lockerheit, die zu verstehen gab, dass er sie kannte.

*Ciao Zio Piero,*

sagte Francesca, und küsste ihn herzhaft auf die Wange.

*Schau, ich stell dir tOmi vor. Wir kennen uns erst seit kurzem,*
*sind aber schon ein Herz und eine Seele.*

Sie lachte, legte meine Hand in die seine und lief einfach weiter.

Was für ein schöner Mann, dachte ich, noch bevor wir das erste Wort wechselten – ein bisschen wie der junge Burt Lancaster. Er sah mich ernst an und verzog den Mund zu einem skeptischen Lächeln, so als wolle er sagen, dass er jetzt besser gar nichts sagen wolle. Ich drückte ihm kräftig die Hand, meinte so etwas wie:

*Spannende Familie habt ihr hier.,*

als er plötzlich alles auf einmal wissen wollte – wer ich sei, woher ich komme, was ich mache, und wie ich das Glück gehabt hätte, seine geliebte Nichte kennenlernen zu dürfen.

Jetzt lächelte er überlegen, mit etwas hochgezogenen Augenbrauen. Es war sonnenklar, dass mich der Onkel durch die Blume wissen ließ, er würde mir umgehend den Hals umdrehen, würde ich Frankie auch nur ein Härchen krümmen. Ab diesem Moment mochten wir uns immer gut und immer besser leiden. So oft wir einander erzählten, miteinander stritten, zusammen kochten, oder tranken, so oft konnten wir uns unseres gegenseitigen Respektes versichern und ihn vertiefen.

Nach ein paar Tagen rief ich ihn an. Mehr als nur ein paar Worte darüber zu wechseln, konnten wir aber erst ein paar Wochen nach meiner eigenen Diagnose, als wir, wie er sagte:

*Ein verdammtes Schicksal teilen.*

An das Gespräch, knapp zwei Wochen bevor wir dann zur Chemo und der Transplantation nach Milano flogen, erinnere ich mich gut. Nicht, dass wir gezankt hatten, aber unsere natürlichen Einstellungen unseren »ungebetenen Gästen« gegenüber waren so grundverschieden, dass sie sich danach nie mehr wirklich austauschen konnten.

*Ciao Piero, ich bins, na, was gibts? Wie ich höre, hat deine Behandlung wieder gut angesprochen, das freut mich sehr.* Er lachte.

*Hey tOmi, schön dich zu hören. Ja, stimmt. Weißt du eigentlich, dass ich den Pathologen kenne, der immer die Analysen macht? Wir sind seit Jahren befreundet. Von ihm hatten wir übrigens auch den Kontakt von Professor Armando für dich.*

*Sehr schön, nein Piero, das wusste ich nicht. Umso besser, dass du die Ergebnisse mit einem Freund besprechen kannst.*

*Aber sag du mir. Wie geht es dir? Hast du Sorge, dass es jetzt bald zur Sache geht in der Humanitas?*

*Nein Piero, im Gegenteil, die haben mich so oft und gut gebrieft. Ich freue mich schon richtig drauf.*

*Na, hör auf jetzt. Wie kann man sich auf eine solche Pein freuen? Woher weißt du, dass es eine sein wird?*

*Ja, was wird eine Chemo und eine anschließende Stammzelltransplantation schon sein, eine Freude?*

*Wer weiß, ich lass mich überraschen. Ich denke, es nicht zu tun, sondern von vornherein mit Urteilen zu operieren, mit Vorurteilen, ist eine Beschwörung des Problems, und keine Hilfe...*

*...wie du deinen Tumor ja auch als deinen Freund bezeichnest, ich weiß.,* unterbrach er mich.

*ich werde mich hüten das selbe zu tun.*

*Klar, du packst es auf deine Art an, halt wie es dir am vernünftigsten scheint. Ja, deinen Tumor als deinen Freund zu bezeichnen, kommt mir sehr unvernünftig vor.*

*Aha, wieso denn?*

*Na, weil er dich umbringen will, das will kein Freund.*

*Erstens können wir im Vorhinein nicht wissen, was er bringt, zweitens ist er nichts anderes, als wir sind. Ich kann doch nicht meinen eigenen Körper zum Feind erklären, nur weil er ein Problem darstellt.*

Ich wunderte mich, sprach Piero immer noch auf diese Feind- und Kriegsmetaphern an, jetzt, wo er doch selber mittendrin steckte. Schon nur rein energetisch schien es mir widersinnig.

*Kampf, Krieg und Feind bedeuteten doch Anspannung und Zwietracht, das genaue Gegenteil sollte doch den Ton angeben – sei locker, lass dich fallen, entspanne dich, so hat dein hochkomplexer und hochintelligenter Organismus am ehesten die Energie, die er braucht, um damit fertig zu werden. Ob dann der Tumor fertig ist und du gesund, oder ob du fertig bist und tot, liegt doch im Spektrum realistischer Möglichkeiten, nicht in deiner wie auch immer gearteten, kämpferischen Macht.*

*Lebenswille, Lebenslust, Lebensfreude, klar – aber nicht als die positiven Gegenworte des negativen Tumors, sondern als seine schlichten Assistentinnen. Als hättest du es dir ausgesucht.*

*Ja tOmi, das mag für dich alles stimmen, für mich ist es nicht nachvollziehbar. Es ist verdammt nochmal September, der beste Monat an den Stränden Apuliens, und dort gehöre ich hin, unter die Sonne, nicht auf den Stuhl unter die Infusionen!*

Gegen Mittag kam Frankie wieder nach Hause. Ihr Autowillkommensgruß sang mich aus dem Schlummern,

*Ciao, Willkommen zu Hause. Brauchst du etwas?*

*Ja, zwei Küsse auf die Augen, dass ich sie lieber öffne.*

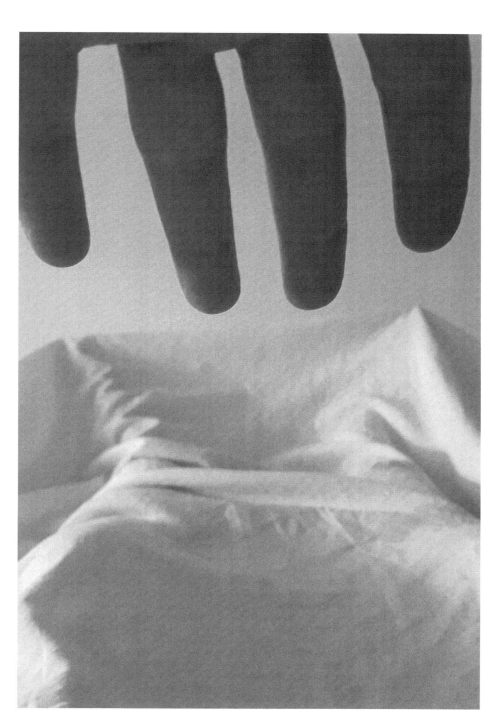

## Warm

Und ein anderer wunderbarer Kuss. Nicolina, die Großmutter von Francesca, gab ihn mir im letzten, 104. Jahr ihres Lebens. Ja, wirklich. Das war zwei Jahre vor meiner Diagnose. Anfang Dezember, wir besuchten sie in Bari. Es hatte stark geschneit an diesem Tag. In dem Ausmaß war das sehr ungewöhnlich für Apulien. Alles lag unter einem dicken, weißen Knistermantel.

Wie immer saß Nicolina in ihrem gemütlichen Fernsehthron, ihre beiden Töchter, Lucia und Marisa, die mit ihr lebten, bereiteten in der Küche gerade das Essen vor. Nicolinas hellblaue, wache Augen leuchteten vor Freude, als wir den Raum betraten. Draußen verwandelten große Flocken in einem leichten Wind den Blick in die Straßen in ein zauberhaftes, weißes Wirbelrauschen.

Ich erinnerte mich, wie mich Nicolina – ganz ähnlich wie Adel vor vielen Jahren in Basel – das erste Mal, dass wir uns, hier im selben Raum, als mich Frankie ihr vorstellte, trafen – auch nur lange Zeit wortlos angesehen hatte. Auf ihrem großen Flachbildschirm lief auf irgendeinem hinteren italienischen Sendeplatz das Vatikanprogramm, eine spezielle Messe in einer Jungfrau-Maria-Wallfahrt-Grotten-Kapelle. Ich schlief sogar ein dabei, und als ich auf dem Sofa ihr gegenüber wieder erwachte, sah sie mich auch nur einfach wieder an. Fragend, ganz leicht lächelnd. Nicht urteilend. Als läge da ein aufgeschlagenes Buch und würde sie mich gerne lesen. Als wir dann nach Stunden wieder aufbrachen, fasste sie mich mit beiden Händen an den Schultern, zog mich zu sich, und küsste mich herzhaft auf die Wangen.

*Schön, dass ihr gekommen seid. Pass mir ja gut auf meine Enkelin auf.*

Auf dem Weg hierher, also noch bevor ich sie das erste Mal sah, erzählte mir Francesca in einem leicht gereizten Ton, wie katholisch ihre Großmutter sei. Ich solle mich nicht wundern, wenn sie plötzlich ihren Rosenkranz schnappe und drauflos bete. Aber ich solle es ganz offen betrachten, denn ihre Nonna sei wohl sehr gläubig, aber keinen Deut bigott. Sie würde z. B. die Anliegen der LGBTQ-Bewegungen gutheißen, fände das Zölibat albern, und würde sich über eine baldige Frau Päpstin sehr freuen.

Und heute, an diesem stillen, weißen Tag sprang er wieder, der Funke. Alle unsere Begrüßungen und Verabschiedungen waren immer sehr herzlich gewesen. Wir sprachen nie viel miteinander, versicherten uns indessen oft mit kleinen Gesten, Umarmungen oder eben herzhaften Küssen auf die Wangen unserer Zuneigung.

Heute war es jedoch anders. Wieder vor ihrem Sessel kniend, so dass ich auf Augenhöhe mit ihr war, sah sie mich zuerst nur ganz seelenruhig an. Sicher für eine halbe Minute, ganz tief mitten in die Pupillen hinein. Ihre warmen, weichen Hände in den Meinen. Dann schloss sie langsam die Augen, zog mich schnell zu ihr und gab mir einen Kuss auf den Mund. Innig. Gleichzeitig drückte sie meine Hände, als wolle sie mir zu verstehen geben, ich solle nicht zurückweichen.

Staunen. Was wollte sie mir sagen? In meinem Herzen war die Antwort ohne der Frage klar. Draußen im Hausgang sahen sich Frankie und ich an, sagte sie:

*Ist dir das eben auch so gegangen? Mir war es, als hätte sich Nonna gerade verabschiedet von mir.*

Genau denselben Eindruck hatte ich auch. Am übernächsten Abend schlief sie in ihrem weißen Thron für immer ein.

Jetzt war ich mitten in meinem zweiten, heftigen Weinanfall. Den Ersten, ähnlich unbändigen, hatte ich vor Wochen. Ich kann mich nicht erinnern, was dieses ungestüme Weinen auslöste – vermutlich alles zusammen. Plötzlich brach ein emotionaler Damm und wusch ein halbes Leben aus mir hinaus. Seit Curt starb, war ich meinen Tränen viel näher. Jetzt kam es mir vor, als sollte ich alle zeitlebens zurückgehaltenen auf einmal ausschütten.

Dieses Weinen war wie ein permanentes Niesen – wie ein über eine halbe Stunde gedehnter Niesmoment, weil in ihm auch fast keine Gedanken mehr Platz hatten und es sich so notwendig anfühlte und schließlich auch befreiend wirkte. Ich spürte, wie wichtig es wäre, nur nichts festzuhalten, ganz los- und alles Weh und Ojemine ausfließen zu lassen.

Ich hatte fast fertig geschluchzt, da rief Teresa an. Mein Atem wurde mit einem Mal ganz ruhig. Wie nach einer inneren Dusche, fühlte ich mich sauber, leer und klar.

*Teresa, keine Sorge, aber ich war gerade sehr intensiv am Heulen, als müsse alles, alles raus.*

*Klar, lass fließen. Wie geht es dir jetzt?*

*Wie erlöst, schwerelos.*

*Gut, dann löse ich gleich weiter,*

sagte sie mit ihrer frohen, singenden Stimme,

*weißt du, ich sprach vorhin schon mit Francesca. Ich weiß, dass euch die Wohnung gekündigt wurde.*

*Ja, schöner Mist, aber es ist wie es ist. Frankie war sich auch schon nach etwas Neuem am Umsehen.*

*Ja, wir telefonierten lange, während ihres Spaziergangs. Und wir besprachen uns wegen deiner Zeit in der Humanitas.*

*Wegen meiner Zeit?*

*Ja, wir wollen, dass immer jemand bei dir ist. So haben wir verabredet, dass Francesca bis ein paar Tage nach der Transplantation bleibt, und ich dann übernehme. So kann sie sich in Ruhe um die Wohnungssuche und ich mich um dich kümmern.*

*Aber das ist doch nicht nötig, ich bin doch gut aufgehoben bei denen.*

*Klar, aber sag einfach ja, es ist uns ein Bedürfnis.*

*Ja, gut, vielen Dank. Ich freue mich auf dich, und Frankie wird sehr beruhigt sein, dass genau du dann da bist.*

Nur wenige Minuten später saß ich wieder auf dem Klo. Seit Wochen hatte ich täglich fünf harntreibende Tabletten zu nehmen, da kam wieder eine weiße Taube geflogen. War es vielleicht sogar dieselbe, wie vor Monaten bei der Betongeburt? Wieder landete sie genau auf der Flachdachecke des schräg gegenüberliegenden Gebäudes.

Kurz sah sie sich um, dann zupfte sie aus ihrem linken, leicht geöffneten Flügel eine kleine, weiße Feder und ließ sie exakt vor der Ecke ins Leere fallen. Worauf diese Feder in einem perfekten Spiralflug kerzengerade ganz langsam nach unten zwirbelte.

Wie hypnotisiert verfolgte ich die Szene vom ersten bis zum letzten Moment. Kaum landete die Feder fünf Stockwerke weiter unten vor der Ecke im Innenhof, flog die Taube wieder davon. Wäre diese Performance nicht so präzise gewesen, ich hätte gedacht, es wäre ein schöner Zufall gewesen, so aber kam es mir wie Medizin vor. Als wäre diese Taube meine Medizinfrau, dieser Federflug meine Wirbelsäule und die Präzession des windstillen Falls eine Analogie zur bevorstehenden, problemlosen Stammzelltransplantation. Ich war davon beruhigt worden.

Als ich wieder im Bett lag und mir davon Notizen machte, sah ich – und erinnerte ich mich erst jetzt wieder – dass ich heute Morgen schon einmal eine Medizin notiert hatte, einen Traum. Gewiss, in einer solchen Situation, an der Kippe des Lebens wandelnd, malt man sich schnell und gerne etwas bunter und schöner aus, aber es war doch so offensichtlich.

Über all die Monate erwachte ich immer wieder mit starken Schmerzen oder Krämpfen in den Händen. Jetzt träumte ich von einer seltsamen Doppelschachtel. Wie eine Schuhschachtel ohne Deckel mit zwei genau gleichgroßen Kammern, welche Heilung beinhalteten. Ich weiß nicht, woher ich diese Inhaltsangabe nahm, ich wusste es einfach: Da ist Heilung drin.

Die linke Kammer der Schachtel war leer, die rechte voller metallenem Zeugs. In den Kammern herumfummelnd, spürte ich links einfach den leeren, begrenzten Raum, rechts eine Menge kleiner, harter Dinge, die ich nicht verstand. Plötzlich hörte ich ganz klar eine Stimme, die nicht Mann, nicht Frau war und nur ein einziges Wort sprach:

*Eisenkraut.*

*Eisenkraut?*

Wikipedia: *Das echte Eisenkraut besitzt antioxidative, antibakterielle, antimykotische, entzündungshemmende, lokal schmerzstillende, antikonvulsive, anxiolytische, beruhigende, schlaffördernde, neuroprotektive, antidepressive, kardiovaskuläre, antiproliferative und antitumorale, wundheilende und gastroprotektive Eigenschaften.*

Wie schon nach dem Lehm-Mandelwasser-Traum war ich fasziniert von dieser Empfehlung. Offenbar schien sie ja hilfreich und nicht völlig aus der Luft gegriffen zu sein. Hatte ich irgendwann davon gelesen oder etwas darüber gehört, und jetzt, da es ratsam war, wurde es mir vom Unterbewussten serviert? Oder kam es einfach nur so aus einer Tiefe aufgetaucht? Teresa beschäftigte sich in Casqueiro viel mit Pflanzen und auch mit deren heilsamen Aspekten – vielleicht hatte sie einmal darüber gesprochen. Wie auch immer, wieder war schon nur alleine der Traum wohltuend.

Jiddu Krishnamurti kam in seinen Schriften und den vielen spontanen Vorträgen immer wieder an den Punkt, an dem er feststellte, dass es ohne Liebe und ohne Mitgefühl keine Intelligenz geben könne. Ja, vielleicht war Empathie, also die Fähigkeit der anderen, ihre Gefühle nachempfinden zu können, nicht etwas mehr oder weniger in Relation auftauchendes, sondern etwas Wesentliches in der Natur. So wie die Intelligenz – nämlich ein wesentlicher Teil der Intelligenz. War diese Taube vielleicht empathisch im Bilde? Kaum hatte daran gedacht, kam mir mein c a l c-Lieblingsprojekt in den Sinn: *a park for L. A.* Und das nicht von ungefähr.

Damals, 1999, erreichte uns in c a l c die Einladung, ein Projekt für das *O.K. – Zentrum für Gegenwartskunst* – in Linz zu realisieren. Völlig unabhängig davon hatte der New Yorker Programmierer und Aktivist Richard Stallman, 14 Jahre nachdem er die *Freie Software-Stiftung* gründete, gerade keinen Erfolg mit seiner angeregten Plattform *GNUPedia*, aus welcher dann ein Jahr später *Wikipedia*, meine unentbehrliche Assistentin in diesem Buch, entstehen sollte.

Von Anfang an war uns klar, dass wir den guten Namen des O.K., seine Möglichkeiten der Produktion und Kommunikation und das uns zur Verfügung stehende Budget für etwas einsetzen wollten, das in unserem unmittelbaren Alltag in Las Aceñas Wirkung zeigen sollte. Wir wollten, quasi in Anlehnung an Stellman und die ganze Open-Source-Bewegung, ein analoges Kunst-Äquivalent schaffen. Das telematische Labor, das sich ja gerade erst anschickte, mit voller Lust loszulegen, wollte also Mittel und Qualitäten importieren, nur: Was konnten wir ins O.K. exportieren, das dies stimmig machte? Es lag in der Luft. Wir spürten es alle. Teresa, Luks und ich in Las Aceñas, Malex immer noch an der Uni in

Zürich. Es lag uns sozusagen auf der kollektiven Zunge, aber sie konnte es partout noch nicht aussprechen. Normal. Schlafen wir darüber.

Am nächsten Tag machten wir einen Spaziergang und liefen von Casqueiro hinüber ins Dorf nach *L. A.* Wir nannten, in ironischer Anspielung an das kulturelle Superzentrum Los Angeles, Las Aceñas, 99 Einwohner:innen, immer nur L. A.

Es war ein wunderschöner, warmer Frühlingstag, alles blühte und duftete nach Aufbruch. Teresa erzählte uns, wie sie hier beim alten Waschhaus als Kind oft gespielt hätte. Die Frauen seien am langen Trog mit seinen schrägen Steinplatten und dem kleinen, durchfließenden Bach gestanden und hätten die Wäsche gewaschen. Sie sei derweil mit anderen Kindern vom Dorf herumgetollt. Damals wäre ja die *Curtidora*, die Gerberei, rund um die das ganze Dorf erst entstanden war, noch in Betrieb gewesen. Das große hölzerne Mühlrad Casqueiros hätte sich auch noch gedreht, und das Mehl von Baumrinden, das als Gerbstoff diente, wäre mit einem Eselskarren zugeliefert worden. Als wir der hohen Mauer im Zentrum des Dorfes entlangliefen, sagte Teresa plötzlich aus der Stille heraus:

*Ich habs!*

*Wie, was hast du?*

*Ich bekam gerade mitgeteilt, was wir anstellen sollten, im O.K.!*

*Schließt die Augen, was nehmt ihr wahr?*

Und während ich das jetzt in den Laptop tippe, beginnt sogar die Erinnerung zu duften – nach dem unsagbar verführerischen Bouquet der Blüte des alten Orangenbaumes in L. A.

*Du meinst diesen schönen Duft? Wo kommt der her?*

Und kaum hatte uns Teresa gesagt, dass hinter dieser Mauer auf der Wiese der längst verlassenen Gerberei ein uralter Orangenbaum stünde, war alles klar. Alles kam augenblicklich, nasenriechlich in seinen Projektfluss:

*a park for L. A.*

Der Baum, die »Open Source« dieses Projektes, hatte uns gerufen. In der Aufmerksamkeit Teresas, ihrer Präsenz und Sensibilität – alles Begriffe, die in diesem Kontext doch eigentlich synonym mit Intelligenz und Mitgefühl waren – brach die Liebe aus. Es war mit einem Einatmen klar geworden, dass wir diese Mauer niederreißen, den Baum befreien und diesem Dorf ohne Zentrum eines schenken wollten. Kreativität war nichts anderes als das Ausatmen der Liebe.

Ein afrikanischer Straßenverkäufer in Lecce zeigte uns Bücher, die er zum Kauf anbot. Ich war auf der Stelle davon begeistert. Seit Wochen dachte ich darüber nach, welches schöne und sinnvolle Produkt ich für die Straßenverkäufer:innen entwickeln könnte. So kam ich dann auf die Idee von *Leccebilità*, dem alternativen Stadtplan, für dessen Fertigstellung ich jetzt keine Kraft mehr hatte. Aber diese Büchlein, was für eine einfache, brillante Idee. *Modu Modu* – so heißt der afro-italienische Verlag, der diese Editionen produziert und vertreibt – übersetzt afrikanische Literatur, Poesie, Sachbücher, Reiseberichte und Kinderbücher und verkauft sie in italienischer Sprache exklusiv, mittlerweile von Bolzano bis Palermo, im Straßenverkauf im A5-Format.

*Sag, weißt du, wer diese Bücher produziert? Wer steckt hinter Modu Modu?*, fragte ich, nachdem wir eines gekauft hatten, den senegalesischen Verkäufer mit seinem lustigen, kegelförmigen Strohhut.

*Amadou... ein Freund von mir. Er lebt in einer kleinen Stadt ganz in der Nähe.*

Als wir weiterliefen, sollte ich zu Frankie sagen:
*Mit diesem Amadou möchte ich gerne zusammenarbeiten. Ich würde ihn fragen, ob er den Stadtplan für seinen Verlag will, und andere Ideen für Modu Modu vorschlagen. Vielleicht könnte ich ja auch diese Bücher gestalten, die könnten ja um einiges schöner sein und ließen sich dann wohl auch besser verkaufen.*

Schnell hatten wir herausgefunden, wer der Besitzer des verlassenen und verwahrlosten Stück Landes in L. A. war. Ein alter, müder Bauer aus einem Nachbardorf. Die Idee des Parks gefiel ihm so gut, dass er uns einen sensationell fairen Preis vorschlug. Es hätten ihm schon viele wesentlich höhere Summen geboten, aber die hätten es mit ihren Projekten alle nur aufs Spekulieren abgesehen gehabt. Wir sollten ihm schriftlich geben, dass es dann auch tatsächlich der Dorfpark von Las Aceñas würde. Dann könnten wir das Land und alles, was darauf stehe, sehr gerne um diesen Preis haben.

Als wir das erste Mal durch das alte Holztor traten, standen wir auf einem seit vielen Jahren völlig allein gelassenen und desolaten Grundstück von überbordendem Wildwuchs riesiger Brombeerbüsche, die anmuteten wie finstere Stachelwolken. Entlang der etwa 2,5 Meter hohen Mauer lagen dutzende Säcke voller Müll, den jemand über die Jahre herüber geschmissen haben musste. Und inmitten dieses so traurigen wie lebhaften Dschungels stand der große Orangenbaum, der ganze Stamm, bis zu oberst in seiner Krone über und über mit Efeu und Brombeeren verwachsen. Aus dem Dickicht heraus leuchteten große, ungepflückte Früchte und verströmte der gleichzeitig blühende Azahar seinen sagenhaft lieblichen Duft.

Als würde sich das Projekt aus sich selber entwickeln oder als würde uns der Orangenbaum seine Schritte flüstern, formulierten wir gemeinsam das Konzept, ohne es je besprochen zu haben:

Wir erklärten den Baum zum Hauptdarsteller, wollten ihn in spektakulär schönen Fotografien voller Sex-Appeal porträtieren, mit Orangen so groß wie Medizinbälle und Poren so tief, dass man seine Nase hineinstecken konnte, und kalkulierten die Anzahl und den Preis der Bilder so, dass wir mit deren Verkauf den Kredit für das Land abbezahlen konnten. Würde das geschafft sein, schenkten wir den Park, *El Parque del Naranjo,* in einem großen Dorfparkfest allen seinen Anwohner:innen. Na, wenn das nicht zeitgenössische Kunst war.

Und auf der anderen Seite in Linz würden wir, während hier die Abbruch- und Ausmistarbeiten begännen, die Orangenkunstausstellung zeigen. Niemand hatte einen Zweifel, dass uns das gelingen würde. Einzig die Bankdirektorin, aber die ließ sich auch überzeugen und wir bekamen den Kredit.

Als wir am selben Abend wieder zurück nach Polignano fuhren – Frankie und ich lebten noch nicht in Lecce – kam ein vornehmer, afrikanischer Herr zu uns in den oberen Teil des Panoramazuges und setzte sich vis a vis des Mittelganges neben uns. Indes Frankie in dem Büchlein zu lesen begann, konnte ich nicht ablassen, diesen Mann und seine ganz eigene modische Gewähltheit anzusehen. Genauer betrachtet konnte ich an Oberflächlichkeiten erkennen, dass er in sehr bescheidenen Verhältnissen leben musste. Alles, was er trug, schien abgewetzt, verwaschen. Gleichzeitig trug er es aber mit einer solchen Grazie und Eleganz, dass er alles andere als Armut zur Schau trug.

Er betrachtete schon eine Weile Francesca. Erst das Buch, dann ihr Gesicht, dann wieder das Buch, in dem sie las:

*Se Dio vuole, il Venditore di libri* – So Gott will, der Buchverkäufer

Auf einmal sagte er:

*Bitte entschuldige, dass ich dich einfach so anspreche, aber darf ich dich fragen, wo du dieses Buch gekauft hast?*

Da schaute Francesca auf, sagte:

*Aber, aber...* klappte das Buch zu und betrachtete den Titel.

*...aber das bist ja du! Du bist der Buchverkäufer auf dem Umschlag hier, ja, bist du das?*

Amadou lachte.

*Ja, das bin ich, ich hab es geschrieben, als ich mit dem kleinen Verlag begann, vor ungefähr zehn Jahren.*

*Nein, komm, so ein schöner Zufall. Das Buch kauften wir gerade vorhin bei einem Verkäufer mit einem Strohhut.*

*Ach ja, das war Lampo Giramondo, wie er sich nennt. Jetzt weiß ich auch, weshalb es mich heute das erste Mal, seit ich in Italien lebe, in den oberen Bereich dieses Zuges zog, Inshallah.*

*Ich glaube es ja nicht.*

Sagte ich, während mir vor Staunen der Mund noch lange offen stand, und sich Francesca und Amadou freundlich unterhielten.

*Weißt du, tOmi meinte heute, nachdem wir Lampo dieses Buch abkauften, er wolle dich gerne kennenlernen und dir etwas für deinen Verlag vorschlagen, und jetzt kommst du gleich und setzt dich neben uns, das ist schon sehr eigenartig. Und schön.*

*Inshallah.,*

meinte Amadou lächelnd, als schwebte der Geist Adels im Abteil.

Als Erstes befreiten wir den Baum, dann das Land ringsumher. Erst als er nach vielen Stunden nackt ohne sein Wucherkostüm vor uns stand, konnten wir uns ein richtiges Bild von seiner Schönheit machen. Und von seiner Gesundheit. Obschon sich über viele Jahre niemand um ihn kümmerte und er bis ins oberste Ästchen zugewuchert war, schien seine Kraft und Lebenslust völlig ungebrochen. Als wir darüber sprachen, bemerkten wir erst, dass es auch weit und breit der einzige Orangenbaum war, den wir an der Atlantikküste kannten. Wie hatte sich diese Südfrucht hierher verirrt, und wie gelang es ihr, sich über so viele Jahrzehnte und sicher einige eisige Winter so in Form zu halten?

Im Laufe von ungefähr einer Woche und ganz verschiedenen Himmeln – ein Sonnen-, ein Regen-, ein Nebeltag – hatte ich genug Fotos mit unserer ersten Digitalkamera aufgenommen, dass wir damit die Ausstellung einrichten konnten. Dafür hatten wir drei Räume im Erdgeschoss des O.K.:

Den Eingangsraum, gegenüberliegend der Tür eine Fensterreihe, von der sehr viel Licht vom Platz davor hereinströmte, und links und rechts an den hinteren Ecken zwei weitere Durchgänge in große Nebenräume. In dem ersten alles eröffnenden Raum bauten wir ein großes Stück Mauer aus Holz. Gleich tief, gleich hoch, wie die in L. A., aber nur etwa sieben Meter lang, so dass man an den Seiten noch durchlaufen und in die anderen Räume gelangen konnte. Die Vorderseite der Wand war tiefdunkelblau gestrichen, die anderen Seite zu den Fenstern hin, leuchtend Orange. So sah man, beim Eintreten, diese dunkelblaue Schattenseite, die von dahinter intensives oranges Licht abstrahlte.

Das Decken- oder Kunstlicht, so bestimmten wir, blieb während der ganzen Ausstellungszeit immer ausgeschaltet. In der Mauer sparten wir eine kleine, etwa taschenbuchgroße Luke aus. Dort stand der Prototyp des Parfümzerstäubers, den wir aus fast allen spanischen Toiletten kennen und der alle programmierte Minuten ein fast unhörbares *pfffft* und ein klein wenig eines wohlduftenden Kondensates von sich gibt. Was in unserem Fall natürlich reine Azahar-Essenz war. Das war doppelt witzig, hatten wir doch gerade erfahren, dass der Erfinder dieses Gerätes, welches wir in dieser Luke zum Einsatz bringen wollten, ein Nachbar von uns war. Wirklich, keine zehn Kurven weiter nördlich. Er war erst vor kurzem mit seiner Frau, ihren über 20.000 Büchern und zwei Hunden von Madrid nach Asturien gezogen. Der Hersteller des Gerätes sagte es uns, als wir anriefen, um ihn zu bitten, uns zu sagen, wo wir in unserer Gegend ein solches bekommen könnten. Und *doppelt* witzig, weil Arturo, so hieß der gute Mann, uns dann den Prototypen lieh, und dieser mit seinen bunten Käbelchen, seinen beiden kurzen, dicken Rohren und dem drumherum gewickelten Tape verblüffend einer Zeitbombe ähnlich sah.

Die Reinigungskräfte des Museums bekamen die Anweisung, den Parkettboden nur mit lauwarmem Wasser und ein paar Tropfen derselben Azahar-Essenz wie in der Duftbombe für den Aufwusch zu verwenden. Und voilà: Die Orangenbaumausstellung konnte verführerischer nicht sein. Die insgesamt 21 Fotografien, die links und rechts hinter der Wand in den Räumen standen und hingen, waren bis kurze Zeit nach der Ausstellung ausverkauft, der Kredit war zurückbezahlt, und die ehemalige Mauer in L. A. wurde die längste Sitzbank weit und breit. Das erste Dorffest seit über 20 Jahren wurde fantastisch feierlich. Das Zentrum von L. A. gehört heute seinen Bewohner:innen, und der Orangenbaum steht dort, wo die alten Dörfer sonst ihre Kirchen stehen haben.

Amadou und ich wurden in Windeseile Freunde. Brüder. Das sind wir Wesen ja eigentlich immer schon, verbrüdert und verschwistert. Aber man muss es aussprechen, um es kultivieren zu können, und bald nannten wir uns nur noch so. *I Fratelli Yin Yang*, die Gebrüder Yin-Yang, wie wir im Scherz sagten, weil wir doch so weiß und so schwarz waren.

Heute, nach über sechs Jahren, seit wir uns das erste Mal trafen, am Tag, als Amadou das erste Mal beschloss, im Zug oben zu sitzen, und wir gerade sein Buch gekauft hatten, sind wir auch Partner in *Modu Modu*. Ich mache den Gestaltungsteil, Amadou besorgt die Texte und veranlasst die Übersetzungen. Gemeinsam spinnen wir Ideen für neue Publikationen.

Heute rief mich Amadou wieder an. Er wusste ja, wie es um mich steht, und wie sehr es mich anfangs wurmte, dass ich die Arbeit am Stadtplan nicht abschließen konnte. Aber das *So Gott will* und wie ich es münzte, dass mich jetzt schon über ein halbes Leben lang begleitete, war mir zu nah, als dass ich es komplizierter machen wollte, wie es war.

*Hallo Bruder, wie geht es dir heute?*

*Danke, Amadou, ganz gut. Ich bin sehr froh, fehlen nur noch wenige Tage und können wir nach Milano reisen, um endlich in der Humanitas einzuchecken.*

*Ja, ich weiß. Heute beteten wir wieder für dich, Babacar, Issa und ich, und wünschten euch und eurer Reise alles Liebe. Sorge dich nicht, alles wird gut. Inshallah.*

*Ja, ich glaube auch. Stell dir vor, Francesca hat heute eine Wohnung gesehen. Das heißt, sie sah den Aushang, dass es sie zu mieten gibt, und wir können sie noch besichtigen, ehe wir aufbrechen.*

*Sehr gut, das freut mich. Du wirst sehen, dass sich auch diese Wohnungs-geschichte in Wohlgefallen auflösen wird. Unser Ärger ist fast immer nur unserer Vorstellung, nicht der Wirklichkeit zu verdanken.*

*Dein Wort in Gottes Ohr, Bruder!*

*Gott hat keine Ohren, er ist das Ohr,*

sagte Amadou, lachte und gab mir damit zum Nachdenken, bis ich, erschöpft vom vielen Nichtstun, einschlief.

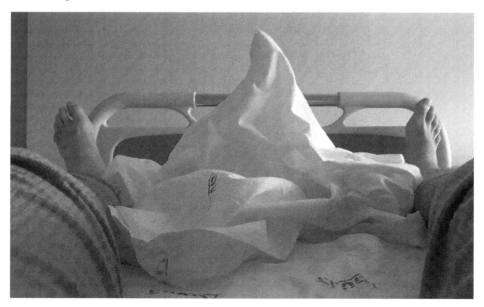

## Heiß

Die letzten Wochen vor der Stammzellenreise waren eigentlich Therapieferien, hatte ich doch täglich nur mehr die vielen Pillen zu schlucken. Viele bunte, vielgestaltige Tabletten. Wie ein Skulpturenpark für Ameisen lagen sie da, jeden Morgen vor mir auf dem Leintuch. Bald würde mir Malex, der wirklich immer zu allem Irgendetwas wusste, erklären, dass sie ihre Farben, Formen und Oberflächenkonsistenzen natürlich nicht aus ästhetischen, sondern aus rein pharmazeutischen Gründen besäßen. Jede Pille hätte eine spezifische Ummantelung, diese ihre ganz eigene Magensäurebeziehung und demnach auch ihre charakteristische Resorptionsfähigkeit. Deshalb sei es auch nicht von Belang, ob ich sie einzeln oder gemeinsam einnähme, lösten sie sich doch individuell und ganz verschieden auf.

Jedenfalls legte ich in dieser etwas erholsameren Zeit wieder ein bisschen Kraft zu und konnte Francesca und Sisa zur Besichtigung der Wohnung begleiten. Fünfter Stock, südostseitig ausgerichtet, mit einer großzügigen Terrasse und einem himmlischen Weitblick über die Dachgartenlandschaft Lecces, auf der anderen Seite ein langer Balkon in den Innenhof, mit einem Durchblick auf die riesengroße, zottelige Pinie am Altstadtrand. Unglaublich licht und groß genug, dass wir beide auch je ein Studio darin einrichten könnten.

*Wow, das war jetzt aber wirklich eine schöne Überraschung,* sagte Frankie, als uns der Lift wieder nach unten fuhr.

*Und wie! Das ist sie, wenn ihr mich fragt, eure neue Wohnung.,* meinte Sisa, die vor unserer Abreise wieder für ein paar Tage vorbeikam, voller Zuversicht.

*Ja, ich wünschte auch, es würde klappen,* sagte ich,

*aber du hast ja gehört, was der Immobilienbüroangestellte sagte. Da stehen noch einige andere vor uns in der Schlange.*

*Ja, kein Wunder, bei dem fairen Preis. Wenn du das auf unsere jetzige Wohnung umschlägst, müsste die im Vergleich eigentlich gar nichts kosten.,* grollte Francesca, und ärgerte ich mich innerlich gerne noch ein bisschen mit. Kurz vor unserem Abflug rief der Immobilienmann an. Die Besitzer:innen würden uns gerne auf ein Gespräch in seinem Büro treffen wollen. Am selben Tag würden sie auch mit allen anderen Interessent:innen sprechen, um dann gleich auch zu entscheiden, wem sie die Wohnung überantworten wollten.

Wie es um mich bestellt war, sagten wir, befürchtend, das würde sie nur abschrecken, weder diesem Mann noch den Vermieter:innen. Der Termin für diese Begegnung wurde 5 Tage nach meinem Stammzellenaustausch festgelegt. Wir ließen uns eine *bugia bianca*, eine weiße Lüge einfallen, weshalb ich nicht dabei sein konnte. Francesca würde einfach sagen, ihr Lebenspartner sei dann geschäftlich in Milano. Das würde wichtig genug klingen, um vielleicht die Wahrscheinlichkeit zu erhöhen, dass sie uns auswählten.

Mein Gefühl, dass wir diese Wohnung bekommen, war gut. Das hatte mit der Eingangsarchitektur des Hauses und der Zottelpinie zu tun. Beide zwinkerten sie mir zu. Die kuriose Gestaltung des Eingangs fiel mir auf meinen täglichen Spaziergängen die letzten Jahre schon oft auf. Überhaupt bemerkte ich in Lecce, dass es ab den späten 50er-, 60er- bis in die 70er-Jahre hinein eine ausgeprägte Portalarchitekturkultur gab. Das Gebäude konnte noch so rational, modern oder langweilig sein, das Entree hingegen war formal oft dermaßen ausgestikuliert, als fände in dieser Stadt ein Wettbewerb um den originellsten Eintrittsrahmen statt. Und dieser Eingang war mit seinem energisch betonten Zick-Zack-Vordach und seinem verspielten Seifenblasenmuster aus weißen Eisenkreisen vor der Glastür und dem schwarzweißen brâncusiartigen Fliesenmuster daneben speziell schön, oder vielleicht besser gesagt, ziemlich lustig.

Und dann diese Pinie. Für gewöhnlich sehen gepflegte, italienische Pinien ja aus wie Goliathbrokkolis, da sie von klein auf so geschnitten werden, dass sie letztlich nur eine dicke Bummel- oder Schirmkrone auf einem langen Stamm tragen. Überlässt man die Mittelmeer-Kiefer aber ihrem Wind- und Wildwuchsschicksal, kann sie so zottelig und formfidel werden, wie jene in unserem eventuellen zukünftigen Küchenfensterausblick. Auch dieser Baum fiel mir auf meinen Schlendereien immer wieder auf. Ja, er inspirierte sogar die Idee zu einem Leporello.

Im Kontext der Neuerscheinung eines Modu-Modu-Büchleins schlug ich nämlich Amadou vor, wir könnten doch jedem verkauften Buch ein Leporello obendrein schenken. Weil der Inhalt des Buches viel von Emigration und Immigration sprach, porträtierte ich acht eingewandwerte Bäume, die von irgendwelchen Missions- oder Forschungsreisen nach Lecce mitgebracht wurden, und gestaltete damit ein einfaches Leporello mit acht Postkarten. Nur diese heimische Gammmelkiefer fiel in ihrer Extravaganz aus dem konzeptuellen Rahmen.

Frankie meinte, sie wolle dann radikal spontan und ehrlich sein mit den Wohnungsbesitzern, und nicht diplomatisch. Entweder sie wollten uns als Mieter, oder wir sollten es beidseitig besser bleiben lassen.
*Ja genau, fast gar keine, ist eine kluge Strategie*, sagte ich.

Die Reise nach Milano verlief reibungslos. Wieder genoss ich alle Vorteile eines Schwerkranken, passierte Sicherheitsbarrieren, als wäre ich unsichtbar, rollte schwerelos an schlangestehenden Menschen vorbei und saß wieder in der Reihe mit der größten Beinfreiheit. Und – als immer noch einziger Maskenträger – wichen mir die Leute wieder aus, als würde sich meine Tumoraura eine Respektschneise durch die Welt pflügen.

Ich bemerkte, wie sich meine Wahrnehmung, je näher der Tag X rückte, je weiter von einem gewohnten Bewusstsein entfernte. Alles erschien mir immer noch unwirklicher, als wäre die ganze Welt betrunken, nur ich selbst der einzig noch halbwegs Nüchterne. Und Aufgeregte – demnächst sollte es ja nach ganz unten gehen. Dorthin, wo – würde so weit alles gut gegangen sein – es nur noch aufwärts gehen konnte.

Francesca hatte sich noch von Lecce aus mit Teresa koordiniert und gleich neben der Klinik eine winzige Wohnung angemietet. Derer gibt es zahlreiche rund um die Humanitas, da fast alle Patient:innen nur wenige Tage nach der Transplantation angewiesen werden, sie sollten außerhalb der Krankenhausmauern, seiner Keimkulturen und -gefahren, wieder eine slebstständige Bleibe beziehen. So könnten sie sich alsbald wieder in einen alltäglichen Immunkontext einleben, gleichzeitig aber auch umgehend wieder zurückkehren können, sollte dabei etwas schieflaufen.

Laetizia, die Pflegerin, die mich auf mein Zimmer brachte, begann schon auf dem Gang, mich das erste Mal daran zu erinnern, wie wichtig es sei, dass ich jeden Morgen dusche, und dann die Wäsche und den Pyjama, aber auch jeden Tag das Handtuch zu wechseln hätte.

*Du musst aufs Peinlichste darauf achten, dass du immer picobello-sauber bist. Besonders hier im Kontext sovieler Krankheitsgeschichten und ihrer Keime, musst du uns helfen, gut auf deine Hygiene zu achten. Ich weiß, dass es anstrengend sein kann, aber dann zögere nicht, uns zu rufen, dann können auch wir dich waschen und umziehen. Okay? Versprochen? Versprochen.*

Noch keine Stunde auf der hämatologischen Station, da kam ein unerwarteter Besuch mit einer azurblauen Arbeitskleidung und einer gelben Gesichtsmaske vorbei.

*Ciao, ich bin Réka aus Rumänien. Willkommen. Ich bin die Stationsfrisörin, und wenn du das möchtest, schere ich dir gerne den Kopf.*

*Den Kopf scheren?,* fragte ich überrascht.

*Ja, weißt du, den meisten ist es lieber, sie lassen sich ihre Glatze gleich freiwillig machen, weil sie nach der Chemo nicht büschelweise Haare auf ihrem Kissen vorfinden wollen.*

*Achso, ja klar, nur zu.*

Zum großen Panoramafenster sitzend, sah ich einer alten Eibenstaude zu, wie sie vor einer malvenroten Wand in fast perfektem Komplementärkontrast behäbig im Wind wankte, während mir Réka einen ratzeputzen Kahlkopf verpasste. Noch währenddessen kam eine junge Ärztin vorbei, ganz in Weiß mit mindestens zehn Kugelschreibern in ihrer Brusttasche.

*Ciao tOmi mit dem unaussprechlichen Nachnamen,* sie lachte,

*Willkommen in der Humanitas. Ich bin Roberta, deine Nephrologin und eine der Ärzt:innen, die dich die kommenden Wochen betreuen.*

*Ciao Roberta, freut mich.*

Dann maß sie meinen Blutdruck, die Temperatur und mein Gewicht, entnahm mir ein paar Röhrchen Blut und gab mir gleich am Nachmittag einen Termin für einen kleinen chirurgischen Eingriff. Ganz offenkundig galt es, keine Zeit zu verlieren.

*Das geht ganz schnell, du wirst örtlich betäubt, und dann legt dir ein Kollege eine permanente Brustleitung für alle Infusionen.*

Prompt bekam ich wieder die Talfahrtgeschichte zu hören.

*Ja, ich weiß,* unterbrach ich sie gleich zu Beginn,
*das erzählten sie mir in Lecce schon öfter.*

*Sehr gut, aber hör es dir bitte auch von mir an, je öfter, desto besser. Denn je besser du verstehst, wie wichtig es ist, dass es dich überhaupt nicht sorgen oder stressen muss, weil wir dann gut auf dich aufpassen, um so entspannter wird es und wirst du über die Bühne gehen.*

Robertas Version, jetzt, nur drei Tage vor der Transplantation, war eine der klarsten und ausführlichsten, vielleicht auch weil sie dann unmittelbar beteiligt sein würde.

*Weißt du, am Tag nach der Chemo, wenn du deine frischen, aufbereiteten Blutstammzellen zurück bekommst, sind wir und ein Kollege mit dabei. Wir begleiten dich also von ganz zu Beginn an. Du sitzt dann einfach im Bett, und während dein Blut, das gerade noch tiefgefroren war, aufgetaut wird, fließt es auch schon in dich zurück. Und wir werden immer da sein und dich bei Laune halten.*

*Weshalb, weil sie mir sonst so schnell vergeht?*

*Nein,* sagte Roberta in einem ganz entspannten Ton,
*einfach, weil dieser Moment sehr delikat ist, und die kleine Wahrscheinlichkeit besteht, dass dein Körper etwas rebelliert gegen diese Invasion. Auch müssen wir dafür sorgen, dass du uns nicht einschläfst, weil wir dein Feedback während dem ganzen Prozess brauchen.*

*Verstehe. Ich stell mir dann einfach vor, ich säße am Strand in einem Liegestuhl und das Blut wäre die Sonne, die durch die Poren huscht.*

*Oh ja, genau, gute Idee. Du sitzt am Strand und wir sind die Eisverkäufer, die vorbeikommen.* Ich grinste. Roberta wechselte das Thema,
*Sag, darf ich dich noch etwas fragen?*

*Klar.*

*Was hat dich denn ausgerechnet nach Lecce verschlagen?*

*Ich glaube, weil mir bei jedem Besuch immer noch stärker auffiel, dass die afrikanischen, tamilischen oder arabischen Immigrant:innen dort ein erstaunlich integrierter Teil des Alltags waren. Überall sah ich gemischte Paare und Gruppen, in allen möglichen Bereichen sah ich diese Menschen auch arbeiten. Ich wollte einfach verstehen, warum dem so ist. An anderen europäischen Orten kamen mir diese Welten immer so traurig getrennt vor. Dann bist du sicher Künstler oder so was, dass eine solche Frage dein Zuhause werden konnte.*

*Ja, genau, aber eher so was*, gab ich lachend zurück.

*Weißt du, meine derzeitige Arbeitspriorität dreht sich um diese ganze Geflüchtetenproblematik, vor allem um das große Potenzial, das sie birgt. Wie meinst du das?*

*Na, weil diese Menschen, zu denen ich mich übrigens auch zähle, ja nicht nur ihre Not und ihre Hoffnungen mitbringen, sondern auch ihre Kultur. Ihre Ideen und Leidenschaften. Ihre Kochrezepte, Gedichte, Lieder, Träume.*

*Verstehe, aber was tust du dann konkret? Gib mir bitte ein Beispiel, dass ich mir etwas vorstellen kann.*

*Ja, also im Moment, da mich die Diagnose überraschte, war ich mit der Ausarbeitung eines alternativen Stadtplanes von Lecce beschäftigt. Ich beobachtete immer wieder, wie sich die Straßenverkäufer:innen und Tourist:innen ständig gegenseitig auf die Nerven fielen. Die einen wollten dringend etwas aus ihrem bescheidenen Sortiment verkaufen, die anderen wollten dringend nicht schon wieder damit belästigt werden. Dieser Unmut lag sehr wahrscheinlich an deren magerem Sortiment. Manche verkaufen Bücher, das funktioniert schon viel besser, aber die meisten nur diese Armbändchen Made in China oder irgendwelchen anderen Krimskrams. Jedenfalls kam mir dann die Idee eines Stadtplanes, weil es den, so alternativ und subkulturell, wie ich ihn mir vorstellte, nicht gab. Und weil ich eine Orientierungshilfe für beide schaffen wollte – für die Geflüchteten ebenso wie für die Touristen, also für die beiden größten »Besuchergruppen« Lecces.*

*Interessant, und den sollen dann die Straßenverkäufer:innen vertreiben?*

*Ja genau, meine Absicht ist es, ihnen den vervielfältigten Plan als ihr exklu-*

*sives Produkt zu überlassen. Dass man ihn also nur auf der Straße und aus-*
*schließlich von ihnen beziehen kann. Ich finde es sehr stimmig, dass es die*
*afrikanischen Mitbürger:innen sind, die den temporären Mitbürger:innen,*
*also den Tourist:innen zeigen, wo es lang geht. Das hat etwas Verbindendes*
*und politisch-poetisches, finde ich.*

*Che figo*, wie cool, *und das ist Kunst?*

*Ja, und wie das Kunst ist. Zeitgenössische, angewandte Kunst.*

*Kann ich dann bitte auch so einen haben?,*

fragte sie, als gerade ihr Telefon vibriert hatte und sie sicher gleich
weiter musste. Ihren grünbraunen Augen sah ich an, dass sie hinter ihrer schneeweißen Maske breit grinste.

*Gerne, ich schicke dir dann einen. Es fehlt noch ungefähr eine Woche*
*Arbeit daran. Die will ich so bald als möglich, nach dieser ganzen*
*Aktion hier, leisten.*

*Gut, aber rechne die nächsten drei Monate sicher nicht damit.*

Sanft strich sie mir über den frisch rasierten Kopf,

*Du wirst zu erschöpft, und dein Bedürfnis nach Erholung wird zu groß sein,*
*als dass es dir nach Arbeiten zumute sein wird.*

Kurz hielt sie mit der Hand auf meiner Wange inne und sagte:

*Es hat mich sehr gefreut. Auf eine gute Zusammenarbeit, bis morgen.,*

und verließ den Raum.


Wieder empfand ich all diese freundlichen Worte, die Neugier und den
feinen Ton, der sie formte, als sehr wohltuend und beruhigend. Ja, ich
bildete mir sogar ein, wahrzunehmen, dass Empathie nicht nur eine
psychologische Brücke, sondern auch ein physischer Bote von etwas
Heilsamen sein kann. Angelas, aber auch Rékas herzliche Präsenz und
Berührungen hallten wie ein einfaches Vertrauen in meiner Brust nach.

Bald würde ich Roberta fragen, wie es denn nun um diese empathische Weiterbildung hier bestellt ist. Vielleicht könnte ich das ja sogar
über-übermorgen während des Blutimports tun.


Da wurde mir das erste Mal richtig klar, dass ich schon seit längerer Zeit
bar jeder erotischen und sexuellen Fantasie und jedes Verlangens war.

Ich hatte die Libido eines Nachtischlämpchens. Wirklich:

*Null Komma Josef.*

Vor Monaten hätten im Dialog mit Roberta doch eben noch sämtliche Testosteronglöckchen gebimmelt. Natürlich musste ich niemanden fragen, um zu wissen, dass es sich dabei auch um eine Nebenwirkung handelte. Es schien tatsächlich so, als hätte sich das Balz- und Begattungshormon komplett aus meinem Körper verabschiedet. Jetzt, da ich eine Weile darüber nachdachte, wurde mir auch bewusst, wie befreiend das die ganze Zeit war und wie es mir mein neues Leben in der kleinen Zeitlupenwelt viel einfacher machte. Sonst – und keine aufrichtige, heterosexuelle, erwachsene Person männlichen Geschlechts kann davon *kein* Lied singen – konnte doch theoretisch jeder, auch noch so völlig bedeutungslose intergenitale Anlass, etwa das einfache Vorüberlaufen einer wildfremden Frau, der Auslöser für spontane, erotische Fantasien sein. Aus heiterem Himmel und dann auch noch ausufernd. Eben war man noch ein anständiger, vernunftbegabter Mann, auf einen Schlag stand man als notgeiler Affe da.

Aber nun, seit Wochen nicht mehr von evolutiven Überlebenstrieben spontan besetzt, schuf das einen Reflexionsraum der inneren Freiheit, den ich davor nur von Stunden, nicht aus einem ausgedehnten Zeitraum kannte. Und den ich gerade so überhaupt nicht missen wollte.

Das würde sich dann auch wieder einpendeln, sollte es wenig später heißen. Denn würde erst alles mit dem Rebooten des Blutsystems geklappt haben, käme auch das mit den Hormonen und der Libido langsam wieder ins Lot. Und in Schwung.

Nach meiner ersten Siesta in diesen neuen Wänden, die jetzt in einem warmen, ganz hellen Vanillegrau auf einem dunkeltürkisen Linoleumboden gehalten waren, nahm ich auch zum ersten Mal dieses seltsame Wandlicht wahr. Da hing leicht über Augenhöhe nur eine kurze Leuchtstoffröhre horizontal an der Wand. Ich würde sie gar nicht erwähnen, wäre ihre Doppelseitigkeit nicht so eigen gewesen. Sie sah fast aus wie ein früher Dan Flavin. Die vordere Hälfte war mit einer tiefgrünen Folie abgedeckt, die hintere aber in Rot. So erschien ihr schwaches, weiches

Licht, das nach hinten an die Wand eine diffuse rote Aura zauberte, vorne aber in bergseeklarem, dunklem Grün leuchtete, aus der Perspektive meines Bettes, wie eine Hommage an die tanzende Eibe vor der malvenroten Mauer.

Da kam mich auch schon Matteo, der zivildienstleistende Rollstuhlchauffeur, abholen. Das sei nur das Nachtlicht, meinte er. Jemandem sei dieses rote Licht nicht bekommen, da hätte eine Pflegerin die Idee mit dieser grünen Folie gehabt.

Hier im ersten Untergeschoss war es noch augenscheinlicher, dass ich aus dem armen Süden in den reichen Norden Italiens gekommen war. Oder sagen wir besser: Ich kam aus einer abgelegenen, fast nur peripher vernetzten, in einer zentral gelegenen, international gut angebundenen Realität an. Führte nach Milano nur eine Straße, sähe es hier auch viel bescheidener aus.

Während ich mich in dem dunkelblauen Operationsraum mit der niederen weißen Decke umsah und auf den Chirurgen wartete, staunte ich mehr und mehr über die vielen Dinge rundumher. Jedes Einzelne kam mir so glatt und nigelnagelneu wie gleichzeitig uralt vor. Würde man hier jeden Gegenstand zeitlich bis zum ersten Ding zurückverfolgen, mit dem es sich zu entwickeln begann, wir würden irgendwann mit einem Faustkeil in der Hand in der Steinzeit in Ostafrika sitzen und unserem ersten Feuer beim Lodern zusehen.

*Alles lebenserhaltende Werkzeuge*, dachte ich,
Faustkeilkonsequenzen. Forder- und Förderinstrumente. Sie fordern das Morbide heraus, fördern es aus dir hinaus und befördern dich ins Gesunde. Diese Einrichtungen müssten eigentlich Förderhäuser, nicht Krankenhäuser heißen.

*Ciao tOmi, ich bin Ricardo, willkommen in der Humanitas.*
*Wir werden dir jetzt deine Venenleitung legen.*

**Da**

Ich erwachte sehr früh. Eigentlich wie fast immer, seit ich denken und schlafen kann, so gegen halb 5. Draußen war es noch nachtschwarz, nur die winzigen gelben Warnlichter auf der Spitze des großen Funkturmes von Rozzano blinkten konturlos und ließen erahnen, dass bald ein nebliger Tag anbrechen würde. Die letzten Tage vergingen, obgleich ich fast nur nichts tat, im Gleitflug. Schon nur mit dem Duschen, Waschen und Umziehen alleine konnte ich den halben Vormittag vertrödeln, die andere Hälfte bekam das Meditieren, das Dösen und das Schlafen.

Jede Stunde kam die eine oder andere freundliche Pflegerin auf einen Plausch und um meine Temperatur und den Blutdruck zu kontrollieren, vorbei. Dieses Adjektiv verwendete ich sicher nicht, wäre mir all deren Herzlichkeit nicht so echt vorgekommen, so nahe gegangen. Wahrscheinlich ging es auf so einer Station gar nicht anders: Entweder man liebte dieses Umfeld, seine Schmerzkultur und Freudenmomente, oder man ließ es gleich a priori bleiben.

Ich erinnerte mich wieder an den Satz, den Francesca in der ersten Nacht unserer Freundschaft und unseres langen Gesprächs sagte:
*Wissend, wie gut das beiden tun kann, entschied ich mich, mit dem Schmerz anderer zusammenzuarbeiten.*

*Die Werte müssen jetzt schön in der Balance bleiben.*
Erst dann könne man mir die Chemo und die Stammzellerei am darauffolgenden Tag zumuten, meinte Antonella mit ruhiger Stimme, bevor sie mir noch vor Sonnenaufgang das zweite Mal die Temperatur maß und nochmals drei Röhrchen Blut entnahm.
*Bald nach deinem Frühstück, das heute sehr bescheiden ausfallen muss, und dem Duschen komme ich noch einmal messen, danach hast du noch gut Zeit zu entspannen.*
In wenigen Stunden sollte mir die sogenannte Hochdosis-Chemotherapie verabreicht werden, das heißt – Auszug aus einer Infobroschüre des Klinikums:
*...eine Menge an Zytostatika, also wachstumshemmender Medikamente, die um das Acht- bis Zehnfache höher liegt als bei einer herkömmlichen Krebs-*

*behanlung. Im Normalfall würde sich ein Patient von einer solchen Dosis*
*nicht erholen, da dadurch die körpereigene Blutproduktion völlig zerstört*
*wird und sein Immunsystem so geschwächt wäre, dass er keine Krankheits-*
*erreger abwehren könnte. Um das körpereigene Abwehrsystem möglichst*
*schnell wieder leistungsfähig zu machen, erhält der Patient die blutbilden-*
*den Stammzellen zurück, die ihm vor der Hochdosistherapie entnommen*
*und dann bei minus 196 Grad Celsius eingefroren wurden. Innerhalb von*
*ungefähr zwei Wochen fängt die körpereigene Blutproduktion wieder an zu*
*arbeiten. Bis dahin muss der Patient auf einer Spezialstation im Kranken-*
*haus isoliert liegen, um die Ansteckungsgefahr, die von einer normalen*
*Umgebung ausgeht, möglichst gering zu halten.*

Das klang deftig vernünftig. Allerdings las ich es erst vor Kurzem.
Damals interessierten mich solche allgemeinen und technischen Be-
schreibungen überhaupt nicht. Dafür war ich viel zu weit von einer sach-
lichen Sprache und dem Denken in einer solchen entfernt, oder ließ es
mir lieber von den Pfleger:innen oder Ärzt:innen erläutern. Zudem war
ich zu sehr von einem Frieden fasziniert, der immer wieder in mir auf-
stieg, weil ich jetzt, innen wie außen, fast nichts anderes mehr tat, als
den allerkleinsten Dingen und Bewegungen meine Aufmerksamkeit
zu schenken – dort diese Interferenz in dem Infusionsfläschchen mit
dem Antibiotika, die einen Mikroregenbogen zu einem zarten Flackern
brachte, hier diese Raffaela mit den bunt tätowierten Armen und den
dunkelblauen Augen, die immer ganz leise summte, wenn sie mir das
Becherchen mit den Tabletten brachte.

Nach einem sogenannten Kaffee, welcher außerhalb dieser Mauern
*acqua sporca* (schmutziges Wasser) genannt würde, schlief ich bald wieder ein bisschen ein. Es war noch gar nicht richtig hell geworden. Draußen auf dem Gang war es auch noch relativ still. Nur ein paar Eibenäste
schliffen manchmal im Wind über den Putz der Fassade. Ich zog mich
in meinem Bewusstsein nach ganz hinten in den passiven Schatten zurück, um von der sporadischen Aktivität der Worte möglichst in Ruhe
gelassen zu werden, und schaute zu, was da auftauchen wollte.

Oh, die Geburt von Lolas Katzenbabies!
Lola war die kleine Schwester von Flores, zwei Kätzchen, die wir vor

wenigen Jahren spontan vom Wurf der Katze einer Nachbarin mit nach Hause brachten. Das geschah in der Zeit, als *Lola Flores* starb, die berühmte Sängerin, Flamencotänzerin und Schauspielerin aus Jerez de la Frontera. Deshalb gab ihnen Teresa, die Lola Flores sehr schätzte, spontan diese Namen: Lola und Flores.

Es war stockfinstere Nacht. Teresa, Luks, die Hunde Loop und Carmela schliefen noch. Ich war schon auf, weil ich um acht Uhr in La Coruña eine Verabredung hatte. Wie jeden Morgen ging ich als Erstes in den Stall von Tita. Tita war unsere Geiß, die Königin der Tiere in Casqueiro und eine unglaublich liebenswürdige, alte und sehr kluge Ziegendame. Außerdem war sie unsere Rasenmäherin. *In Goat we trust,* sagten wir damals oft, nur halb ironisch.

Sobald ich die Stalltüre öffnete, ließ sie sich gerne noch ein bisschen am Kopf kraulen, spazierte dann aber auch schon schnurstracks zum Flecken Wiese, den sie heute zu verspeisen im Sinne hatte. Dann schlug ich dort die Eisenstange mit dem Drehgelenk ein, und Tita hatte, würde sie sich nicht wieder irgendwo verwickeln, gut zehn Meter Seil und Durchmesser für ihr Picknick. Aber heute kam sie nicht.

*Tita, hey, wo bist du, komm raus.*

Nichts. Der greise Hahn unseres Nachbarn Alfonso begann schon mit Krächzen und Husten, da hörte ich ein feines Piepsen aus der Ecke des Stalls.

*Tita, ich seh dich nicht.*

Dieses kleine Piepsen, was war das? Oh! Waren das vielleicht die ersten Töne von Lolas Babies? Wir dachten gestern schon, dass es soweit wäre, als sie über Stunden im Schatten hinter Loops Hütte lag.

Mit dem schwachen Licht meines ersten portablen Telefons bewegte ich mich langsam in die hintere Ecke. Lola stieß ein langes, fast gejodeltes Miauen aus, da sah ich Tita, wie sie gerade mit ihrer langen Zunge ein winzigkleines, blutschleimverschmiertes Welpen reinigte. Ich kniete nieder, und als ich im fahlen Licht die ganze Szene erfassen konnte, verweilte ich bewegungslos für mindestens weitere zehn zauberhafte Minuten.

*Tita, du bist ja Lolas Hebamme!*

Lola lag an ihren Hinterbeinen im Stroh und gebärte. Tita übernahm das Waschen der Kleinen, indem sie ein paar Mal über sie leckte, sie stupste, bis schließlich der kleine Wurf von 2 Kätzlein zwischen ihren Vorderbeinen auf einem schnell pulsierenden Häuflein lag und Lola noch erschöpft, aber gemächlich den Mutterkuchen verdrückte.

*Mensch Tita, das ist ja super, Lola, ich gratuliere! Ich nehme an, ihr wollt jetzt ausruhen. Entspannt, ich bringe euch gleich das Frühstück ans Wochenbett.*

Lola miaute laut, es klang euphorisch. Tita verließ ihren Stall die darauffolgenden Wochen nur noch sporadisch für kurze Knabberrunden. Die allermeiste Zeit hütete sie die Kätzchen, während Lola eine Terrasse tiefer zu Loop in die Hundehütte zog und ihren Wurf nur alle paar Stunden zum Stillen besuchte. Die Nacht verbrachten die vier aber immer gemeinsam. Erst als die Kleinen nach etwa zwei Wochen alleine im Freien herumzustolpern begannen, fing Tita wieder mit dem Rasenmähen an.

Ich träumte, ich sei der Mond, und auf mir landete eine Rakete. Da dämmerte mir, dass es gar kein Traum, sondern eine Flause im Halbschlaf war. Antonella hatte mir eben wieder den Infrarotthermometer ins Ohr gesteckt.

*36, 2. Okay, das sieht gut aus. Jetzt warten wir noch das letzte Laborergebnis deines Blutes ab, und dann wird schon bald die Chemo mit deinem Venenkatheter verbunden.*

Und würde alles gut gehen, was ich nicht bezweifelte, weil ich mir dazu eigentlich gar keine Gedanken machte, würden schon morgen Vormittag via derselben Leitung meine Stammzellen in mich zurückfließen.

Ich war so müde wie wach. Einerseits schlapp wie noch gar nie, andererseits, innerhalb der kraftlosen Hülle ohne Fülle, aber merkwürdig munter. Ist dir das auch schon einmal aufgefallen, dass das ging, ohne dass es widersprüchlich sein musste? Für den allenfalls sechs Meter langen Weg aus der Dusche an meine Bettkante konnte ich ein paar Minuten brauchen, da es sich ratsam anfühlte, alle zwei Meter eine kleine Verschnaufpause einzulegen. Saß ich dann auf dieser Kante und beugte den Kopf auch nur für einen Moment aus der Senkrechten etwas nach vorne, schmerzte der Rest meines noch verbliebenen Nackenmuskels augenblicklich so sehr, dass ich mich nur mehr zur Seite kippen und in den Schlaf fallen lassen wollte.

Dann aber, ich schlief schon mit dem Fallen ein, bemerkte ich, dass das Bewusstsein, also das einfache Wahrnehmen, dass ich bin – hier bin und jetzt bin – aber unberührt davon wach schien. Einfach da. Immer öfter geschah es jetzt auch, dass ich einschlafen konnte, ohne diese einfache Wahrnehmung der Wahrnehmung zu verlieren. Ich dachte, dass Kant und so viele andere, die meinen, ihr Denkapparat sei der Anfang und das Ende ihrer Erkenntnis, unrecht hatten zu sagen, es gäbe keine solche ohne Begriff, keine Wahrnehmung ohne Ding. Jetzt war ich mir gerade sicher, dass sie falsch lagen.

Und schon wieder landete eine Rakete.

*So, das ist jetzt aber das letzte Mal. Pieps – 36, 4. Sehr gut. Deine Blutwerte waren auch in Ordnung. Setz dich in aller Ruhe auf, ich komme gleich und bringe dir die Infusion.*

Gut, dachte ich, dann hätte ich das, bis Frankie kommt, schon intus. Jetzt durfte ich fast keinen Besuch mehr empfangen, und wenn, dann nur einzeln und maximal für eine Stunde. Meine Gäste mussten dann erst durch eine antiseptische Schneise, einen Zwischenraum, in dem sie sich die Hände desinfizieren und sich vom Scheitel bis zur Sohle eine schneeweiße, papierene Schutzkleidung überziehen mussten, um dann völlig vermummt bei mir aufzutauchen, so dass nur mehr die Augen, die Stimme und die Hände kundtaten, wer gekommen war.

Erst jetzt fiel mir auf, dass diese Erinnerung an Lolas Wurf und Titas Assistenzmutterschaft eigentlich doch auch ein schönes Souvenir des Unterbewussten war. Lola kam als Verreckerchen zur Welt, hätten wir sie nicht mitgenommen und hätten wir die ersten Wochen nicht ein spezielles Auge auf sie gehabt, sie hätte von sich aus nicht die Kraft zu überleben aufgebracht. Flores aus dem selben Wurf war doppelt so groß. Aber Lola entwickelte sich gut, sicher auch deshalb, weil die Hunde und Tita von Anfang an sichtlich mitbesorgt waren, und obschon sie immer kleinwüchsig blieb und auch hochschwanger höchstens nur ein bisschen vollgefressen aussah, wurde aus ihr eine fröhliche, mutige Katze, die dazu auch noch lange vor Flores zwei Kitten das Leben schenkte.

Diese Geschichte eines zerbrechlichen Lebens, das sich zu einem Sprühenden entwickelte, weil es geliebt wurde, wollte mir jetzt Vorbild sein. Es galt mein Blut neu zu gebären, und die ganze Humanitas war meine Tita.

Die Hochdosis-Chemo unterschied sich, dramaturgisch gesprochen, nur im Vorspann von allen anderen Infusionen. Und die Haken der Infusionsständer waren hier auch noch alle dran.

Gestern hatte ich noch ein Dokument zu unterschreiben. Ich bescheinigte, dass ich mit der Zustimmung zur Verabreichung dieser wachstumshemmenden Medikamente das Risiko auf mich nähme, dass mich die völlige Zerstörung meiner körpereigenen Blutproduktion und des Immunsystems auch mein Leben kosten könne. Ich hatte das Dokument nur überflogen und unterschrieben, wie man in einem Krankenhaus halt etwas unterschreibt, wissend, dass sie sich damit von vornherein die Anwälte vom Hals halten wollten.

Ich stellte mir es, nachdem ich es ein Leben lang immer wieder gehört hatte – Krank-Krebs-Chemo, schon alleine die Begriffe klangen gesundheitsschädlich – ja immer sehr dramatisch vor. Als wäre die Chemobrühe giftgrün und täte es nur so zischen und aus den Poren rauchen, wenn sie einem verpasst würde, derweil es jetzt aber einfach eine weitere mysteriöse Flüssigkeit war, die da langsam in mich hineinträufelte und ihren aggressiven, auf lange Sicht – inshallah – heilenden Dienst tat.

Kaum waren die letzten Tropfen in mich eingetaucht, hatte Antonella wieder mein Fieber gemessen, und ich ihr versichert, ich würde mich in der Balance fühlen, schloss ich die Augen und begann eine Art Schlummermeditation. Ich atmete tief, ganz langsam und ließ mich entspannt-aufmerksam in einen leichten Schlaf versinken.

Kaum wieder aufgetaucht, hörte ich noch hinter geschlossenen Augen Frankie im Flüsterton,

*Hey Amore, buongiorno! Wie ich eben von Antonella hörte, hattest du schon
die Chemo, und alles sei glatt gegangen. Super, wie fühlst du dich jetzt?
Frankie! Danke, das ging ganz einfach und gut. Ja, ich fühl mich okay,
immer müde, aber Okay. Es grummelt nur ein bisschen im Bauch, aber
das wars auch schon. Und du? Wie geht es dir im schönen Rozzano?,*
fragte ich phrasenhaft.
*Okay. Stell dir vor, ich hatte einen Anruf von der Besitzerin der Wohnung.
Ach ja? Aus welchem Grund?
Sie sagte, sie wolle sich nur versichern, dass ich dann auch pünktlich käme,
aber ich glaube, sie wollte schon mal vorfühlen, weil sie mich ein bisschen
ausfragte, aber ich empfand es als sympathische Neugier.
Oh, gut, ich hoffe so sehr, dass es klappt. Weißt du, wenn ich an diese Wohnung
denke, stelle ich mir vor, dass es Spaß macht, mich dort zu erholen.
Ja, das hoffe ich auch. Mir kommt vor allem das tolle Licht in den Sinn,
das es da oben hatte. Und dieser unglaubliche Blick über die Stadt. Sie
wollte auch wissen, weshalb du nicht dabei sein kannst.
Und, was sagtest du?
Na, dass du ein toller Künstler bist, und dann ein paar wichtige Recherche-
arbeiten wegen einem Projekt hast. Außerdem müsstest du dann auch noch
nach Österreich, wegen der Eröffnung einer Ausstellung.*
Ich musste lachen.
*Da hast du ja ziemlich dick aufgetragen.
Wie mans nimmt, jedenfalls schien sie interessiert zu sein, weil sie gleich
wissen wollte, welche Art von Kunst du denn genau machst.
Ah ja?
Ich sagte einfach, dass dich vor allem angewandte, kontextualisierte
Projekte interessieren, und dass sie fast immer irgendetwas mit einer
gemeinsamen soziokulturellen Aktualität zu tun haben, Deshalb würdest
du dich auch Partist und nicht Artist nennen.
Meinst du, das gefiel ihr?
Ja, sie hörte gar nicht mehr auf zu fragen. Natürlich erzählte ich ihr
auch stolz von unserem Kunstpreis und dem großen Wettbewerb.
Und über deine Arbeit spracht ihr auch?
Ja, noch davor. Das schien sie auch anzusprechen. Sie war selber Lehrerin*

*und fragte mich, wo ich arbeite, und welche Fälle ich betreute. Nette,*
*wissbegierige Dame, ihr Mann sei Chirurg, das erwähnte sie auch noch,*
*und klang sogar richtig verliebt dabei. Weißt du, nach diesem Gespräch*
*gehe ich jetzt mit einem guten Gefühl in unser Treffen kommenden Dienstag.*
*Das freut mich sehr. Auch, dass du dann endlich wieder etwas Zeit für*
*dich selber hast.*
*Ich wünschte, ich müsste nicht gehen, denke nicht, es fiele mir leicht,*
*dich hier alleine zu lassen.*
*Alleine? Ach, i wo! Mach dir doch keine Gedanken, wir können uns ja*
*jeden Tag hören. Teresa wird hier sein und du merkst doch selber auch,*
*dass wir mit der Humanitas das richtige Haus für diese ganze Aktion*
*wählten.*
*Lass uns das bitte übermorgen sagen.*

Da kamen die beiden Ärzt:innen, die mich morgen während des Stamm-
zellrückflusses begleiten würden, vorbei – Roberta, die Nephrologin, die
mich schon empfangen hatte, und ein Hämatologe, Dottore Ricardo.
*Hallo ihr beiden, wir stören nur ganz kurz. Francesca, du kannst gerne*
*bleiben. Wir wollten nur noch ein paar Dinge wegen übermorgen*
*kommunizieren.,*
meinte Roberta.
*Ciao Thomas, ich bin Riccardo, freut mich,*
übernahm übergangslos der Kollege das Wort,
*wie dir Roberta schon erklärte, ist es sehr wichtig, dass du uns in der ganzen*
*Zeit, in der du deine Stammzellen zurück bekommst, mitteilst, wie es dir*
*geht, was du empfindest.*
*Ja, ich weiß, ich bin schon sehr gespannt drauf.*
*Aber was ich dir noch nicht sagte,* fuhr Roberta fort,
*ist, dass du dir bitte Lutschbonbons bringen lässt. Am besten starke minze-*
*oder mentholhaltige. Vielleicht kannst du die morgen Früh noch bringen,*
*Francesca?*
*Ja sicher, gerne.* Meinte Frankie.
*Du musst wissen,* klärte Ricardo weiter auf,
*dass das Konservierungsmittel, das deinen Stammzellen beigemengt wurde,*

*bevor sie tiefgefroren wurden, einen sehr starken Geschmack entwickelt,*
*wenn es wieder aufgetaut wird. Wir werden es vor allem riechen, du wirst es*
*vor allem schmecken, deshalb diese Bonbons.*
*Ihr werdet es riechen?*, fragte Frankie verwundert.
*Ja, das riecht sehr stark, ganz ähnlich dem Geruch von Knoblauch, wirklich*
*heftig*, meinte Roberta.
*Na, wenn da mal nicht unsere Spezialistin aus Transsylvanien ihre Finger*
*im Spiel hatte*, witzelte ich in mich hinein.
*Gut, bringe ich gleich morgen früh welche mit*, sagte Frankie.
*Und wundere dich nicht, wenn wir mit zwei Masken bei dir stehen, das*
*stinkt wirklich zum Himmel*, meinte Ricardo,
*manche empfindsame Pfleger:innen werden sogar mit drei Masken*
*auftauchen, die Station wird für zwei, drei Tage in starken Knoblauchduft*
 *gehüllt sein.*
Und dann begann prompt Ricardo mir auch noch seine »ganz-hin-
unter-Version« zu erzählen.


Antonella schaute auch noch ein paar Mal rein, fragte mich nach mei-
nem Befinden, maß die Temperatur und schenkte mir fast immer auch
einen Moment ihrer Zeit. Francesca war vor einer Weile mit Roberta und
Ricardo wieder gegangen.
*Geht dir denn deine Arbeit als Künstler ab?*, fragte Antonella,
*Nein. Weißt du, ich arbeite eigentlich immer, wie ich auch gleichzeitig*
*immer im Urlaub bin.*
*Aha*, sagte sie mit einem gespielt gelangweilten Unterton.
Da sah sie, dass ich die kleinen Etiketten aufbewahrte, die immer
morgens mit den Tabletten kamen, und auf denen präzise datiert alle
Medikamente, ihre Dosis und wer sie aus der Hausapotheke freigab, ver-
merkt waren.
*Warum behältst du denn diese Zettelchen auf?*
*Ja eben, siehst du, weil ich am Arbeiten bin.* Sie lachte,
*und was soll das werden, eine Urlaubslektüre?*
Jetzt lachte ich,
*keine Ahnung, aber ich verspreche dir, dass ich es dir zeige, sollte mir irgend-*

*wann irgendetwas dazu einfallen.*

*Abgemacht! Sag, apropos, nur weil ich unlängst von zwei Fremden in einer Bar ein Gespräch mithörte – Welches ist für dich das wichtigste Kunstwerk der letzten 20 Jahre?*

*Na, schau an, du überrascht mich sehr mit dieser Frage. Konntest du hören, was deren Antworten waren?*

*Ja, Namen kann ich dir keine nennen, weil ich sie nicht kannte, aber der Mann sprach von Malerei, von großen Bildern, und dass er den Künstler seit vielen Jahren so schätze, weil er den Stil oft radikal wechsle, und doch bei seinem Thema bliebe. Das Thema war Licht, wenn ich das richtig verstand. Die Frau, mit der er sich unterhielt, sprach von raumfüllenden, bunten Videoprojektionen, in die sie sich verliebt hätte. Ich fand es schön, dass das für die beiden eine gute Frage sein konnte. Und dann dachte ich an meinen Austro-Salentiner, und nahm mir vor, dich auch zu fragen.*

*Sehr schön, danke, Antonella. Gute Frage. Bitte gib mir Zeit bis morgen, ich muss zuerst noch ernsthaft drüberschlafen.*

*Klar, schlaf gut. Bis morgen.*

*Bis Morgen. Und überlege es dir doch auch – was ist für dich die tollste Idee der letzten 20 Jahre? Es muss ja nicht unbedingt Kunst sein, um Kunst zu sein.*

Das eindrücklichste Kunststück der letzten 20 Jahre? Was wollte ich darauf nur antworten? Jetzt kam es mir vor, als hätten mir die vergangenen Monate auch eine neue Weise nachzudenken erschlossen. Das ergab sich wohl, weil sich mir das Leben in einem frischen, auf das Kleinste, Einfache und Wesentliche Heruntergebrochene zeigte. Und ich in diesem Licht einfach nur wahrnehmen wollte, was da war. Und nicht dachte, also meistens versuchte mich davor zu verwahren, aus der Wahrnehmung Worte zu machen. Klar, dass sich die Worte mit jedem Objekt meiner Wahrnehmung wie von selbst einmischten, aber ich ließ mich meistens nicht auf sie ein. Aber jetzt gab es gar keine Frage, keine Kunstwerke und kein Zuhören mehr. Ich war nur mehr da.

Gute Nacht, Tag, lass uns tief und ruhig schlafen.

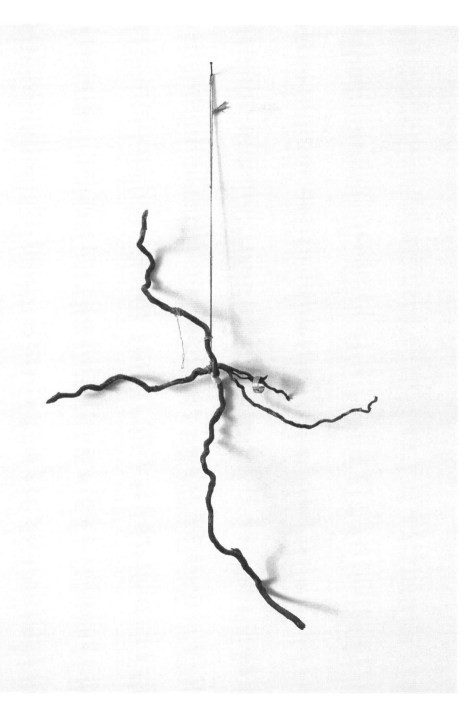

## Blut

Ich wunderte mich, dass sich der Tag vor dem Fenster schon zu zeigen begann, als ich die Augen öffnete. Ich musste acht Stunden durchgeschlafen haben. Draußen vom Gang drangen die ersten Geräusche bis zu mir vor. Von weitem, wahrscheinlich im Aufenthaltsraum der Pfleger:innen, hörte ich lautes Lachen von mindestens zwei Stimmen. Das hörte ich in meinen Humantitastagen immer wieder, auch drei und vier Stimmen, und empfand es als angenehm und lächelte fast immer mit.

Ach ja, genau, da war ja auch noch Antonellas Frage. Kaum wollte ich sie auch nur ruhig in Gedanken wiederholen, wurde sie von Bildern überlagert. Blut. Blutinfusion. Die Stammzellen kommen zurück. Es geht hinunter, ganz hinunter. Zum einzigen Ort, den es gibt, von dem es für mich wieder aufwärts gehen kann. Ganz hinab an die Sohle der Tiefe, da muss ich hin. Plötzlich sah ich dieses atemraubende Bild wieder. Das Bild des abgrundtiefsten Abgrundes, in den ich je blickte.

Wie beinahe jeden Tag gingen Teresa und ich morgens, noch vor der Arbeit an den Bambusstrukturen, tauchen. Heute wollte ich zum ersten Mal nicht wieder in das nahe gelegene Korallental, das uns jeden Tag so begeistert hatte, sondern mich spontan woanders umsehen und überraschen lassen, und schwamm schnorchelnd ganz langsam Richtung Nordosten. Hinauf Richtung Israel, hinüber Richtung Jordanien.

Von Weitem sah ich wieder den kleinen Hammerhai mit seiner seltsamen Schneeschaufelnase. Sherif versicherte uns, dass diese Fische, würden sie nicht provoziert, mit dem Menschen nicht zu tun haben wollten. Wir sollten einfach keinerlei Neugier zeigen und uns fern von ihnen halten. So schwamm ich ruhig weiter.

Unter mir, vielleicht in fünf Meter Tiefe, in glasklarem Wasser der helle Meeresgrund mit kleinen, leuchtend bunten Fischschwärmen, die sich ganz ähnlich wie die Vögel als eine einzige Form im Schwarm bewegten. Und uns doch damit eigentlich auch zu verstehen gaben oder einfach nur ein wunderschönes Sinnbild dafür waren, dass das Leben im Grunde Eines, nicht Vieles war.

Plötzlich, wie aus dem Nichts heraus, völlig übergangslos, tat sich vor mir eine solche ungeheure Tiefe auf, dass ich für einen Moment fürchtete, ich müsse hinunterfallen und reflexartig, wild zappelnd zurückwich. Ich war an eine derart jähe, so gewaltig ins Grenzenlose abfallende Kante geraten, dass mir der Atem stockte.

Als würde ich fliegen, und höbe sich an dieser Kante die relative Schwerelosigkeit des Wassers auf. Ganz langsam schwamm ich wieder zu ihr vor. Ich wagte es kaum, mich wieder darüber hinaus zu bewegen, und dann hinunter in dieses sagenhaft tiefe, unendliche Blau zu blicken. Was für ein verrücktes Gefühl, wie ein beklommenes Glück. Und es geschah wieder, wieder befürchtete ich, ich würde hinunterstürzen, hinunter in dieses ewige, immer dunkler werdende Blau.

Wie das Staunen ob des Über-Alls, das wir an der Costa Daurada erlebt hatten, aber räumlich und emotional umgekehrt – diesmal war es das Hinunter in das ewige, immer finster werdende Furchtstaunen. Ich wusste ja, dass ich nicht wirklich fallen konnte, aber das Bild war tausendmal stärker als dieses Wissen. Es bedurfte sicher fünf herzflatternde Anläufe, bis ich zuzulassen wagte, irgendwann nur mehr über dieser Tiefe, dieser Stille und diesem Raum im Wasser zu schweben. Alle Furcht hatte sich jetzt in einem ruhigen Schorchelatem verflogen.

Fast 40 Jahre ist es her, dass mir ein guter Freund, der mich damals immer wieder ermutigte, meinen Weg zu gehen, um mein Ding machen zu können, ein Buch schenkte. Der Mann will in und bei allem ungenannt sein, nennen wir ihn also einfach *Mann*.

Er sagte, er hätte mir *seine Bibel* mitgebracht. Wann immer er nicht weiterwisse, würde er darin blättern, und schon bald würde sich dann, wenigstens im Denken, ein Ausweg zeigen. Ich wusste, dass Mann nicht gläubig war – neugierig noch und nöcher, aber religiös null und nüller. Was konnte er damit gemeint haben? Als ich das Geschenk öffnete, lag eine schöne, bis heute nachwirkende Überraschung in meiner Hand – der Duden Nummer 7, das etymologische Wörterbuch der deutschen Sprache.

Ich brauchte nicht mehr als fünf Worte nachzuschlagen, um zu begreifen, was er gemeint hatte. Bisher vermutete ich es nur vage, aber jetzt erschloss es sich mir mit jedem Wort aufs Neue. Dass sich in jedem Einzelnen dahinter und darin eine ganze Welt erzählt. Ich schlug mein erstes Wort nach, der zentrale Begriff meines Berufes, nein, meines ganzen Lebens: *Staunen.*

Ich staunte nicht schlecht, dass *sich wundern* eigentlich von *träumend vor sich hinstarren* kommt, auf *Starr sein* zurückgeführt werden kann und wiederum an seinem Wortursprung, dem *sich Widersetzen* entspricht, und daher wahrscheinlich zur Wortgruppe des *Stauens* gehört.

Wenn ich also staune, staut sich die Wahrnehmung, erstarrt und ich starre ins Erstaunliche. Genau das passierte am Abgrund. Im stockenden Atem und den fast aus ihren Höhlen fallenden Augäpfeln zeigte sich das am klarsten.

Dass die Blume, das Blut und die Blüte etymologisch verwandt sind, wusste ich bis heute auch noch nicht. Hervorquellendes Blut wurde metaphorisch als *üppig Gesprossenes* gesehen. Das verliert sich zwar in den Tiefen der Sprachen, gilt also sprachwissenschaftlich als nicht gesichert, war aber jetzt, da mich nur noch ein paar Stunden vor dem Stammzellenrückfluss trennten, völlig powidl. Es war einfach schön und beruhigend zu wissen, sollte es doch in Kürze einem geplanten Neuaufblühen entgegensprießen. Das heißt, nein, zuerst musste ich ja noch verwelken.

Vor dem großen Fenster schien sich seit dem Morgengrauen die Sonne einen Weg durch den dichten Nebel zu erarbeiten. Doch obwohl die Sensoren der Jalousie schon vor einer Weile das Signal sendeten, sie zu schließen, verbarg sie sich immer noch hinter der dichten, gleißend weißen Tröpfchenwand.

*Buongiorno, Schuhmacher,* sagte Antonella bestens gelaunt.

*Guten Morgen, Anto, wie kommst du auf Schuhmacher?*

*Das hat mir vorhin Réka erzählt, dass du ihr gesagt hättest, in Lecce würden sie dich so nennen.*

*Ach so, ja, aber ich bevorzuge Schopenhauer, wenn ich ehrlich bin.*

*Auch gut. Wie fühlst du dich? Irgendwelche neuen Gefühle oder Einsichten?,* fragte sie, während sie mir das Fieber maß und meinen Puls fühlte.

*Ist dir Übel? Hattest du Bauchschmerzen?*

*Nein, eigentlich nicht, die Schmerzen in den Füßen und Händen kommen und gehen wie immer, nein, sonst ist da nichts Außergewöhnliches. Einzig, vielleicht fühle ich, wie ich jeden Tag noch schwächer bin. Ich fühle mich extrem schlaff. Nicht müde, weißt du, aber so kraftlos. Schau mal meine Waden an, das waren vor Monaten noch richtige alpine Knackwaden.*

*Und jetzt?*

*Jetzt sind es Polpaccini* (Wädelchen), *keine Sorge, die werden dann auch wieder*, warf Antonella wie immer zungenfertig zurück.

*Appetit?*

*Ja schon, bescheiden hungrig.*

*Das ist ein sehr gutes Zeichen. Jetzt kann es übrigens höchstens noch eine Stunde dauern, bis dein Blut zurückkommt.*

*Gut. Sag, hast du auch nachgedacht wegen des besten Kunstwerks, oder der besten Idee?*, fragte ich.

*Offen gestanden, nein. Ich glaube, dass ich nicht die Richtige bin für diese Frage.*

*Das glaube ich schon. Du kannst ja auch ein Medikament oder eine neue therapeutische Methode ins Spiel bringen.*

*Ein Medikament? Was hat das mit Kunst zu tun?*

*Na ja, mit Heilkunst sehr viel, oder? Wenn wir sagen, dass Kunst dort entsteht, wo sich jemand oder wo sich eine Gruppe von jemande aus ganz freien Stücken, also nur aus innerer Lust und Leidenschaft entschließt, einem Gedanken oder Gefühl zu folgen, nur um dessen Willen, dann können doch auch Medikamente Kunst sein. Hervorragende Ideen. Und die Schönheit des Kunstwerks läge dann in der Heilung und der Freude des Geheilten.*

Anto lächelte und sah mich ganz ruhig an, kniff die Lippen zusammen, als begänne ihr die Frage, Spaß zu machen, und murmelte, während sie das Zimmer verließ.

*Va bene, ich will versuchen, es aus meiner Perspektive zu betrachten.*

*Eigentlich weiß ich die Antwort eh schon.*

Noch bevor die breite vanillecremefarbene Tür wie immer in ihrer perfekten, fast lautlosen Art ins Schloss fiel, rief ich ihr noch:

*Wie bitte, du weißt die Antwort schon?*
Doch ich hörte sie nur noch:
*Viva l'arte della guarigione!* rufen,
es lebe die Kunst des Heilens.

Als hätten wir es abgesprochen, kam Frankie, keine Minute nachdem Antonella wieder gegangen war.
*Hello, my Fishermans Friend, hier, ich hab dir starke Lutschbonbons mitgebracht,* sagte sie,
und legte mir drei Packungen in drei Geschmacksrichtungen in den Schoß. Und gleich kamen da auch schon Roberta und Ricardo.
*Guten Tag, ihr beiden,* sagte Roberta fast beschwingt.
*Verzeih Francesca, aber du musst jetzt leider gehen. Wenn du möchtest, kannst du danach wiederkommen, du musst einfach mit gut zwei Stunden rechnen.*
Ricardo hielt zwei große, blutgefüllte, ganz tiefdunkelrote Infusionssäcke an ihren Schläuchen in der Hand und befestigte sie umgehend am Infusionsständer. Beide waren sie mit einer feinen, weißen Frostschicht umhüllt, die bis unterhalb der Beutel immer schwächer wurde.
*So, lass es uns gleich angehen. Weißt du, das taut rasch auf,* sagte er.
Roberta bat mich, den Kopfteil des Bettes hochzufahren und es mir bequem zu machen, so dass die kommenden Stunden gut auszuhalten wären.
*Wunderbar, alles bereit. Sehr schön, es kann losgehen.,* sagte Ricardo, und verband den ersten Beutel mit meiner Venenleitung.
*Nimm auch gleich schon ein Bonbon.,*
empfahl Roberta. Jetzt fiel mir auf, dass sie tatsächlich zwei Gesichtsmasken trug, eine weiße und darunter eine pastellgelbe.
*Du wirst diesen seltsamen Geschmack auch so noch empfinden, aber es wird dadurch deutlich erträglicher. Sag uns, wenn du es schmeckst.*
Und schon begann mein Blut zu rinnen. Noch auf dem kurzen Weg vom Beutel in meine Brust floss es immer zügiger, bis nach nur wenigen Minuten die ganze Frostschicht verschwunden war und die Farbe des flüssigen Organs heller und lebendiger erschien.

Jetzt hatte es auch die Sonne geschafft. Ein gleißendes Licht hinterleuchtete die Jalousiewand, und ich dachte, wie so oft, wenn der Schatten so bildschön das Licht unterstrich, an das Büchlein von Tanizaki.

*Lob des Schattens*:

*Wie ein phosphoreszierender Stein, der im Dunkel glänzt, aber bei*
*Tageshelle jeglichen Reiz als Juwel verliert, so gibt es ohne Schattenwirkung*
*keine Schönheit.*

Ich ließ mich ganz in das große Kissen sinken.

*Das ging wirklich schnell mit dem Auftauen. Sagt: Wo ist eigentlich der*
*Gefrierpunkt von Blut?,*

begann ich unsere Unterhaltung,

*Wenn Wasser bei Null Grad gefriert, so tut das Milch erst bei einem Grad,*
*ein ganz gewöhnlicher Weinessig bei zwei und menschliches Blut bei*
*drei Grad,*

antworte Roberta. Da war sie wieder die drei, meine Glückszahl, dachte ich, und merkte, der ich mich doch eigentlich für nicht abergläubisch hielt, dass mir doch etwas mulmig zumute war, und wünschte, es würde alles glücklich klappen mit diesen frischen Zellen und der Hoffnung, die wir in sie legten.

*Merkst du es auch schon?,* fragte jetzt Ricardo.

*Ich kann ihn schon hinter meiner Maske riechen, den Knoblauch.*

*Ja, stimmt, der starke Minzegeschmack meiner Pastille bekommt*
*Konkurrenz,* antwortete ich.

*Spürst du sonst etwas Neues?* fragte Roberta,

*Du machst so ein verwundertes Gesicht.*

*Ja, ich spüre gerade stark, wie sich das noch kalte Blut, gleich wenn es in*
*den Körper kommt, erwärmt. Das fühlt sich seltsam, aber auch gut an.*

*Dein Magen ist in Frieden?,* wollte Ricardo wissen.

*Ja. Weißt du, ich habe einen Saumagen, wie meine Mutter immer zu sagen*
*pflegt. Ich hatte auch während aller sechs Therapiezyklen eigentlich keine*
*nennenswerten Probleme damit.*

*Oh, ja, da kannst du von großem Glück sprechen.*

*Ja,* hängte Roberta an,

*auch die Farbe deiner Haut und deiner Augen zeugen davon, dass dein*

*Körper alles gut an- und aufnahm.*

*Was passiert eigentlich, wenn diese Aktion in die Hosen geht?,* wollte ich wissen.

*Nichts spricht dafür. Also wollen wir jetzt auch keinen Teufel an die Wand malen.*, entgegnete sie.

*Okay, dann frage ich anders – weshalb könnte die Aktion theoretisch nicht funktionieren?*

*Ganz einfach,* hakte Ricardo fachmännisch ein,

*Dann hätten, trotz der intensiven vorbereitenden Konditionierungsbehandlung, noch ausreichend Immunzellen in deinem Körper überlebt, und die würden dann die transplantierten Stammzellen, die du gerade zurückbekommst, als fremd erkennen und zu bekämpfen beginnen. Es käme dann gar nicht erst zum Anwachsen der neuen Stammzellen und somit auch nicht zu einer Erholung deiner Blutbildung.*

*Aber, wie gesagt,* schob Roberta gleich nach,

*nichts deutet auch nur im Geringsten auf einen solchen Verlauf. Du hast zudem das Glück, dass du keine Spenderzellen, sondern deine eigenen bekommst.*

*Warum seid ihr dann da?*

*Oh, aus allerlei Gründen.* übernahm wieder der Onkohämatologe das Wort.

*Abstoßungsreaktionen sind oft mit Fieber verbunden. Manchmal können aber auch Zeichen eines allergischen Schocks, wie Blässe, Schweißausbrüche, Muskelzittern, kalte Haut, Kreislaufbeschwerden bis hin zu einem Kreislaufversagen, auftauchen. Aber wie Roberta bin ich guter Dinge, wir sind einfach zur Sicherheit da, für den Fall eines Falles.*

Ich merkte wieder, wie schon nur der Ton alleine, der einfache Klang, die ehrliche Sanftheit, mit der hier alle mit mir sprachen, wohltuend war. Warme, weiche Töne und ebensolche Augen, die sich in meinem Gegenblick wohlzufühlen schienen. Worte waren absolut zweitrangig.

*Und, alles gut da drin?,* fragte Roberta und stupste mich mit ihrem blauen Gummihandschuhfinger auf die Nase.

*Ja, alles im ruhigen Fluss. Sagt, darf ich euch etwas ganz anderes fragen?*

*Ja klar, schieß los,* sagte sie.

*Wisst ihr, schon seit unserem ersten Besuch, als wir Dottore Jakobo kennen-
und schätzen lernten, fragten sich Francesca und ich, ob ihr hier in diesem
leidgeplagten Haus denn eine spezielle Empathieausbildung bekommt.*

*Wie kommst du darauf?,* fragte Roberta verwundert.

*Danke für das Kompliment.,* legte Ricardo nach.

*Na, einfach, weil ihr mehr als nur nett seid. Euer Mitgefühl kommt mir
so echt vor, es tut richtig gut.*

*Ja, weißt du,* sagte Roberta,

und legte dabei ihre Hand auf mein Knie und ließ sie dort eine ganze
Weile ruhen,

*das bringt unsere Arbeit so mit sich. Wir haben alle auf die eine oder andere
Art gelernt, oder mussten lernen, dass es nicht nur für die Patient:innen,
sondern auch für uns selbst am einfachsten ist, diesen Job mitfühlend zu tun.*

*Ja genau,* sagte Ricardo,

*wer das hier nicht lernt und lebt, der kann hier auf lange Sicht gar nicht
arbeiten.*

*Was du ansprichst, ist auch für uns ein wichtiges Thema,*
führte Roberta weiter aus,

*entgegen der gängigen Meinung, die man haben kann, wenn man es sich nur
vorstellt, hilft uns dieser empathische Umgang. Ja, er schenkt uns Kraft.
Die meisten meinen ja, in so einem schmerzvollen Kontext zu arbeiten,
würde einen nur trübselig und missmutig machen.*

*Ja,* übernahm Ricardo wieder,

und staunte ich über den Sprudel, den die Frage auslöste,

*das sehe ich auch so. Wir erleben hier tagtäglich, dass wir das, was wir von
Herzen geben, auf demselben Weg zurückbekommen. Da braucht es nicht
viele Worte. Kurzum, diese spezielle Empathie-Ausbildung, nach der du
gefragt hast, ist ein für alle willkommener Nebeneffekt unserer Arbeit.*

*Oh ja, das weiß ich, und ich bin erst den vierten Tag bei euch.*

sagte ich und legte jetzt kurz meine Hand auf Robertas' ihre auf
meinem Knie,

*Ihr wisst gar nicht, wie gut das tut. Ich glaube sogar, dass das Wichtigste ist,
das ihr verabreichen könnt.*

*Danke, für dein Feedback, das tut sehr gut zu hören. Weißt du, so direkt ausgesprochen bekommen wir das nur selten zurück.*

Roberta umgriff mein ganzes Knie und drückte sanft zu, ehe sie abließ und die Rakete zückte – Pieps,

*36 Grad, sehr gut. Und? Irgendwelche Veränderungen spürbar?*

*Nein, alles gut. Ich will mit niemandem tauschen und bin so froh, mit genau euch hier zu sein.*

Eigentlich war mir auch noch danach zu sagen, dass ich sie liebte für ihre Präsenz und Worte – irgendetwas in der Richtung. Gott sei Dank hielt ich aber die Klappe und es sprach die kurze Stille viel besser aus.

Jetzt war der Knoblauchgeschmack sehr intensiv geworden. Der erste Beutel war schon in mich abgetaucht, der zweite begann gerade einzufließen. Da kam Antonella auf einen Besuch vorbei, natürlich auch mit zwei Masken.

*Mann, was seid ihr hier am Kochen, die ganze Station stinkt.*

Sie lachte.

*Ciao, na, wie läuft es, alles gut bei dir?,*

fragte sie mich und strich mir über die Glatze.

*Danke, ja. Ich bin hier in bester Gesellschaft. Gerade hatten wir ein schönes Gespräch über eure Kunst des Mitfühlens.*

Sie lachte abermals.

*Schon wieder Kunst. Bei dir ist ja alles Kunst, sogar das Mitfühlen.*

*Oh ja, ich komme sogar immer mehr zur Einsicht, dass diese Form zu Fühlen, die Mutter aller Künste ist.,* sagte ich,

*Die Form, der alle Formen folgen.*

*Ja dann, ich will es in meine Arbeit mitnehmen.*

*Warte noch, Antonella, diesmal entwischt du mir nicht wieder. Du sagtest vorhin, du hättest die Antwort schon.*

Ich erklärte Ricardo und Roberta, dass wir noch eine offene Kunstfrage zwischen uns stehen hätten, und fragte, ob es okay wäre, dass wir das noch kurz klären.

*Ja sicher, ich bin sehr neugierig, eure Antworten zu hören. Du sicher auch Ricardo, oder?*

*Ja klar, lass hören, Antonella.,* meinte der.

*Ihr macht mich verlegen. Da will ich auf einen Gruß reinschauen, und muss unerwartet mein Kunstexamen ablegen.*

Wir lachten.

*Also gut, als du sagtest, es könne ja auch etwas aus meiner Welt sein, aus der Medizin und allem, was dazu gehört, bekam ich plötzlich Zugang in diese Frage...*

Antonella holte tief Luft, als würde sie für das Weitersprechen Mut tanken, und sprach auf einmal schneller, als wollte sie es gleich hinter sich gebracht haben:

*...du wirst dich wundern, tOmi, denn ich komme doch mit etwas, na ja, traditionellem, es ist mir ja fast peinlich, aber ich muss ehrlich eingestehen, dass mir vor allem »Wallace und Gromit« in den Sinn kamen. Die beiden, also die Trickfilme mit ihnen, finde ich ganz große Kunst.*

Kurz tauschte sie sich mit Roberta und Ricardo aus, nur dass alle sicher waren, dass sie auch dasselbe meinten. Die Szene hatte etwas wunderbar Schräges. Ich hänge am zweiten Stammzellenbeutel, und wir sprechen über Wallace und Gromit, den etwas vertrottelten, aber liebenswerten Erfinder und den klugen Hund ohne Mund, der mit den Augen sprechen kann, wie sonst nur Buster Keaton.

*Ich mag die Arbeit von Nick Park auch sehr*, sagte ich.

*Das ist der Schöpfer von Wallace und Gromit.,*

klärte Anto die anderen auf.

*Ich finde deine Wahl außerordentlich interessant Antonella. Ehrlich, ich wünschte, die Kunstkritik wäre so offen wie du.*

*Ja? Danke, das freut mich. Aber jetzt bist du dran, los, sag uns, was dein Lieblingskunstwerk der letzten 20 Jahre ist.*

Alle drei sahen sie mich mit weit hochgezogenen Brauen an, ich war von Neugier umzingelt.

*Allium sativum*, sagte ich.

*Valium was?*

*Nein, A-ll-i-u-m sativum. Allium Sativum, sagt dir das was?*

*Nein, aber es könnte dein Künstlername sein. Ali Dingsbums.*

*Knoblauch.,* sagte ich glucksend.

*Knoblauch?*

*Ja, Knoblauch. Allium Sativum ist der wissenschaftliche Name für
Knoblauch.*

Jetzt sahen sie mich rundum stirnrunzelnd an, Antonella mit immer
noch gesenktem Kopf:

*Und Knoblauch ist für dich das interessanteste Kunstwerk der letzten
20 Jahre?*

*Nein, aber der Ort, an dem ich erfuhr, dass das sein lateinischer Name ist.*

*Aha. Würdest du bitte zur Auflösung des Rätsels kommen?*

Anto wirkte jetzt richtig genervt. Sie musste für einen Moment gedacht haben, ich hielte sie zum Narren.

*Wikipedia.*

*Wikipedia?*

*Wikipedia. Das ist für mich das interessanteste Kunstwerk der letzten
20 Jahre.*

*Eigentlich ein paar Jahre mehr, aber das ist ja egal.*

*Wikipedia?*, rief sie stutzig aus,

*Nein, komm jetzt, aber dann ist ja alles Kunst, wenn selbst so etwas
intellektuelles Kunst sein kann.*

Roberta und Ricardo kicherten amüsiert im Chor.

*Ja, für mich schon. Für dich nicht? Das ist doch auch das Tolle an der Kunst
– dass es für jede und jeden etwas anderes bedeuten kann und dass alle recht
haben, weil es erst deine Beziehung ist, die es letztlich dazu macht.*

*Okay, das will mir einleuchten, das mit der Beziehung, aber weshalb kamst
du ausgerechnet auf dieses Projekt?*

*Na, weil ich es für eine außergewöhnlich fantastische Idee halte – sich so
etwas vorgestellt, dann das Programm dafür geschrieben und es ins Rollen
gebracht zu haben. Und dann funktioniert das Ganze auch noch. Und wie!
Seit über 20 Jahren entstanden in hunderten Sprachen zig Millionen
Artikel. Eine unglaublich spannende Kreation.*

*Ich hätte dich poetischer eingeschätzt,* entgegnete Antonella,

*sinnlicher, ich weiß nicht. Klar ist Wikipedia ziemlich cool, Kompliment.*

*Ich brauche es auch oft, aber Kunst?*

Für einen gedehnten Moment wurde es gespannt still.

*Kunst.,* sagte ich.

*Liegt die Kunst für dich also am Anfang einer Sache, in der einfach Fantasie
und Vorstellungskraft im Spiel waren?*

*Nein, sie liegt im Ganzen. Ich meine es als Ganzes. Und das Ganze ist ein
wachsendes, ein qualitativ wachsendes. Das Interessante ist doch, dass
es eigentlich von Herzen wächst, denn das Großartigste daran ist der
freiwillige, leidenschaftliche Einsatz so vieler. Rund um den Erdball
arbeiten da nach einem kollaborativen Prinzip zig tausende Menschen
daran. Unentgeltlich! Ich finde das wahnsinnig schön!*

*Mhm, ja, beachtlich. Aber schön?*

*Weißt du, vielleicht kann es deine poetische Sehnsucht etwas trösten,
wenn ich sage, dass Wikipedia ein tolles Kunstwerk ist, weil es der Menschheit Gerissenheit abgegraben hat, da es von Klugheit erschaffen ist.*

*Wikipedia hat uns gezeigt, dass wir als Menschheit in Wirklichkeit eine
kluge Familie sind. Wer hätte das gedacht? Eigentlich sind wir ein kreatives,
kollaboratives, kluges Ganzes. Ist das nicht wunderschön?*

*Mhmmm.*

*Schlag doch einfach mal den Begriff Kunst in Wikipedia nach. Du wirst
sehen, dass dieser Begriff eigentlich eine viel universalere Bedeutung hat, als
wie er dann mit der Zeit von cleveren Kritiker:innen und Kurator:innen zu-
rechtgeschrumpft wurde.*

*Mach ich.,*

sagte sie wenig begeistert und verließ, ohne mir noch einen Blick
geschenkt zu haben, das Zimmer.

*Du kannst aber auch Wallace und Gromit nachschlagen!,*

rief ich ihr noch etwas betreten nach.


*Entschuldigt, aber jetzt müssen wir zurück zum anderen Thema, die zweite
Infusion ist fast fertig, und wir sollten dir noch ein paar wichtige Sachen mitteilen, bevor uns die nächsten Fälle rufen.,*

sagte jetzt Roberta.

*Wie fühlst du ich?, wollte Ricardo wissen.*

*Der Knoblauchminzegeschmack ist etwas widerlich, aber wenn es weiter
nichts ist. Wallace würde jetzt einen Cracker mit Käse essen.*

*Blutdruck okay, Temperatur auch gut. Ich gratuliere uns, das haben wir soweit gut hinbekommen.*

*Du musst aber,* fuhr Roberta fort,

*wie dir die Pflegerinnen sicher auch schon mitteilten, mit einer baldigen, heftigen Schleimhautentzündung rechnen, also mit sehr starken Hals-schmerzen. Das bringt diese ganze Aktion leider mit sich. Sobald du es bemerkst, sag es uns gleich, dann werden wir dir etwas Schmerzlinderndes geben. Über jedes andere neue Gefühl und über jedes Bedürfnis halte uns bitte auch auf dem Laufenden. Einfach sofort läuten.*

Während sie das sagte, befreite sie das Kabel mit dem Klingelknopf vom Bügel über dem Bett und legte es mir neben das Kissen, sodass ich nicht einmal den Arm zu strecken hätte.

*Wir werden jede halbe Stunde nach dir sehen, du kannst dann einfach weiter dösen. Wir müssen nur deine Werte kontrollieren.*

*Wir schätzen,* ergänzte Ricardo,

*dass du spätestens übermorgen in die Aplasie eintrittst.*

»Aplasie«, das hatte ich jetzt auch schon öfter gehört.

*Könnt ihr mir bitte nochmals in einfachen Worten erklären, was das ist, die Aplasie? Ich schlug im Wiki nach, wurde aber nicht wirklich schlau.*

*Ja, der Begriff taucht in vielen medizinischen Kontexten auf. In unserem Fall ist damit einfach die Zeit und der Zustand gemeint, in dem die neue Blutbildung noch nicht begonnen hat. Die setzt erst in zwei bis drei Wochen wieder ein. Und die Zeit bis dahin nennen wir Aplasie.*

*Genau.,* übernahm wieder Roberta.

*Du bist dann praktisch ohne Immunsystem und im Blut sinkt die Anzahl aller Blutzellarten. Aber das können wir durch Infusionen ausgleichen.*

*Und sobald die Blutbildung dann wieder einsetzt,*

führte Ricardo weiter aus,

*aber das wurde dir ja sicher auch schon gesagt, wirst du angehalten außerhalb der Klinik zu wohnen, so dass du dich wieder in einem gewöhnlichen Immun kontext einzuleben beginnen kannst. Dann beginnen auch die berühmten 100 Tage an. Jene Tage, in denen du selbständig peinlichst genau auf deine Hygiene und den Ansteckungsschutz achten musst. Aber das werden wir dann noch extra besprechen.*

*Gut, vielen Dank. Ich werde läuten, wann immer es mich juckt.*

Kaum waren auch die beiden wieder gegangen, schrieb ich Frankie eine Nachricht:

*Bitte komm! Es hat alles gut geklappt.*

Sie erschien kurz darauf mit ebenfalls zwei Masken.

*Hey Kleiner! Du kannst dir nicht vorstellen, wie das stinkt. Man kann es bis draußen in der Cafeteria riechen. Wie fühlst du dich?*

*Gut. Müde, schwach. Ein bisschen belämmert, aber okay. Und froh haben wir das jetzt endlich hinter uns, in uns.*

Für weitere, sicher 20 schweigende Minuten saß Frankie noch, den gemeinsamen Pulsschlag leise in der Höhle unserer Hände wummernd, bei mir. Draußen tanzte die Eibe wieder mit dem Wind. Die Spitze des Sendeturms blinkte, vor uns schwach leuchtend die grüne Röhre mit ihrer diffusen roten Aura – wie ein großer, stiller Gedankenstrich, der mich in den Schlaf entließ.

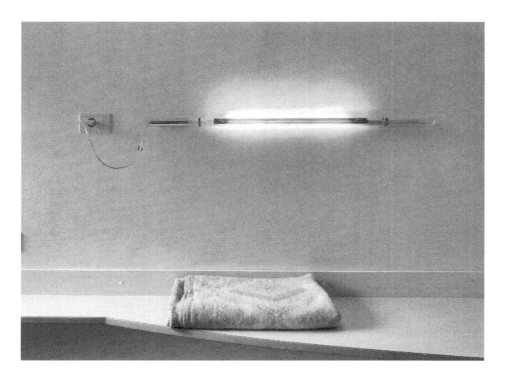

## Null

Noch hatte ich keine Ahnung, warum mir das gleich nach dem Aufwachen einfallen sollte. Es konnte immer noch meinen Atem bewegen und eine kleine, pralle Freudenblase in den Brustraum pumpen. War ich jetzt endlich im Sagen umwobenen Ganz-Unten angekommen? Als erstes, bewusstes Gefühl war da dieses erinnerte Entzücken. Oder ging es noch weiter hinunter?

Lina und ich kamen schon vor ein paar Tagen wieder aus den Hügeln zurück. Sie schlief noch. Die Sonne tauchte am zypriotischen Horizont aus dem Meer und brachte es immer noch mehr zum Glitzern. Ich faltete das Kissen, so dass ich einen Blick hinunter auf das Funkeln hätte. Da sah ich vor der gläsernen Terrassentüre Serge sitzen, Linas Bruder.

Völlig regungslos im Schneidersitz, mit einem schneeweißen Leintuch über den Schultern, das ganzen Körper umhüllte. Wie ein weißes, weiches Dreieck mit einer polierten Kugel, sein in buddhistischer Tradition immer rasierter Kopf obendrauf. Er meditierte. Dieser unbewegte, in sich ruhende Mensch, der nur durch sein ganz sanftes, langsames Auf- und Abblähen zu verstehen gab, dass er atmete, lebte, bewegte mich sehr. Das Bild ließ mich nicht mehr los. Wie eine Stille, die Kraft war. Wann immer es mir die kommenden Tage und Wochen wieder einfiel, stockte mir einen Moment lang der Atem. Ich empfand großen Respekt. Wie eine aufgewühlte Freude, die ich lange nicht verstand. Und jetzt, beinahe am Nullpunkt dieser Geschichte, tauchte es mit derselben Stimmung wieder auf.

Jetzt war ich noch geschwächter, und ja, Halsweh hatte ich auch. Ricardo, der Pfleger, der heute Morgen Dienst hatte, wusste das. Er bat mich eindringlich, nicht zu zögern, ihm zu läuten, wenn ich Hilfe in der Dusche benötigte.

*Nein, das sollte schon gehen. Danke.*

*Nach der Dusche werde ich dir etwas für die Halsschmerzen geben.*

Mehr als gehend schliff ich zum Badezimmer. Ganz langsam die Beine hinter mir her schlurfend. Ich überschätzte mich. Kaum war das Neonlicht aufgezuckt, drückte ich die Badezimmer-Hilfeklingel.

Ich erschrak, als ich mich im Spiegel sah. Kahl, nur wenige Wimpern waren noch dran. Ganz eingefallene Wangen, dunkle Augenränder, an den Schläfen und am Hals stark hervortretende Adern. Zugleich empfand ich eine seltsame, wortlose Wach- und Klarheit. Ich bin, also denke ich jetzt nicht. Als ich mich auszog, fiel ich zu Boden. Steigt man aus der Pyjamahose, ist man ja für einen Moment einbeinig. Da knickte ich ein und um. Wie ein betrunkener Schutzengelbeschützter ohne Intuitionsscharnier. Da kam Gott sei Dank aber auch schon Ricardo.

*Was machst du denn für Sachen? Hast du dich verletzt, tut dir etwas weh?*

*Nein, alles gut, nur das Schlucken macht Mühe.*

Ich fühlte mich wie ein Kind im Körper eines 100-Jährigen. Ganz sachte führte er mich zurück ins schon wieder frisch bezogene Bett.

*So, dieses Mittel wird dir deine Halsschmerzen im Nu vertreiben.*

Er hängte ein kleines Fläschchen an den Infusionsständer, das er sogleich mit der Venenleitung verband.

*Fein, und was ist da drin?*

*Eine Morphinlösung.*

*O Lala! Da bin ich aber gespannt.*

Ich kannte diese Droge erst vom Hörensagen, nämlich wenn sie Freund:innen oder Verwandte wegen dieses oder jenes verabreicht bekamen. Sie erzählten dann immer mit einer gewissen Begeisterung davon. Am unvergesslichsten ist mir hiervon die Aussage meines Vaters in Erinnerung. Viele Jahre nach seinem dramatischen Lungenriss erwähnte er in einem Nebensätzchen, das Beste daran sei das Morphium gewesen:

*Ich habe nie nie wieder so bunt* gesehen.


*Entspanne dich. Schlafe, wenn dir danach ist, und läute mir jederzeit, ungeniert. Ich bin heute ganz für dich da.*

sagte Ricardo, strich mir sanft über die Wange, die Schläfe und den Kopf, zog mir das nach Lavendel duftende Leintuch bis zu den Ohren und verließ mit quietschenden Crocs das Zimmer.

*Seltsam, fast alle trugen hier diese Kunstharzschlapfen. Warum quietschten*

*denn nur Ricardos seine?*
fragte ich mich, während ich ins Innere fiel.

Der Entschluss, meditieren zu lernen, also einfach nur so dazusitzen und mich hinter den Augen in die Stille hineinzuwundern, fasste sich damals in Zypern wie von selbst. Das sollte mir aber erst später, zurück in Basel, wirklich bewusst werden. Bis dann war es nur ein heißes Bild, eine Idee, die mich angezündet hatte.

Jetzt vernahm ich das erste Mal das extrem feine Surren der Neonröhre. Vielleicht surrte sie heute auch das erste Mal, jedenfalls war mir, als wäre ich noch nie so bewegungslos und sinnenklar dagelegen, am Tag nach meiner Stammzellenrückführung.

Das Morphin tröpfelte seelenruhig in mich hinein. Die Stille surrte ähnlich wie diese Leuchtstoffröhre, nur noch viel, viel feiner. Ich schloss die Augen und im selben Moment begann ich zu träumen. Wirklich zeitgleich: Das Schließen der Augen war das Öffnen des Traums. Nahtlos. Sofort wurde aus Gedanken ein Gestalt- und Lichtfluss. Wenig später öffnete ich die Augen, und weg war der Traum. Nur seine schwach nachglimmenden Schatten waren noch da: die Szene, in der ich vor einem Tisch sitze und Tusche anrühre, um dann schnell, aber nicht hastig in einem rundrührenden, dickschwarzen Pinselstrich ein Selbstporträt zu zeichnen: eine sitzende Figur. Aber eine auf dem Boden vor einem Tisch sitzende Figur, nicht auf einem Stuhl am Tisch, sodass es auf der Zeichnung aussah, als würde ich unter dem Tisch sitzen.

Da kam mir erst ins Bewusstsein, dass dieser Traum auch Erinnerung war. In jenen Tagen in Basel hatte ich ein Meditationsritual erfunden – zuerst saß ich auf dem alten Fischgrätparkettboden vor einem Tisch nur so da. Anfangs meistens zehn Minuten. Das zog sich schier endlos, war aber mit der Zeit fast gar keine Zeit mehr.

Dann nahm ich das kleine Schiefersteinbecken, spuckte hinein, rieb darin den Tuschestein und zog wieder meinen täglichen, das Sitzritual abschließenden, sitzenden Pinselstrich – den Strich eines Sitzenden mit Tisch. Hätte ich sie nicht alle im Wind der Jahre davonfliegen lassen. Ich könnte mir jetzt einen ganzen Stapel dieser Blätter ansehen.

Ich schloss die Augen und schlief wieder direkt in den Traum ein. Mittendrin erlebte ich alles genauso bewusst, wie ich es willentlich von außen betrachten konnte. Diese beiden Perspektiven waren dasselbe. Als käme *träumen* gar nicht von *trügen*, wie es mir der Duden erläuterte, sondern von *T-Raum*, von Trans-Raum – von einem transzendenten Raum, der und in dem ich jetzt war.

Es war großartig. Große Kunst, ohne auch nur den Hauch eines Fingers dafür krumm machen zu müssen. In einem Wonnestrom aus Form und Farbe floss ich in tiefen Schlaf.

Pieps,

*37, na, das geht doch. Und wie geht es dir?*

fragte Antonella, die mich mit der Fieberrakete weckte.

*Oh, mir geht es wunderbar,* flüsterte ich,

*Buongiorno. cara Antonella.*

*Wunderbar?*

*Ja.*

Sie ließ mir ein bisschen Zeit, mich umzusehen, einen Schluck Wasser zu trinken und mich unter der Decke zu strecken, wie eine abgemagerte, aber nicht minder fidele Katze.

*Dann hast du gut geschlafen?,* hakte sie nach,

*Ja, und gut geträumt. Weißt du, ich bekam vorhin Morphin. Ich kann dir sagen, das ist richtig-wichtig-unglaublich interessant!*

Antonella sah mich streng an, den Mund verzogen, als wolle sie sagen, ich würde gerade großen Stuss reden,

*Nein, wirklich. Weißt du, da kannst du die Augen schließen und im selben Moment beginnst du zu träumen, das kann ich gar nicht beschreiben, so unglaublich ist das.*

Wieder sah sie mich ganz ernst an und wechselte gleich das Thema, so dass mir klar wurde, dass sie das nicht im Geringsten interessierte.

*Und, ist das Halsweh erträglich?*

*Ja, das war aber auch nie so dramatisch, ich konnte sogar etwas Kleines essen. Ich hatte schon morgens ein Hüngerchen.*

*Sehr gut, das ist ein erfreuliches Zeichen.*

Ich hörte immer wieder, dass ich dann für ein paar Tage sicher gar keinen Appetit mehr hätte, das sei ganz normal. Wann immer aber ich auch nur die leiseste Spur von Esslust verspüre, solle ich läuten – sie brächten wir dann gleich etwas. Am besten das, worauf ich Lust hätte. Das sei wie bei einer Schwangeren, die wisse auch immer intuitiv, was der Organismus gerade benötige. Doch, ich hatte eigentlich immer Appetit – wenig, aber immer ein bisschen. Leib will Laib, meistens wollte ich nur Brot.

Als es plötzlich sanft an die Tür klopfte und gleich nach dem letzten, dumpfen Tock Francesca das Zimmer betrat, ging Antonella wieder. Unquietschend.

*Läute mir, wegen was auch immer. Nur wegen Morphium nicht,*
sagte sie unmissverständlich herb,
*dein Halsweh war ja auch nie so stark. Ciao Francesca.*
*Ciao Antonella. Nur wegen Morphium nicht?,*
fragte Frankie, etwas verdutzt,
*Ja, weißt du...,*
und ich erzählte ihr meine Wach-Traum-Wach-Erlebnisse.

*Hey, wir haben es geschafft! Wir sind den ganzen, langen Weg bis hierher gegangen, und du hast die Transplantation schon hinter dir! Auguri piccolo!*
Und gleich purzelten ihr auch schon pralle Tränen hinunter. Ganz schnell, als wären es kleine Sorgen- und Freundenbläschen, die sogleich am Saum der papierenen Gesichtsmaske platzten und sich in ihn einsogen.
Hatte ich es geschafft? Was gab es zu schaffen? Ich tat doch nichts. Ich tat wahrscheinlich noch nie so lange, so gar nichts – was sollte ich da geschafft haben können? Natürlich wusste ich, wie Frankie das meinte – das sagt man halt so, aber ich wusste auch, dass sie, wie ich wusste, es schafften, weil wir es das Leben schaffen ließen. Es ist ja nicht so – und es war auch noch nie so – dass wir ein Leben haben, sondern dass das Leben uns hat. Wie wir ja in Wirklichkeit auch nicht auf die Welt kommen, sondern aus der Welt.
*Gleich kommen Cary und Amelie vorbei. Amelie schickte mir von der Fahrt*

*eine Nachricht. Sie werden uns rufen lassen, dann treffen wir uns im
Besucherzimmer, gleich hinter der Schneise,* sagte Frankie.
*Ach ja? Darf ich das?*
*Ja, du sollst sogar. Roberta, die ich vorhin traf, sagte mir, dass dein Erleben
dieser wenigen, ersten Schritte, nach der Stammzellengeschichte, wichtige
Rückschlüsse auf den Verlauf zuließen. Sei also sehr aufmerksam deinen
Wahrnehmungen gegenüber. Und komplett vermummen musst du
dich auch.*

Der kurze Weg aus meinem Zimmer in den Besucherraum war beschwerlich. Jeder Schritt fühlte sich wie Arbeit, nicht wie Gehen an. Am Ziel verwandelte sich dieses Gefühl aber sogleich in feine Freude. Cary und Mele waren schon da. Ihre Blicke strahlten zwischen den schneeweißen Papiermasken und den halbtransparenten Hauben, die aussahen wie filigrangewobene Spinnennetzhüte.

*Ciao ihr Schätze.*
*Hey Bruderherz.*
*Hallo Onkelherz. Ciao Francesca.*

Rundumher hingen die Wände voller Kinderzeichnungen – ganz sicher alles Mitbringsel, das sie ihren großen Freunden oder Verwandten gebracht hatten. Allerbeste Kunstmedizin. Richtig schön vollgepflastert, wie früher am Anfang des 20. Jahrhunderts oft moderne Kunstausstellungen gehängt wurden – als ein Werk aus Werken.

*Erzähle, wie erging es dir?*, fragte Amelie.
*Du siehst mitgenommen und mager aus, aber du hast wenigstens eine
gesunde Farbe im Gesicht.,* meinte Cary.
*Ja*, sagte Frankie,
*das beruhigt mich auch.*

Ein leises Gespräch unter acht Augen, ohne sichtbare Münder. Niemand ahnte, dass diese Maskerade und diese berührungslose Nähe bald zum Alltag der ganzen COVID-Welt werden würden.

Es fehlten nur noch Märle, Teresa, Lola, Luisa, Carla und Sisa, dann wäre mein gebündeltes Frauenglück perfekt gewesen. Aber sie waren auch so da. Auch alle anderen in diesen Seiten erwähnten Menschen und Tiere und Bäume und Blumen und Zellen und Wellen. Nur das Halsweh war fast weg.

Ich spürte, dass das Morphin immer noch nachwirkte, und hatte überhaupt nichts dagegen. Sogar einen kleinen Spaziergang hinaus in den Herbst sollten wir machen. Nur wenige Schritte. Nach einer halben Stunde musste ich ja schon wieder im Zimmer sein. Cary und Mele machten sich schon bald wieder auf die Rückreise. Wir verabschiedeten uns unten auf der kleinen, grünen Insel vor dem Zentraleingang des Tumorflughafens. Ihre sanften Augenpaare, die Mutteraugen und die Tochteraugen, die strahlten, als würden sie aus der selben Lichtquelle leuchten, schauten mich noch eine weiche Weile besorgt-zuversichtlich an. Zurück im Zimmer half mir Francesca beim Duschen, die Unterwäsche und den Pyjama zu wechseln und wieder ins frisch bezogene Bett zu kriechen. Schön, durfte sie auch noch ein bisschen bei mir bleiben. Ich war so erschöpft, so kraftlos, gleichzeitig aber von einer wunderlich wachen Gegenwärtigkeit. War ich schon ganz unten?

Alles war jetzt Meditation. Das schwache, doch entschieden lodernde Leben. Einfach alles daran und darin. Ich achtete nicht mehr auf den Atem, ich war der Atem. Nichts Anderes. Nur das Ein und das Aus des einen Atems. Jeder Anfang eines eingeatmeten Atemzugs war das Ende eines anderen, ausgeatmeten Atemzugs. Es gab gar keine Atemzüge mehr. Es gab nur noch den einen unendlichen Atemdurchzug, der durch alles Leben ein und ausfloss. Der *Ātman*, wie er in der alten indischen Philosophie genannt wird. Der Lebenshauch des absoluten Selbst. Das unzerstörbare, ewige Wesen des Geistes, dass wir hier die Seele nannten. Das *Pneuma* der alten Griechen. Das ins All gehauchte *Allaaaah*, das nie verklang, nie begann, nie erlosch und alles war. Außer dem Einen gab es gar nichts mehr. Wie auch?

Frankies Nähe war näher als meine Nase. Die Welt, nur mehr ein feinsurrender Gedankenstrich. Ich schlief ein, als käme ich erst bald auf die Welt.

**Zehn**

Wie unendlich schön dieses Hier jetzt war, welches das Sein war, und das da draußen im abstrakten und verkehrstechnischen seines horizontalen Trubels 2. November 2019 genannt wurde.

So schön, wie ich klein war. Nein, noch viel schöner. Denn ich war so klein, dass ich fast gar nicht mehr da war. Kleinstwinzig, ich wunderte mich jedes Mal, fand die Fieberrakete noch ihren Landeplatz. Und tat sie das, empfand ich ein riesiges Gefühl, ein klares, dickbäuchiges *Huch*, das freudig durch den unendlichen Leerraum des Körpers huschte.

Obwohl Körper, welcher Körper? Wo war ich? War was? Wer bin ich? Still und leise und leer und weit.

Ach ja, klar, ich bin der im Bett, im freundlichen Tumorhotel. Klitzeklein und nackt. Durchsichtig wie eine Schneeflocke auf einem Seelenwurm.

Daliegen. Dasein, nichts bewegen. Keine Worte, keine Finger, keine Blicke, vom Leben geatmet sein, das konnte gerne für immer so bleiben. Ich bin ein Glühwürmchen.

So lautlos, licht und leicht, wie der Raum unermesslich frei und frisch. Oder in Nietzsches Worten:

*Das Wenigste gerade, das Leiseste, Leichteste, einer Eidechse Rascheln,*
*ein Hauch, ein Husch, ein Augen-Blick — Wenig macht die Art des*
*besten Glücks.*

Das Morphin hatten sie mir ja gleich wieder abgesetzt. Ich Dumpfkopf musste natürlich schwärmen und obendrein erst noch gestehen, dass das Halsweh gar nicht so arg war. Die Euphorie.

Also diese Droge konnte es nicht sein, nein, es muss das Sein gewesen sein. Jetzt bin ich ganz unten, genau, das war es – ganz unten! So ist das also. Kein Immunsystem mehr, jetzt könnte mich sogar der Mundgeruch des Briefträgers umbringen. Gott sei Dank kam hier keiner. Schmunzeln war für viele Stunden meine einzige Bewegung. Immer wieder, ich bekam beinahe Schmunzelkater. Ich lag ganz ruhig da. Ganz lange, ganz ruhig. Keine Ahnung, es könnten 2 Stunden oder 2 Tage gewesen sein.

Das einfach so daliegende Dasein.

Das aus den Augen Hinausschauende.
Das bis tief in den Unterbauch hinein atmende.
Das den Duft des schneeweißen Leintuchs seiende.

Antonella betrat ganz sanft das Zimmer, wie von Liebe hereingehaucht kam sie an. Wirklich. Als ich sie so sah, und sah, wie schön der Mensch war, wie unglaublich wunderbar sie sich bewegte,

*Ciao, mein Künstler. Na, wie geht's?*,

ihre bezaubernde Stimme hörte, das Licht auf den feinen Härchen ihrer Arme golden funkeln sah, das feine Windchen spürte, das ihr Kommen über mein Gesicht schickte, da ward klar, dass es zwischen uns nichts gab. Nichts, was uns trennte. Gar nichts. Wie konnte ich das nur je anders gesehen haben? Jetzt war es so sonnenklar, dass das Sein nur eines war.

Und ich dachte, regungslos, ohne Worte, aber so unmissverständlich, dass dieser eine gefühlte Gedanke zum Achsenschwunggedanken wurde, um den sich das Wortrad dieses ganzen Buches zu drehen begann:

*Müsste ich jetzt sterben, genau jetzt, dann geschähe:*
*Exakt, rein gar nichts.*

Es würde sich im Grunde nicht das Geringste ändern. An der Oberfläche alles, am Grunde nichts. Selig, friedlich schmunzelnde Seinsfreude.

Es hätte auch Ricardo kommen können, oder Réka, Roberta, Lucia, Flores, Rilke, ganz egal wer, ich war alle und alle waren sie ich, waren wir alle doch nur Es, das Unübertreffliche, eine Leben. Ja genau, das Gegenteil von Tod war nicht Leben. Ach, i wo! Geburt war sein Gegenteil. Und ich, gerade im Neugeborensein angekommen, war das. Leben hatte, wie Liebe, kein Gegenteil. Es war nur. Ganz sich selbst.

Gleich nachdem ich Antonella antwortete:

*Gut* – schlief ich wieder ein.

Und erwachte in genau derselben Körperhaltung. Als Erstes sah ich, wie beim Einschlafen als Letztes, dieses kleine, leere, milchweiße Becherchen, aus dem mich heute Morgen noch die Tabletten anfunkelten und das jetzt, im schüchternen Licht des Gedankenstrichs grün schimmerte. Die winzige reliefartige Skala schien zu fluoreszieren.

*Becherchen, wie formvollendet du heute dastehst.*

Konisch, nach oben immer offener, wie dem Himmel Dank zollend.

*Stellte ich jetzt ein zweites, umgekehrtes Becherchen über dich, und dieses Himmel-Erdepaar, 1000 Mal übereinander, ich würde dich die Säule unendlicher Dankbarkeit taufen.*

Draußen war es finsterschwarz geworden. Je länger ich in das Warnblinken des Funkturms blickte, das einzig noch Sichtbare, desto mehr stieg mein Herzschlag in diesen Takt ein. Da fielen die Augen auch schon wieder zu. Wie im Kuss war ich total im Jetzt versunken gewesen und sank schon wieder.

Ja, klar, ich war auch einfach über alle Maße müde, und auch der Hals kratzte noch bei jedem Schlucken, aber das erwähne ich nur, weil es dir sonst abgehen könnte. Sagen muss ich dir etwas ganz anderes: Das bloße Sein, das stete Staunen mitten darin, hatte dem Denken alle Energie und seine Worte, wie dem Raum die Zeit entzogen. Und das dem Denken voraus- und weit darüber hinausgehende Sein gab den Ton an. Bewusstsein. Ein Ton. Ein Klang des Einklangs, der nichts anderes war als das, was in Worten vielleicht noch am ehesten mit, »*Ich Bin*« bezeichnet werden konnte. Ich bin.

Hurra. Genau. Jetzt. Sonst nie.

I AM – wie ich es schon vor Wochen als vertikale Figur aus einem spontanen Spitalbettspiel heraus festhielt und vor einigen Seiten ja auch schon einmal ansprach – diese drei übereinandergestellten Buchstaben hatten bildlich etwas Menschliches und Seltsam Schönes. Auch, dass sie symmetrisch und spiegelbildlich das Gleiche waren, also in deinem wie in meinem Blick gegenüber, gefiel mir. Und dass es doch eigentlich das philosophisch Radikalste war, das man sagen und im Grunde nicht in Frage stellen konnte. Ich bin Partist, oder ich bin Stammzelltransplantierter, oder ich bin Austro-Salentiner, ist schon nur mehr abstrakt, fragwürdig, vermeintlich mehr-, aber eigentlich nichtssagend, nichts, was der Philosophie gefiele. Aber das I AM war Essenz – das, was jede und jeder von sich behaupten, und man niemandem je in Abrede stellen konnte.

Letztlich drückte sich in diesem Minimalsatz – *Ich Bin. I Am. Yo Soy.*
*Io Sono* – das Manifest des Bewusstseins aus.

Und genau dieser Augenblick dieses *I AM – Wow, Ich Bin!* – nicht gestern, nicht morgen, nicht Geschichte, nicht Name, nur Es – das Sein – ich bin das, I AM – diese Wahrnehmung, dieses Staunen ob dieser unglaublichen Tatsache, dass sich das Bewusstsein seiner selbst bewusst werden kann – war der Ausschlag, mich an dieses Buch zu wagen. Und der, dieses Zeichen zu entwerfen, allerdings nicht aus dieser Überlegung, sondern eben, aus einem ahnenden Spiel heraus.

Erst heute wurde mir wirklich klar, dass ich mit diesem Zeichen auch manifestierte, dass ich mein Leiden annehmen wollte. Bedingungslos wie das *Ich Bin*. Und dass es dadurch, also durch das bewusste Leiden, augenblicklich besänftigt und erträglich wurde.

Zehn Tage, fiel mir jetzt wieder ein: Zehn Tage, so hieß es immer wieder, solle diese Aplasie etwa dauern. *Zehn Buddhismus*. Schmunzeln.

Eine samtweiche Berührung der Wange öffnete mir langsam wieder die Augen. Anto kam sich noch kurz verabschieden.

*Na?*

Sofort versuchte ich ihr zu beschreiben, wie mir geschah, was ich empfand. Diese »Seinsation«...

*Weißt du, es ist, als wäre ich sogar von der eigenen Geschichte frei, gedanklich frei.*

*Flüstere*, sagte sie,

*das schont deinen Hals, sonst nehmen die Schmerzen wieder zu.*

*Ja*, sagte ich leise,

*Weißt du, ich freue mich wie ein Neugeborenes beim ersten Schrei.*

Je weiter ich ausholte, um dafür irgendwelche Worte zu angeln, umso weiter zog sie ihre Brauen nach oben.

*Nein, Antonella, du irrst dich. Das Morphium ist längst ausgefahren,*

*das muss eine Nebenwirkung der Aplasie sein, des ganz unten. Ohne*
*Immunsystem und ohne den Blutbildungsprozess kann sich das, so*
*scheint es, einfacher zeigen.*
*Was kann sich einfacher zeigen?*, fragte sie.
Die Brauen sanken und es bildeten sich zwei vertikale Fältchen an
ihrer Nasenwurzel.
*Na, das eine Leben! Es gibt nicht zwei, deines und meines und viele, es*
*gibt nur eines. Das ist so fantastisch. So unauslotbar tief und superschön!*
Während sie mich ruhig ansah, bewegte sie allmählich ihren Kopf
zur linken Seite, als würde sie vor einem Bild stehen und wüsste sie
nicht, was sie davon halten solle.
*Ich verstehe gerade nicht, weshalb dich diese relativ simple Einsicht so*
*faszinieren kann.*
Relativ simple Einsicht? Ich meinte, ich hörte eine Kuhglocke am
Petersdom ertönen.
*Relativ simple Einsicht?*
*Na ja, klar gibt es nur ein Leben. Das fängt mit deiner Geburt an, und dann,*
*sorry, hört es mit deinem Tod auf. Da kommt niemand drum herum –*
*Simple Einsicht.*
*Nein*, sagte ich,
*das meinte ich nicht, ich meinte, dass dein Leben und mein Leben, dass über-*
*haupt alles Leben, nur eines ist: Nicht viele voneinander getrennte Leben.*
*Und ganz offenbar hat das weder je begonnen, noch kann es je enden, weil*
*das Leben ja uns lebt, nicht wir das Leben.*
Jetzt drehte sie den Kopf etwas schneller auf die andere Seite, die
Nasenwurzelfalten schienen jetzt sogar leicht zu ruckeln.
*Schopenhauerchen*, sagte sie,
*ich glaube, wir sollten da nochmals darüber schlafen. Lass uns morgen*
*darüber sprechen. Aber weißt du, was mich mehr wundernimmt, als das*
*eine Leben?*
*Die perfekte Ehe?*, fragte ich.
Anto lachte und die Falten verflogen,
*Nein, Danke. Dein zweitliebstes Kunstwerk der letzten 20 Jahre.*
*Wie das? Hat dich das Erste so sehr enttäuscht?*

*Ja, schon. Ich möchte einfach noch so gerne etwas von dir hören, das ich*
*mir dir zusammenzubringen kann. Deine Wikipedia-Antwort schien*
*mir schon etwas an den Haaren herbeigezogen.*

Kaum hatte sie diese letzten Worte ausgesprochen, kam mir der Kuss in den Sinn.

*Kuss*, sagte ich.

*Was Kuss?*, fragte sie gespielt verärgert,

*Dem Klimt seiner?*

*Nein meiner. Das heißt, unserer. Der erste Kuss, den Francesca und ich*
*erlebten.*

Ich war mit dem Satz noch nicht fertig, hatte sie schon beide Hände hinter dem Kopf verschränkt, beugte sich dabei leicht zurück und blickte zur Zimmerdecke. Zum Himmel, als blödelte sie Gott um Hilfe an.

*Das war ein Jahrhundertkuss. Da kann Klimt einpacken mit seinem*
*Männergeknutsche.*

Antonella lachte laut raus, das eher wie ein Bellen klang, eher aggressiviert als amüsiert.

*Dein Jahrhundertkuss in Ehren,*

begann sie den Satz wenig glaubhaft,

*aber was geht das bitteschön den Rest der Welt an?,*

und schloss sie ihn überraschend beflissen ab.

*Gute Frage.*

gab ich, vertrauend, dass sie diesen Kuss auch noch fände, zurück.

*Gute Frage und gute Nacht.,*

und weg war meine Lieblingskunstpflegerin.


Nun war es ganz still geworden. Sogar windstill, nur das Blinken des Turms deutete noch einen Klang an, dessen Takt meinen Blick schön langsam wieder in den Schlummer hypnotisierte. Dazwischen, noch ehe ich ganz in das formlos Freie des Schlafes fiel, erinnerte ich mich an die Worte, die Curt an mich richtete, wenige Tage bevor er starb:

*tOmi, versprich mir etwas – versprich mir, dass du nicht mehr willst, als du*
*wirklich brauchst. Verstehst du?*

*Klar*. Sagte ich,

und stimmte spontan mit einem einfachen Kopfnicken zu. Ich wusste, wie er das meinte. Nicht aufgrund der Worte und des Sinnes den sie infolge ergaben, sondern *wie* er sie sagte, und weil sie mich so tief berührten.

Doch heute verstand ich tatsächlich, welchem Versprechen ich da zugestimmt hatte – ich war ja gerade dessen Einlösung – dem Versprechen, den Willen dem Sein zu unterstellen, um nicht das Wollen dem Verlangen und dem Haben überzuordnen. Sich im Großen und Ganzen des alles Möglichen des einen Seins immer wieder anders und neu zu erleben, um so der Wahrscheinlichkeit aus dem Weg zu gehen, sich im Einzelnen, Meinem und Getrennten zu verlieren.

*Guten Morgen,*
hörte ich jetzt ganz leise Raffaela, die Nachtschwester, sagen,
*wie fühlst du dich? Ich bringe dir deine Tabletten.*
*Guten Morgen. Danke, gut. Und du, hattest du eine ruhige Nacht?*
flüsterte ich.
*Ja, einigermaßen, undramatisch, aber ich tat kein Auge zu. Konntest du denn schlafen?*
*Wie ein Baby, an einem durch. Nur manchmal vernahm ich, wie aus einer tiefen Ferne, wie du mir das Fieber und den Blutdruck gemessen hast.*
*Wie lustig du dich ausdrückst – »aus einer tiefen Ferne«.*
*Ja, ich dachte gerade darüber nach. Nein, eigentlich dachte es sich von selbst, ich sah den Worten nur zu.*
*Du flüsterst wegen des Halswehs, nehme ich an. Das wird bald vorübergehen.*
Die Weile bis zum Mittagessen verbrachte ich zeitlupensportlich. Langsam ins Bad, langsam im Bad, langsam zurück, langsam ein Joghurt löffeln, langsam die Eibe bewundern, langsam die Tabletten schlucken, langsam einnicken, langsam wieder aufwachen – und schon waren über vier Stunden vergangen. Nicht mehr wollen, wie ich brauche, nicht weniger sein, als ich bin.

Curt hätte auch sagen können:
*Siehe ein, dass Geben und Empfangen in Wahrheit dasselbe sind.*

Vor gut zehn Jahren lernte ich einen alten Steinbock kennen. Ich sage *alt*, weil er so seelenruhig dalag mit seinen riesigen Hörnern, direkt am Maschenzaun des Wildparks. Ich setzte mich vor ihn auf den Erdboden und begann mit dem Zeigefinger sein borstiges Fell am Nacken zu kraulen. Da sah er mich, während er die ganze Zeit überaus gemächlich am Kauen war, kurz aus seinen Cinemascope-Pupillen an, schloss dann die Augen und begann seinen Kopf gaaaaanz langsam nach hinten zu neigen.Kurz bevor dann ein Horn sein Hinterteil berühren konnte, neigte er noch ein klein wenig den Kopf zur Seite, so dass er auch ja genau träfe, um sich dann, den Kopf ganz sachte auf und ab nickend, mit der Hornspitze am Arsch zu kratzen. Heute verstand ich auch diese Lektion.

Gleich nach dem Schluckweh schonenden, extraweichen, polypüriertem Mittagessen kam Frankie zu Besuch.

*Amore!*

Seinsfroh erzählte ich vom Frohsein.

*Flüsterst du wegen des Halswehs oder weil dein Erleben ein Geheimnis ist?*

Wir kicherten.

*Ja, so tut fast gar nicht mehr weh. Aber Mensch, morgen um die selbe Zeit sitzt du schon im Flieger nach Hause.*

*Ja. Ich glaube es auch noch nicht. Aber dass alles so klaglos über die Bühne ging, und dass ich dich zwar sehr mitgenommen, aber auch zuversichtlich und heiter erlebe, macht es mir viel leichter. Übrigens: Ich sprach mit Aldo, er will dich täglich besuchen, bis dann Teresa, Lola und David kommen, in fünf Tagen.*

*Sehr schön. Danke.*

*Er sprach mit der Chefpflegerin, weil er während der Besuchszeiten Nachmittags nicht freinehmen kann. Kein Problem, sie meinte, er könne auch am frühen Abend eine Weile reinschauen. Hauptsache, du hättest Gesellschaft und bist immer wieder angehalten, wach und etwas aktiv zu sein.*

*Ja gut, er wird mir sicher ganz viel zu erzählen haben. Ich freue mich auf ihn.*

Unser Abschied – wer weiß, für wie lange wir uns jetzt nicht mehr sehen konnten – war dennoch leicht. Wir würden, wann immer wir wollten, einfach sämtliche telematischen Fäden schwingen lassen.

*Alles Gute. Gute Reise. Und gutes Treffen mit den Vermietern. Geh da ganz locker rein. Sei einfach du, dann haben wir die Wohnung! Und sonst finden wir sicher eine andere Lösung.*

*Certo, va bene, dir auch. Und bitte melde dich. Jederzeit. Ich bin immer da.*

Als Frankie dann wirklich gegangen war, erschrak ich für einen Moment. Jetzt war es ganz anders still geworden. Ich fühlte einen Kloß im Hals. Einsam, still und stumm. Zum Glück konnte ich aber gleich ein bisschen losheulen und bemerken, dass es eigentlich süße Tränen waren. Kleine Vorboten der Freude, sie bald wiederzusehen. Inshallah.

Die knappe Woche, die ich jetzt noch in der Humanitas lebte, verging wie in einem wachen Traum, das heißt in einem seltsam meliertem Gemenge aus Raum und Zeit. Denn obgleich alles in Zeitlupe geschah, verging die Zeit sehr schnell, und obwohl ich alles unter die Raumlupe nahm, war mir, als hätte ich das Ganze noch nie so ganz wahrgenommen.

*Oh, du hast ja nur mehr eine Maske an!,*

sagte ich zu Raffaela, die mir heute Morgen noch einmal den Blutdruck maß, ehe sie dann bald die Stechuhr drücken würde.

*Ja, der Geruch schwirrt nur noch ganz leicht herum, aber die Masken müssen wir auch tragen, um dich zu schützen.*

*Klar. Seltsam, konnte ich den Knoblauch selber nie riechen.*

*Ja,* gab Raffaela in einem seltenen philosophischen Anflug spritzig zurück,

*der Knoblauch kann den Knoblauch nicht riechen, wie das Auge sich auch nicht selber sehen kann.*

Abends schaute noch ein Marsmännlein rein.

Ganz in weißen Papierkleidern vermummt. Nur seine schönen Augen mit ihrem gewitzten Blick wiesen ihn als Aldo aus. Mein Babysitter. Er kam jetzt wirklich jeden späten Nachmittag. Meistens war ich dann schon wieder sehr müde und ließ ihn mich mit Geschichten von Gott und der Welt in den Schlaf erzählen.

Frankie kam schon gestern gut in Lecce an. Sie erzählte, sie hätte gleich mit Sisa gesprochen, sie wolle bald für ein paar Tage kommen, um ihr beim Umzugskistenpacken zu helfen.

Und jetzt, an einem nieselregnenden Novembertag in Rozzano und einem sonnigen in Lecce, ging Frankie auch schon in die Besprechung mit den Wohnungsbesitzern. Ich dachte mit jeder frischen Zelle an sie. Keine zwei Stunden später rief sie mit singender Stimme an:

*Wir haaaaben die Wohnung! Weißt du, ich ging mit dem Vorsatz in diese Sitzung, dass ich nicht eher die Klappe halte, bis wir nicht deren Okay hätten. Beide, die Vermieterin und ihr Mann, nahmen mich richtig in die Zange. Wie ein klassisches Verhör mit dem Good Cop und dem Bad Cop, weißt du. Er ging das Ganze freundlich und einfach neugierig an, seine Frau stocherte aber fast aufdringlich in unseren Biografien herum. Aber ich merkte von Anfang an, dass beide immer noch mehr Gefallen an unseren Berufen gefunden hatten, und so malte ich einfach groß und bunt aus, wie sehr wir diese doch liebten.*

Das stimme ja auch, fuhr sie sprudelnd fort, und das hätte es letztlich wohl auch stimmig für sie gemacht, so dass wir, noch als sie auf dem Weg nach Hause war, telefonisch den Zuschlag erhielten.

Unsere Freude war kugelrund und federleicht. Da hatten wir es wiedermal gesehen – Onkel Rilke, wie grüßen dich! – wie wichtig es ist, sich jeden Urteils zu enthalten, nicht wissend, auf was eine sogenannte schlechte Nachricht langfristig hinausläuft. Die unliebsame Kündigung unserer alten Wohnung verwandelte sich in die sogenannte gute Nachricht einer weitaus besseren.

Heute wollten die Topis kommen, Teresa, Lola und David. Ich durfte jeweils nur immer eine Person empfangen, also hatten wir schon zuvor abgemacht, dass wir dann einfach die Besuchszeit etwas dehnen und dritteln.

*Will Lola denn wirklich mitkommen? Ich möchte auf keinen Fall, dass sie denkt, sie...*

*Nein, mach dir keinen Kopf,* unterbrach mich Teresa,

*natürlich war es ihr total freigestellt, aber sie meinte fast energisch, sie wolle mitkommen, es scheint ihr ein echtes Bedürfnis zu sein.*

Wie schön. Welches Glück, Teil unserer Familie zu sein, dachte ich.

In der Vorfreude ihres Kommens dachte ich daran, was Lola vor knapp zehn Jahren, also als 5-jähriges Kind, auf einen Punkt brachte, und der sich heute nach 16 Jahren anfühlte wie ein bunter Schatten des Osho-Glühwurms.

Wir besuchten Alberobello, die Trulli-Hauptstadt im Valle Ditria in Apulien, und dort auch die einzigartige zauberhüteförmige Kirche des Ortes. Der »Trullidom«. *Il Trullo* ist ein meistens kleiner kegelförmiger Trockenmauerbau mit dicken Mauern und winzigen Fenstern, der traditionell vor allem in Zentral- und Südapulien schon seit dem 17. Jahrhundert gebaut wird. Damals wollte – als ich die Geschichte das erste Mal im zufälligen Schlepptau eines englischen Reiseführers hörte, hielt ich sie erst für einen netten Scherz – Graf Giangirolamo Acquaviva d'Aragona partout keine Steuern an seine Majestät abtreten. Da man diese aber nur zu entrichten hatte, bewohnte man ein Haus auf dem königlichen Erdreich, ordnete er an, die Untergebenen sollten sich mörtellose Strukturen einfallen lassen, die, sobald dann die Inspektoren zum jährlichen Eintreiben auftauchen würden, schnell und einfach abgerissen werden konnten. Kaum sichtete dann ein extra dafür abgestellter Angestellter des Herrn Grafen die anreitenden Steuerbeamten am Horizont, gab dieser das Warnsignal, und in Windeseile hatten die Leute ihre Trulli dem Erdboden gleichgemacht.

Jetzt aber versuchte ich, auf Lolas Fragen bezüglich des etwas schwülstigen Freskos hinter dem Altar einzugehen. Zentral war Christus am Kreuz zu sehen, der da aber wie aus einer großen, grafisch abstrahierten Vulva, die in Fleischtönen zwischen ihn und das Kreuz gemalt war, umgeben von Engeln, Schutzheiligen, Paradiesvögeln, Mönchen und ihn anbetenden Frauen herauszutreten schien. Gleichzeitig stellte dieses Kreuz aber auch einen üppig sprießenden Olivenbaum mit überdimensioniert großen Blättern dar, als wären diese selber alles kleine, grüne Vulven. Eine ganz spezielle Art von Christbaum.

Lola, die sonntags auch noch nie in die Kirche musste, wollte mit betroffenem Gesicht wissen, weshalb da ein angenagelter Mann an diesem seltsamen Baum hinge. Jedenfalls tat ich mein Bestes, sprach vom Himmel, der eigentlich unser Innerstes sei, von der Heiligkeit des allen Lebens voraussetzenden Weiblichen, vom Sohn Gottes, von Vergebung und von Auferstehung.

Lola hörte die ganze Zeit sehr aufmerksam und mit skeptischem Blick zu. Als wir später vor der Kirche auf der Treppe saßen, Lola auf meinen Schoß, sagte sie nach einer stillen Weile mit gerunzelter Stirne und einem erstaunlich sarkastischen Ton:

*Und so was glaubt ihr?*

Ich wusste, dass ich mit meiner wackligen Exegese, den seltsamen Begriffen und Sprachbildern gar nichts für sie geklärt hatte. Aber ich merkte auch, dass aus ihrer Frage vor allem Interesse herausklang, so als würde sie sagen, dass es auf ihre guten Fragen nach doch weitaus bessere Antworten geben müsse.

Damals fasste ich spontan den halbherzigen Entschluss, ein Kinderbuch zu schreiben und zu illustrieren. Das sollte Lola und ihren Freund:nnen gewidmet sein und mit diesen Fragen rundum »Gott und die Welt« spielen.

Zuerst kam Topo in meine Stammzelle. Der Mann, der jetzt schon seit Jahren immer Schwarz trug, erschien heute zur Feier des Tages vom Scheitel bis zur Sohle in Schneeweiß.

*Olé!* Ich fühlte, dass es einen Seinsfaden zwischen uns gab: Etwas ganz Feines, das uns verband, zusammenschwang. Dieser seidene Faden ließ seine vorsichtigen Fragen, die lieben Wünsche und sublimen Ironien direkt ins Herz oszillieren. Freundschaft fühlte sich jetzt wie Gesundheit an. Eigentlich ging es mir mit David immer schon so, dachte ich. Und ebenso erlebte ich es gleich darauf auch mit Teresa,

*Hop Melini!* So nannte sie mich jetzt schon ein Dreiviertelleben lang, ich wusste nie weshalb, hatte aber fast immer den Eindruck, dass es ein Synonym für *Mein Lieber* gewesen sein musste. So innig fühlte ich mich immer geliebt von ihr. Heute noch tausendmal mehr, nein nicht mehr, tausendmal klarer.

*Ich freue mich sehr, dass du mich begleitest, wenn ich hier auschecken muss, Teresa. Wenn es sich so fließend weiterentwickele, meinte la Dottoressa heute bei der Morgenvisite, kann ich vielleicht schon kommenden Montag auschecken.*

*Ja, das weiß ich alles schon. Frankie hielt mich immer auf dem Laufenden.*
*Ich weiß auch, wie gut du die Strapazen durchgestanden hast, dass du*
*sogar immer Appetit hattest und dass ihr – hey! – die Wohnung habt.*
*So schön, enhorabuena Melini!*

Jetzt kam gleich Lola, mein Stargast. Vor lauter Freude schlug mein Herz lauter. Wie wunderbar: Als Lola geboren wurde, kam ich gleichentags von einer Reise zurück und fuhr direkt vom Flughafen ins Spital, um sie und David und Teresa zu umarmen. Und heute sitzt sie an meinem Wochenbett.

*Lola, so schön dich zu sehen. Danke, dass du auch gekommen bist.*
*Ja klar, das habe ich doch gerne gemacht.*

Die kleine halbe Stunde, die wir zusammen waren – sie, auch ganz in filzpapierweiß, ganz ruhig neben dem großen Fenster sitzend, ich ganz fahl, eingemummelt in meinem Raumlupenbett – fühlte sich so gut an. Ich versuchte Lola sogar kurz von meinem Erleben im ganz Unten zu erzählen, merkte aber, dass ich das besser aufschob. Auf dann irgendwann einmal, wenn wir wieder gemeinsam an einem Tisch sitzen, an einem Strand liegen, oder – wer weiß – unsere zweite Kirche besuchen würden.

Als Kind fiel mir auf, dass der Kopf auch ein Fotoapparat ist. Wenn ich jemanden nur einen Moment betrachtete, nur einen winzigen Wimpernschlag hinsah und dann sofort wieder die Augen schloss, so sah ich dieses Gesicht, seine Mimik und den ganzen Körper in voller Klarheit in all seinen Details in mir nachleuchten. So kurz konnte der Augenblick gar nicht sein, als dass das innere Bild nicht völlig klar erschienen wäre.

Bevor sie bald wieder ging, nahm ich noch ein Foto von ihr auf. Jetzt denke ich gerade das erste Mal und schreibe es doch gleich auch auf: Sollte ich für dieses Buch hier einen Verlag finden, werde ich damit Lola selbstredend versprochen haben, die halbherzige Entscheidung von damals ganzherzig anzupacken.

Ein Kinderbuch für Frau Lola.
Vielleicht könnten wir es sogar gemeinsam erarbeiten.

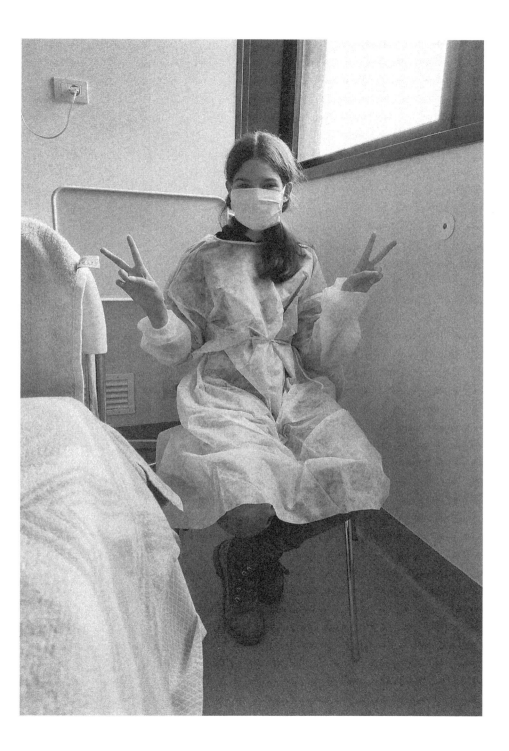